복음과 성령충만 I

임 덕 규 지음

기독교문서선교회

기독교문서선교회(Christian Literature Crusade: 약칭 **CLC**)는 1941년 영국 콜체스터에서 켄 아담스에 의해 시작되었으며 국제 본부는 영국의 쉐필드에 있습니다.

국제 CLC는 59개 나라에서 180개의 본부를 두고, 약 650여 명의 선교사들이 이동도서차량 40대를 이용하여 문서 보급에 힘쓰고 있으며 이메일 주문을 통해 130여 국으로 책을 공급하고 있습니다.

한국 CLC는 청교도적 복음주의 신학과 신앙서적을 출판하는 문서선교기관으로서, 한 영혼이라도 구원되길 소망하면서 주님이 오시는 그날까지 최선을 다할 것입니다.

Fullness of the Holy Spirit through Jesus Christ(I)

by
Duk-Kyu Im

Korean Edition
Copyright © 2011 by Christian Literature Crusade
Seoul, Korea

서문

　이 책은 하나님의 아들 예수 그리스도를 믿는 그리스도인이 복음·기도·성령충만·전도로 답이 나오도록 하기 위하여 쓴 것입니다. 특별히 책의 제목을 『복음과 성령충만』으로 정한 것은 복음 받은 그리스도인에게 복음과 성령충만에 관한 이해가 무엇보다도 중요하다고 생각하기 때문입니다. 그 이유는 제1장에서 자세히 설명할 것입니다.
　복음 받은 예수님의 제자는 **복음·기도·성령충만·전도로 답이 나와서 복음체질·기도체질·성령충만체질·전도체질을 만들어야 합니다.** 이것이 초대교회 그리스도 제자들의 모습이었습니다. 그래서 이러한 체질을 만들기 위해서는 날마다 그리고 반복해서 하나님의 아들 예수 그리스도 복음을 들어야 하고, 이 복음언약을 실천하는 기도를 24시간 드리되 무엇보다 성령충만을 구하는 기도를 정시로, 무시로 드려야 한다고 강조하는 것입니다. 물론 성령충만은 믿음으로 받습니다.
　특별히 이 책은 성령충만을 받는 기도에 대해서는 오늘의 교계에 너무나 잘못되고 오해되어 있는 비성경적 진리들이 많이 있기 때문에 성령에 대한 바른 이해를 서두부터 언급하고 성령충만의 의의·방법·체험여부 등에 관해서 자세히 언급하였습니다. 그리하여 기도 중에 최고의 기도, 반드시 받아야 할 성령충만 기도를 정시, 무시로 하도록 강조하고 있습니다.

　물론 복음·기도·성령충만의 과정은 궁극적으로는 복음전도자로서의 삶을 목적한 것입니다. 복음전도는 주님의 지상명령이기 때문에, 복음전도가 예수제자의 삶의 목적과 방향이 되어야 합니다. 그래서 복음 받은 그리스도인이 복음으로 더욱 깊이 뿌리를 내리고 성령충만 받는 것은 전도자로서의 축복의 삶을 살고자 함인 것입니다. 이런 일련의 과정들이 예수님 제자들에게 있어서는 상시적으로 나타나는 체질이 되어야 하기에 이 책은 복음을 날마다 그리고 반복적으로, 끊임없이 듣고 복음신앙을 회복하여 기도함으로 성령충만을 받아 전도자로 사는 것을 강조하는 것입니다. 모든 예수님의 제자들은 그들 나름대로 성령충만의 비밀을 갖고 기도하여 성령의 권능으로 살아야하며, 또 자신의 직업과 지위에 합당한 전도자의 삶을 찾아내서 전도자로 살아야 합니다.

　바라건대 이 책이 하나님의 아들 예수 그리스도 복음을 사랑하는 모든 예수제자들에게 어떻게 이 복음의 증인으로 사는 자가 될 수 있는가에 대한 제자훈련의 좋은 교재가 되기를 기원합니다. 이 책은 이런 의도로 복음을 어느 누구보다도 사랑하는 손동윤 안수집사님과의 7년에 걸친 교제의 결실입니다. 7년 동안 한결같이 동일한 복음과 성령충만, 기도 그리고 현장에서 그리스도 증인으로서의 삶을 목표로 기도하며 교제하였던 것입니다. 7년 동안 하나님의 아들 예수 그리스도 복음을 매주 듣고 삶을 나누며 기도하면서도 한번도 단순한 반복으로 생각되지 않고 신선한 교제이었던 것은 전적으로 하나님의 은혜였으며, 예수 그리스도 복음 속에 모든 것이 다 있다는 웅변적 증거였습니다.

　이 책은 교재 사용의 편의와 반복 학습의 효과를 위해 1, 2권으로 나누었습니다. 서론과 복음의 개요, 복음의 실천으로서 기도 그리고 결론 부분은 1, 2권 모두 동일하게 수록하였습니다. 이것은 이 책의 의도가 복음·기도·성령충만·전도로 답을 내는 체질을 만들기 위한 의도와 부합되는 것입니다. 복음진리와 성령충만은 언제나 새로운 것입니다. 100년 동안 반복해도 새로운 것입니다. 그것은 하나님의 생명이요 우리가 사는 길이기 때문입니다.

　끝으로 대학 학사행정의 바쁜 일과 가운데서도 기쁜 마음으로 제1부를 타자해 준 서예영 집사님에게 감사를 드립니다. 또 군 입대를 앞두고 이 책의 제2부를 타자해 준 박제웅 군에게 감사하는 바 입니다. 그러나 책의 내용의 장, 절을 정하고 적절하게 구분하여 책의 가치를 바로 드러내게 한 충성교회 부목사 박철동 목사님의 수고에 무한한 감사를 드리는 바입니다.

　예수 그리스도, 저에게는 항상 황홀한 이름이고, 제 생명이며 저의 모든 것입니다. 모든 영광을 하나님과 그의 아들 예수 그리스도께 돌립니다.

2011. 9.
주 안에서 임덕규

FULLNESS OF THE HOLY SPIRIT THROUGH JESUS CHRIST

목차

서문 5

제1장 서론: 복음과 성령충만을 함께 언급한 이유 19

제2장 복음의 개요 26
    1. 기독론적 복음과 구원론적 복음 27
    2. "인생 근본 문제 해결"로서의 복음 30
    3. "역사적인 그리스도의 사건"으로서의 복음 33

제3장 복음의 실천으로서 기도 38

제4장 성령충만에 대한 기본적인 이해 45
    1. 성령에 대한 개요(Ⅰ) 46
    2. 성령에 대한 개요(Ⅱ) 51
    3. 성령에 대한 개요(Ⅲ) 59
    4. 성령에 대한 개요(Ⅳ) 66
    5. 성령충만의 의의·필요성·불충만의 죄 72
    6. 성령충만 누가 주시는가? 78
    7. 성령충만 받는 방법·결과 86

8. 성령충만 체험과 식별 92

9. 성령의 역사에 대한 중요사항 요약(Ⅰ) 99

10. 성령의 역사에 대한 중요사항 요약(Ⅱ) 105

제5장 복음의 의미와 본질 111

1. 복음의 의미(Ⅰ) 112

2. 복음의 의미(Ⅱ) 115

3. 복음의 의미(Ⅲ) 118

4. 십자가에 못 박힌 그리스도 121

5. 복음. 누구든 깨달을 수 있는 분명하고 객관적인 신적 계시 123

6. 복음. 큰 기쁨의 좋은 소식 126

7. 복음. 영원한 다윗 왕국(곧 그리스도 왕국, 혹은 하나님의 나라)의
   성립과 통치의 기쁜 소식 129

8. 의의 태양 131

9. 예수님이 세상에 오신 목적 134

10. 예수는 그리스도 하나님의 아들 136

11. 복음(福音)은 기쁜 소식(Ⅰ) 138

12. 복음(福音)은 기쁜 소식(Ⅱ) 140

13. 복음(福音)은 기쁜 소식(Ⅲ) 143

14. 복음(福音)은 기쁜 소식(Ⅳ) 145

15. 복음. 세상의 모든 신비를 초월한 경건의 비밀 148

제6장 복음의 중심인 예수 그리스도 153

1. 예수 그리스도 복음의 시작: "회개의 복음" 154
2. 예수님의 삶(공생애 사역)·죽음·부활이 복음 구성 157
3. 그리스도의 죽음과 부활. 이 사실의 증인으로 사도들을 세움 160
4. 하나님의 아들 그리스도의 표적. 죽음과 부활 164
5. 예수님이 그리스도 되심의 표적. 죽음과 부활 168
6. 그리스도의 부활을 믿는 것(Ⅰ) 172
7. 그리스도의 부활을 믿는 것(Ⅱ) 175
8. 그리스도의 부활을 믿는 것(Ⅲ) 178
9. 예수님은 부활과 심판의 주. 예수 천당 불신 지옥 181
10. 그리스도로 취임. 최초의 그리고 결정적인 통치조치로 성령을 부으심 184

제7장 복음의 언약과 핵심인 대속 187

1. 복음, 그 영원성. 영원 전부터 있었던 비밀의 경륜 188
2. 하나님의 계획과 인간의 악함의 결과 191
3. 복음은 은혜 언약이다 194
4. 복음의 핵심. 속죄의 본질은 "대속" 198
5. 죄와 용서(Ⅰ) 202
6. 죄와 용서(Ⅱ) 206
7. 전 복음의 내용, 그것은 "그리스도 예수께서 죄인을 구원하시려고 세상에 오신 것"을 가리킨다 210

제8장 성령충만의 내용(Ⅰ) 214

1. 성령충만을 받자! 215
2. 믿음으로 성령충만 219
3. 성령을 받은 증거 223
4. 성령 강림의 약속 225
5. 오순절 성령 강림의 의미 228
6. 오순절 성령 강림의 목적 231
7. 성령충만을 구하는 가장 좋은 기도 234
8. 하나님은 신자들에게 성령이 공급되도록 성령을 다스리신다 237
9. 바울의 기도 240
10. 성령의 능력으로 소망 충만 243
11. 성령충만 받기 위해 계속해서 주 예수께 나오라! 245
12. 성령으로 기도, 성령으로 봉사 248
13. 성령의 인도 250
14. "성령충만"이란 정상적인 그리스도인의 생활을 말한다 255
15. 성령충만 받음으로 신자는 "성화"되어간다. 죄를 이긴다 258
16. 성령의 인도 받으려고 몸부림치면! 261
17. "성령을 받으라" 264
18. 성령의 보증 그리고 확신 266
19. 성령의 직무는 복음. 복음은 영의 직분 270
20. 피 위의 기름, 그리스도의 보혈에 힘입은 성령의 역사 273

제9장 결론 278

후기 288

FULLNESS OF THE HOLY SPIRIT THROUGH JESUS CHRIST

[복음과 성령충만 II권 목차]

서문 5

제10장 서론: 복음과 성령충만을 함께 언급한 이유 19

제11장 복음의 개요 26
    1. 기독론적 복음과 구원론적 복음 27
    2. "인생 근본 문제 해결"로서의 복음 30
    3. "역사적인 그리스도의 사건"으로서의 복음 33

제12장 복음의 실천으로서 기도 38

제13장 복음을 선포하는 구약 45
    1. 구약의 메시아 사상: 구약은 복음이 자리 잡은 기초이다(Ⅰ) 46
    2. 구약의 메시아 사상: 구약은 복음이 자리 잡은 기초이다(Ⅱ) 49
    3. 유다 역사상 민족해방사건들과 그리스도 구원 운동 52
    4. 이스라엘의 역사는 메시아(그리스도) 생애의 그림자 55
    5. "임마누엘" 예수의 약속 58
    6. "보라 내가 새 일을 행하리니" 62
    7. 제2의 출애굽. 진정한 출애굽 64
    8. 구약 부활의 환상 67
    9. 제2의 출애굽. 어떻게, 어떤 수단을 통하여? 71

10. 그리스도의 고난과 영광　75

11. 고난의 종의 모습　79

12. "여호와의 종"의 "고난의 의의"　83

13. (여호와의 종의) 고난에 대한 자세(Ⅰ)　88

14. (여호와의 종의) 고난에 대한 자세(Ⅱ)　91

15. (여호와의 종의) 고난의 결과　94

제14장 복음과 성령의 사역　99

1. 성령의 나타남과 능력으로(Ⅰ)　100

2. 성령의 나타남과 능력으로(Ⅱ)　103

3. 성령충만의 결과: 다섯 가지 역사　106

4. 구원은 하나님께서 성령으로 우리에게 인(印)치신 것임　110

5. 새 남편 그리스도. 섬기는 방법은 성령으로!　113

6. 복음과 성령　117

7. 성령이 내주하시는 기독교의 독특성　121

8. 성령을 따라 행하라　124

9. 교회와 성령충만　128

제15장 복음과 그리스도인의 신앙　132

1. 누가 그리스도인으로 부름 받는가?　133

2. 복음에의 갈망　136

3. 회개와 신앙으로 "죄 사함"과 "성령의 선물"의 두 가지
   선물을 받는다   141

4. 예수 그리스도 터(기지) 위에 세운 건축   145

5. 기독교 신앙은 "사도들과 선지자들이 닦은 기초"위에 세워졌다   150

6. 복음 받은 자의 새로운 변화   153

7. 신앙이란 생각하는 일이다. 사고(思考)야 말로 신앙의 본질이다   157

8. 신앙이란 본질적으로 활동적인 것, 신앙은 직면한 문제에
   적용하는 것이다   160

9. 믿음의 본질(Ⅰ)   163

10. 믿음의 본질(Ⅱ)   165

11. 믿음의 본질(Ⅲ)   169

12. 믿음의 본질(Ⅳ)   173

13. 그리스도 안에서 소원, 주님도 인정   176

14. 복음(福音)전도의 필요성   180

15. 전도의 내용   183

16. 복음 사역은 하나님의 단독 역사(單獨役事)   186

제16장 복음과 교회, 말씀, 율법, 아담과의 대조   189

1. 하나님이 자기 피로 사신 교회   190

2. 교회는 복음진리의 게시판   194

3. 주와 그 은혜의 말씀께 부탁   198

4. "자기 은혜의 말씀": 복음에 대한 고상한 정의   202

5. 말씀이 왕성하여, 말씀은 흥왕하여   205

6. 그리스도는 하나님의 모든 약속의 성취자   209

7. 율법과 복음의 상관관계 213

8. 율법의 기능: 범죄를 더하게 하려함, 범법하므로 더한 것 217

9. 아담의 원죄설(原罪說)과 예수그리스도 복음 220

10. 아담은 그리스도의 모형 223

11. 죄(罪)의 의인화(擬人化) 226

12. 아담과 그리스도의 대조(더욱 효과적, 압도적 우세의 그리스도) 229

13. 아담과 그리스도의 비교, 유사성 232

14. 사망의 왕국과 은혜의 왕국 236

제17장 성령충만의 내용(Ⅱ) 241

1. 복음과 성령(Ⅰ) 242

2. 복음과 성령(Ⅱ) 247

3. 생수의 강, 성령 251

4. 성령충만의 요약(Ⅰ) 256

5. 성령충만의 요약(Ⅱ) 261

6. 성령충만의 요약(Ⅲ): 성부 하나님에 의한 성령의 통치(Ⅰ) 265

7. 성령충만의 요약(Ⅳ): 성부 하나님에 의한 성령의 통치(Ⅱ) 269

8. 성령충만의 요약(Ⅴ) 273

9. 성령충만의 요약(Ⅵ): "성령충만은 어떤 체험이 따르는가?" 277

제18장 결론 281

후기 292

- 이 교재를 사용하는 방법 -

1. 통독은 자유

이 교재를 통독하는 것은 자유입니다. 그러나 이 교재의 본래 목적은 통독이 그 목표는 아닙니다.

2. "네 가지 체질을 만들어라"

이 교재의 목적은 복음체질·기도체질·성령충만체질·전도체질을 만드는데 있습니다.

3. 반복이 중요하다.

복음은 인생 모든 문제의 해답이기 때문에, 진도가 중요하지 않고 복음·기도·성령충만·전도를 반복하는 것이 중요합니다.

4. 한 가지 주제만을 가지고 나누라.

예컨대, 제1장은 1장만 다루고, 제2장은 각 절마다 별도로 다루고, 제3장은 3장만, 제4장 이하는 각 절마다 한 주제로 결론이 되어 있으므로 한 가지 주제만을 가지고 나눌 것입니다.

5. 사전에 성령충만을 위해 기도하라.

인도자는 당일 교제할 주제를 읽고 묵상한 후 성령의 인도를 받도록 30분 이상 사전에 기도할 것입니다. 인도자가 성령충만을 받고 성령의 영감을 얻어야 교제가 살아날 것입니다.

6. 먼저 한 주의 삶을 나누라.

복음교재를 읽고 나누기 전에, 한 주 동안 현장에서 체험한 복음적인 삶을 나눌 것입니다.

7. 성령의 음성을 들으라.

복음적인 삶을 나눌 때에 서로에게 필요한 하나님의 은혜를 성령의 감동으로 깨달을 것입니다.

8. 복음교재를 읽고 언약의 메시지를 붙잡으라.

복음교재를 읽고 자신들의 삶 속에 필요한 언약의 메시지를 붙잡을 것입니다.

9. 기도하라.

먼저 언약의 메시지를 붙잡고 기도할 것이며, 동시에 성령충만을 받도록 기도할 것입니다. 무엇보다도 한 주 동안 현장에서 응답받을 기도제목을 정하고 합심하여 기도할 것입니다.

10. 현장에서 기도응답을 발견하고 증인으로 살라.

합심하여 기도한 내용이 현장에서 응답되지 않는다면 우리의 교제는 힘을 잃을 것입니다. 성령충만 받고 기도응답의 현장에 나갈 때 준비된 하나님의 은혜를 발견할 것이며, 그 은혜의 증인으로서 사랑과 섬김의 삶을 살 것입니다.

Fullness of the Holy Spirit through Jesus Christ

제 1 장
서론: 복음과 성령충만을 함께 언급한 이유

체질을 만들어라
복음체질
기도체질
성령충만체질
전도체질

저자는 평소에 하나님의 아들 예수 그리스도 복음 받은 신자들이 복음과 성령, 복음과 성령충만을 분리시켜서 신앙생활하고 있는 것이 아닌가 하는 의구심을 갖고 있다. 복음주의자는 성령의 역사를 별로 강조하지 않거나, 더욱이 성령충만을 지속적으로 받아야 한다는 사실에 관심이 없거나 적은 것이 아닌가 생각하고 있다. 그렇다면 아무 능력 없는 신자가 될 수 밖에 없다. **복음과 성령충만 속에 모든 축복이 다 들어있다.** 복음 받은 그리스도인이 성령충만 받고 복음을 누려야 전도의 열매를 맺고 살 수 있다.

한편 **불건전 신비주의는 성령을 예수 그리스도 복음에서 독립시켜 취급하고 있다.** 불건전 신비주의는 예수 그리스도를 중심하여 내세우는 것보다 성령을 중심한다. 성령의 은사중심으로 활동한다. 그러나 성령은 그리스도를 전파하기 위하여 사역하는 만큼 성령의 모든 사역이 언제나 예수 그리스도를 중심하는 것이다(요 15:26).

예수 그리스도와 성령, 복음과 성령충만은 분리되어서는 안 된다. 복음과 성령충만은 불가분리의 일체다. **하나님은 그의 택하신 자들을 구원하시고자 계획하셨을 때 두 가지 방법을 채택하셨다. 즉 그들을 위해 자기 아들을 주시는 것과 그들에게 그의 영을 주시는 방법이다.** 그렇게 하심으로서 성삼위 하나님이 각기 영광을 받으시는 것이다. 그러므로 하나님께서 죄가 세상에 들어올 때부터 그의 백성들에게 두 가지 주된 약속을 해주셨으니, 곧 그의 아들을 보내사 죽게 하시겠다는 것과 또한 그 아들의 활동이 열매 맺도록 하시기 위해 그의 성령을 보내시리라는 것이었다. 이처럼 우리의 구원은 성부, 성자, 성령 삼위일체 하나님의 사역이며, 결코 나누어서는 안 된다. 복음과 성령충만을 분리해서는 안 된다.

그러므로 하나님의 아들 예수 그리스도 복음과 성령은 결코 독립시켜 취급하면 안 되고 복음은 성령이 임하게 되는 지반인 것을 알아야한다. **예수 그리스도 복음은 성령께서 이 세상에서 역사하는 지반이다.** 복음은 영의 직분인 것이다. 성령님의 직무가 복음이요, 복음으로 말미암아 성령의 역사가 사람들에게 나타난다. **성령님은 오로지 복음을 통해서만 사람들에게 역사한다.** 그러므로 사람들이 성령님의 역사를 입고자 한다면, 그 사람은 복음을 항상 들어야 하고, 복음을 믿어야 한다. **복음 받은 그리스도인이 계속해서 성령으로 충만하기 위해서는 계속해서 그리스도께 와야 한다**(요 10:37-39). 그래야 복음의 열매인 전도의 결실을 거둘 수 있다.

그러므로 한국 교회, 더 나아가 세계 모든 교회에서 수행하는 그리스도 제자 훈련의 요체는 예수 그리스도 복음과 성령충만을 바르게 이해하고 믿어 둘 사이의 관계를 분리시키지 않으면서 "오직 복음과 오직 성령", "오직 그리스도와 오직 성령충만"으로 답이 나와야 한다고 굳게 믿는 것이다. 그리스도 제자는 매일, 매순간 예수 그리스도 복음을 듣고 신앙을 회복하고, 이 신앙으로 성령충만을 매일 매순간 구해야 한다고 믿는다. 다시 말하면 참되게 예수님을 하나님의 아들 그리스도로 믿는 복음 받은 신자는 그 다음에 해야 할 최고의 과업이 즉시 예수 그리스도 이름으로 성령충만을 구해야 한다는 말이다. 성령충만을 한번만 구하는 것이 아니라, 시간만 나면 구하되 무시로 정시로 구해야 한다는 것이다. 복음에서 성령이 떠나면, 그 순간 복음은 죽은 문서에 불과한 것이다.

복음 받은 모든 그리스도인들에게 성령충만은 선택사항이 아니라 절대적 의무사항이다. 아무리 복음을 참되게 받은 신자라도 성령충만 없이는 그리스도의 삶을 사는데 실패할 수 밖에 없다. 성령충만하지 않는 것은 신자에게는 죄인 것이다. 복음 받은 신자는 우리 구주 예수 그리스도로 말미암아 성령을 풍성히 부어주시도록 언제나 구해야 한다. **성령충만은 믿음으로 받는다.** 복음을 통해 부어주시는 풍성한 성령의 능력으로 선을 행하고 사탄과 죄악을 정복한다. 소위 영력·지력·체력·경제력·인력을 얻는다. 기적의 능력이 나타나게 되어있다. 이럴 때 신자는 전도자로 삶을 살 수 있다.

　복음과 성령, 예수 그리스도와 성령은 분리될 수 없다. 하나님께서 연합시켜 놓은 일체의 관계를 인간이 분리시킬 수 없다. 오직 그리스도의 십자가만이 성령충만을 가능케 한다. 그 모든 전제조건이 십자가 공로에 의해서 주어지는 선물이다. 우리를 성령으로 충만케 하기 위해서 예수님이 십자가에서 대속의 죽음을 받으셨다. 예수의 보혈은 우리의 죄를 정결케 하는 동시에 우리를 성령의 기름으로 충만케 한다. 그리스도의 피가 의롭게 하는 능력을 나타내는 그 곳에, 성령의 기름이 성결케 하는 역사를 나타낸다(레 14:14-17). "피 위에 기름이 부어진다." 그러므로 다시 강조하거니와 복음과 성령, 예수 그리스도와 성령, 복음과 성령충만을 분리시키지 말 것이다. **복음충만, 예수충만, 성령충만은 일체다. 복음 받은 그리스도인은 계속해서 성령으로 충만하기 위해 계속해서 우리 주 그리스도께 와야 한다.** 복음언약을 붙잡고 계속 기도한다. 문제가 오면 더 복음언약 속으로 들어가 성령충만을 받으며 기도하면 된다. 기적이 일어나게 되어있다. 이렇게 복음을 제대로 누릴 때 전도자로서 열매 맺는 삶을 살 수 있다.

　복음과 성령충만. 나눌 수 없을 뿐만 아니라 끊임없이 복음을 듣고 성령충만을 구해야 한다. **죄의 현존과 시간의 흐름이라는 두 가지 요인 때**

문에 어떤 인격적인 관계나 영적인 체험도 자율적 영속성을 지닐 수 없다. 각각은 계속해서 영양분을 공급하고 유지하고 부채질을 해주어야 불꽃을 보존할 수 있지, 그렇지 않으면 사라지고 말게 되어있다. 인격적인 것과 영적인 것에 적용되는 엔트로피(질서도를 떠난 무질서도)의 경로는 몰락과 죽음을 향해 가거나 위축되고 추한 모습(예컨대, 형식주의화 되거나 일상화 된 모습)을 향하고 있다. 반복을 하다보면 비범한 것도 평범하게, 혁명적인 것도 일상적인 것으로 변해버린다. 예수 그리스도는 자유롭고 신선한 분이지만, 기독교는 종종 형식적이고 죽어있거나 혹은 경직되어 있는 것이다. 그리하여 그리스도 교회와 신자는 이런 반복되는 일상의 형식에서 벗어나기 위해 힘을 다해 날마다 복음을 마음 중심에 받고 성령충만을 받아야 한다. 그래야 성령의 권능을 받고 땅 끝까지 이르러 그리스도의 증인이 될 수 있다. 그리스도의 제자로 세워질 수 있다.

복음과 성령충만. 지속해서 복음을 듣고 즉 반복하여 복음을 들으면서 무시로 정시로 성령충만을 구해야 한다. **그리스도 교회와 하나님 백성에게는 항상 복음진리를 저버리고 타락하는 경향이 있다.** 이에 대한 좋은 예가 구약성경에 나온 유대인들이다. 오랫동안 지속되는 전통과 반복되는 습관이 진리의 자리를 빼앗는 것이다. 그래서 20세기 최고의 복음주의 설교자 로이드 죤즈는 "오늘날 개신교는 16세기 초창기 개신교와 거의 정반대가 되었다."고 개탄한 바 있었다. 예수 그리스도 복음과 성령충만의 진리는 자유롭고 신선한 능력이나 조직을 갖춘 그리스도 교회는 그 조직으로 진리를 질식시켜 버린 것이다. 오늘날 소위 개혁주의 교회라고 하면서도 "오직 믿음", "오직 그리스도", "오직 은혜"의 개혁주의 모토를 실천하는 교회는 찾아보기가 매우 어렵게 된 것이 오늘의 그리스도 교회의 현실이다. 한국의 한 유명한 목사님은 그의 원로목사 추대식에서 한국교회의 진리 이탈을 이렇게 지적하였다. "그리스도 교회 찬양은 노래방 수준이고, 설교사역은 심리치료사로 변질되었다."

복음과 성령충만. 365일 반복해서 복음을 듣고 성령충만을 구해야 한다. 그리스도 교회는 365일 예수 그리스도 복음을 선포해야 하고, 성령충만을 받도록 기도해야 한다. 그리스도 제자를 양육하는 교사는 자신부터 복음과 성령충만으로 답을 내고, 섬기는 제자들과 365일 예수 그리스도와 성령충만 그리고 복음전도를 중심으로 교제해야 한다. **365일, 아니 10년, 20년간 예수 그리스도 복음을 주제로 나누어도 다함이 없을 때, 그들은 초대교회에서 세워졌던 복음과 성령으로 충만한 예수제자들이 될 수 있을 것이다.** 예수 그리스도 복음과 성령충만이 주제가 아니고 기타 주제가 교제의 중심이 되었을 때 그 제자훈련은 큰 열매를 맺지 못하게 될 것이다. 제자훈련에 기독교의 윤리나 리더십, 그리고 그리스도인의 성품 등에 관한 항목이 중요할 수 있지만, 이런 모든 주제들이 궁극적으로 예수 그리스도를 지향하는 것이 아니면 그것은 그리스도의 제자가 아닌 다른 제자가 될 수 있다. 예수 그리스도 복음 받은 제자가 나름대로 성령충만의 비밀을 터득하지 않는 한, 예수제자훈련은 열매를 맺을 수가 없을 것이다. 모든 설교, 모든 그리스도 안에서의 양육과 교제의 중심에는 항상 예수 그리스도가 계셔야 하며 예수 그리스도로 말미암아 성령충만을 받아야 한다. 복음전도를 목표로 하여야 한다.

복음과 성령충만. 100년 동안 반복해서 복음을 듣고 성령충만을 구해도 우리는 여전히 목마른 존재다. 인간은 전적으로 죄인인 것이다. 비록 구원 받은 그리스도인이라도 여전히 죄가 그 자신 안에 잔존해 있는 존재이다. 그러므로 **우리는 스스로 구원을 얻을 수 없고 오직 믿음을 통한 은혜로 말미암아 구원을 얻는다.** 유대인들과 현대교회가 잘못된 이유는 이 진리를 망각했기 때문이다. 그리스도 교회의 모든 문제들은 궁극적으로 우리가 하나님의 아들 예수 그리스도 복음신앙과 성령충만의 진리를 저버리고, 또한 인간이 전적으로 죄인이라는 사실을 망각하기 때문인 것이다. 하나님의 아들 예수 그리스도 복음 받은 그리스도인은 마땅히 예수 그리스도로 말미암아 성령충만을 받아 그의 삶에서 성령이 충만히 흘러넘치는 삶을 살아야 한다. 그래야 복음전도의 열매를 맺을 수 있다. 이것이 권능 받은 그리스도 증인, 전도자의 삶이다.

예수는 그리스도 하나님의 아들. 예수님은 하나님의 아들 그리스도시라는 증거로 죽은 자 가운데서 부활하셨다. 부활하신 예수님은 하나님 보좌 우편에 앉아 그리스도로 통치하시면서 우리에게 성령을 보내주셨다. 예수님은 지금 성령을 통해서 우리와 함께 하신다. 그러므로 우리에게 성령충만을 받으라고 명령하신다. 성령충만은 믿음으로 받는다. 성령충만 받아 성령의 권능으로 땅 끝까지 증인이 되라고 명하신다. 복음전도자로서 살라고 명하시는 것이다. 각인에게 합당한 전도자로서의 삶을 찾아내야 한다. 그러므로 우리 모두는 즉시 성령충만을 받도록 기도할 것이다. 때를 얻든지 못 얻든지 복음을 전할 것이다.

※ 성령충만을 받도록 어떻게 기도할 것인가? "제3장 복음의 실천으로서의 기도"의 마지막 부분(pp.43-44)에 성령충만을 구하는 기도의 한 예시를 수록하였다. 참고하여 기도할 것이다. 이 성령충만을 구하는 기도는 모든 그리스도인 교제에 있어서 빠뜨리지 말고 반드시 해야 할 우선순위 사항이다. 기도하고 또 기도하기 바란다.

제 2 장
복음의 개요

체질을 만들어라
복음체질
기도체질
성령충만체질
전도체질

1. 기독론적 복음과 구원론적 복음

"**예수, 그는 누구인가?**", "**예수, 그는 무엇을 하셨는가?**"에 대한 답이 복음이다. 인간은 예수님이 누구인가를 알고 믿을 때에 구원을 얻는다. 인간이 예수님을 알지 못하면 예수님이 하신 일은 그 사람에게 효과를 내지 못한다.

"**예수, 그는 누구인가?**" **예수님은 하나님의 아들**이시다. **예수님은 그리스도**이시다. 이것이 복음이다. 소위 기독론적 의미의 복음이다. 예수님이 그리스도라고 할 때 그리스도는 인생문제 해결의 직함이다. 선지자·제사장·왕의 직함을 그리스도라고 한다.

하나님은 택한 백성 이스라엘을 구원하시기 위해서 선지자, 제사장, 왕을 보내셨다. 이들은 모두 기름을 부어 구별하여 세우셨다. 이 기름부음 받은 자를 히브리어로 '메시아'라고 한다. 그러므로 위의 세 직분은 부분적 메시아로 앞으로 오실 온전한 메시아를 예표한 것이다. 때가 차매 하나님께서 예언대로 보내신 온전한 메시아가 왔으니, 곧 '예수'님인 것이다. 예수님은 한 몸에 선지자·제사장·왕의 3직을 수행하셨으므로 예수님을 그리스도라고 하는 것이다. 그리스도는 메시아에 대한 헬라어 표현이다.

그러므로 예수를 믿는다는 것은 예수를 그리스도(메시아)로 믿고 영접하는 것이다. 예수 그리스도를 믿는다는 말은 예수를 그리스도로 믿는다는 말과 같다. 인간은 예수님을 그리스도로 바로 알고 믿을 때 구원을 얻는다. 예수님이 그리스도이심을 알고 믿을 때 예수님이 하신 일이 그 사람에게 효과를 가져오는 것이다. 그러면 예수님이 하신 일은 어떤 것인가? 예수님이 지상에 오셔서 하셨던 구원의 사역은 무엇이었는가?

"**예수, 그는 무엇을 하셨는가?**" 예수님은 **우리 죄를 대신해서 죽음을 당하시고 다시 살아나셨다.** 이것이 복음이다. 소위 구원론적 의미의 복음이다. 예수님은 우리 죄를 대신해서 십자가에서 피 흘려 죽으시고 장사한지 사흘 만에 다시 살아나셨다. 이 그리스도의 죽음과 부활의 사역이 예수님께서 이 세상에 오셔서 하신 일의 핵심이다. 구약성경의 모든 예언의 핵심이 바로 그리스도의 죽으심, 곧 그리스도의 십자가로 모아졌는데, 예수님이 구약성경의 예언대로 죽으시고, 또 성경대로 살아나심으로 구약에서 예언된 그리스도의 사역을 완성하셨다. 이 **그리스도의 죽음과 부활의 사역을 '그리스도의 사건'이라고 한다.** 그리스도의 사건이 구원론적 복음의 중심이다.

그러므로 구약에서 예언된 메시아(기름부음 받은 자, 그리스도)는 반드시 그리스도의 사건을 일으킬 때, 그는 메시아(그리스도)로 인정받게 되어 있었다. 그리스도의 사건, 곧 죽음과 부활의 사건을 일으킨 자만이 그리스도의 자격을 갖춘 자가 되고, 인류의 구세주가 될 수 있는 것이다. 어느 한 개인이 나타나서 자신이 그리스도임을 인정받으려면, 그는 구약성경대로 인류의 모든 죄를 대신해서 담당하여 죽고, 또 구약성경대로 3일 만에 다시 살아나야 그는 그리스도의 자격을 갖춘 인류의 구원의 구세주가 될 수 있다.

인류 역사상 오직 한분, 2000년 전 팔레스틴에서 태어나신 예수님 한 분 만이 구약성경에서 예언된 그리스도의 죽음과 부활의 사역을 완성하시었다. 예수님은 구약성경대로 우리 죄를 위하여 죽으시고 장사 지낸 바 되셨다가 구약성경대로 사흘 만에 다시 살아나신 것이다(고전 15:3-4).

예수님은 본래 하나님의 아들의 신분이셨으나 육신으로는 다윗의 혈통에서 나셨고, 성결의 영으로는 죽은 자들 가운데서 부활하사 능력으로 하나님의 아들로 인정되셨다. 예수님은 그리스도시요 살아계신 하나님의 아들이신 것이다. 이것이 복음이다. 기독론적 복음과 구원론적 복음은 동전의 앞뒤 양면과 같은 것이다.

예수는 그리스도 하나님의 아들. 예수님은 하나님의 아들 그리스도라는 증거로 죽은 자 가운데서 부활하셨다. 부활하신 예수님은 지금 성령으로 우리 가운데서 역사하신다. 그러므로 성령충만을 받으라고 명령하셨다.

우리 모두는 그 나름대로의 성령충만의 비밀을 체득하여 성령충만을 받도록 기도할 것이다. 성령의 권능 받고 현장에 나가 예수 그리스도의 증인이 될 것이다. 모든 예수님의 제자들은 생활현장에서 그만의 합당한 전도자의 삶을 살아야 한다. 기도하고 기도하기 바란다.

2. "인생 근본 문제 해결"로서의 복음

인생의 근본문제는 하나님께서 인류에게 맺어준 첫 언약(창 2:17)을 파기함으로 일어나게 되었다(창 3:7-8). 인류에게 맺어주신 하나님의 첫 언약을 행위언약이라고 한다. 이 언약에서 하나님은 아담과 아담에게 대표된 그 후손들에게 생명을 약속하셨다. 그 약속은 그들의 완전한 개인적 순종을 조건으로 하신 것이다.

그러나 인류의 시조 아담과 하와는 사탄의 간계와 유혹을 받아 금지된 실과를 먹음으로 범죄하였다. 이 범죄로 인하여 그들은 본래 가졌던 의를 잃었고, 하나님과의 교제도 끊어졌다. 곧 하나님을 떠나게 되었다. 그리하여 그들은 사망에 이르게 되었고, 그들의 영혼과 육신의 모든 부분과 모든 기능이 전부 더러워졌고 죄와 사탄의 종이 되었다.

그들은 인류의 뿌리인 고로 그들의 모든 후손들에게 그 첫 범죄의 죄책이 전가되었고, 죄로 인한 그 동일한 죽음과 부패된 성품이 대대로 유전되어 내려온다. 그렇게 되는 것은 그 후손들이 그들에게서 보통 생육법으로 출생되었기 때문이다. 인류가 선에 대하여는 전적으로 배격하며 무능해졌고, 악에 대하여는 전적으로 기울어지게 된다. 이것이 본래의 부패성, 곧 원죄이다. 여기서 본인들의 모든 자범죄들이 나온다.

이것이 마귀의 유혹으로 하나님께 범죄하여 하나님과 교제가 상실된 인간의 모습이다. 그러므로 인간의 근본문제는 인간이 하나님을 떠났다는 것이며, 그것은 인간의 범죄로 인한 것이고 그 결과는 마귀 권세 하에 들어가게 되었다는 것(곧 마귀의 자녀)이다. 요약하면 **하나님을 떠남**, **인간의 범죄**, **마귀의 자녀**가 되었다는 것이 인간의 세 가지 근본 문제가 된다.

하나님의 아들 예수 그리스도 복음은 바로 이 세 가지 인생근본문제 해결이요 답이다. 인류는 범죄하여 하나님을 떠나 죄와 사탄의 종노릇 하며 살고 하나님과 교제하는 구원에 이를 수 없기에, 하나님은 둘째 언약, 곧 예수 그리스도 복음을 주신 것이다. 하나님께서는 독생자 주 예수를 하나님과 타락한 인간 사이에 중보자로 세우셨다. 중보자의 직무는 하나님과 인간 사이에 게재(揭載)된 적대관계를 해소시키는 사역이다. 그 중보자 직함을 그리스도라고 한다.

그리스도는 '선지자' 사역으로 인류에게 하나님을 알게 하시고, '제사장'의 사역으로 그 자신이 속죄제물과 제사장이 되어 하나님 앞에 막힌 인류의 죄악의 장벽을 없애 하나님과 교제를 회복시키시고, '왕'의 사역으로 마귀와 죄와 사망과 세상을 이기었다. 그리스도는 이 사역들을 우리의 대표로서, 또한 구주의 자격으로서, 만물의 후사로서 수행하셨고, 또 우리를 위한 심판자가 되실 자격으로 행하셨다. 예수님은 그리스도의 자격으로 이 선지자·제사장·왕의 3직을 한 몸에 수행하시므로 우리의 주와 그리스도가 되셨다. 예수님은 십자가에서 인생들의 모든 죄를 대신 담당하여 죽으시고, 동시에 그 죽음으로 사탄의 권세를 정복하셨으며, 죽은 자 가운데서 다시 살아나심으로 하나님의 아들 그리스도로 선언되셨다. 이것이 복음이다.

그러므로 모든 인간은 예수님을 하나님의 아들 그리스도로 믿으면 구원을 얻는다. 예수를 믿는다는 것은 예수를 메시아(그리스도)로 영접하는 것이다. 예수를 그리스도로 영접한다는 것은 예수를 자신으로 하나님을 보여주신 선지자로 믿고 그를 따르기로 결심하는 것이고, 예수를 제물 되신 제사장으로 모시고 그만 의지하기로 결단하는 것이며, 예수를 죄와 죽음과 사탄을 정복하신 왕으로 영접하고 그에게 복종하기로 작정하는 것이다. 이렇게 예수님을 그리스도로 영접하는 자는 하나님의 자녀가 되는 권세를 얻는다.

예수는 그리스도 하나님의 아들. 이 복음으로 우리 인생 모든 문제가 처리되고 해답을 얻는다. 이 복음으로 우리 모두는 깊이 뿌리내리기를 소원한다. 복음 받은 그리스도인의 최고의 과업은 기도하는 것이다. 기도 중의 최고의 기도 성령충만을 받도록 기도하는 것이다. 그리하여 성령의 권능받아 땅 끝까지 전도자의 축복을 누리며 사는 것이다. 자신의 위치에 합당한 전도자의 삶을 찾아낼 것이다. 즉시 성령충만을 받도록 기도하기 바란다.

3. "역사적인 그리스도의 사건"으로서의 복음

오늘날 복음주의 신앙에 있어서 문제는 역사적 입장에서 이탈했다는 사실이다. **기독교는 역사 안에서 일어난 복음의 객관적 사실들을 강조하는 것**이 그 생명이다. 그런데 근래에 들어 역사 속에서 일어난 복음의 객관적 사실, 즉 역사적인 그리스도의 사건을 강조하는 기독교 입장으로부터 인간의 내적 생활을 강조하는 중세의 입장으로 바뀌어버린 변화인 것이다. 그래서 성령의 내적 변화의 사역을 기독교 중심 요소로 여기는 복음주의자는 기독교의 역사적 신앙 및 역사적 복음과의 접촉을 쉽게 저버리게 된다. 동시에 구약성경에 나타난 하나님의 역사적 활동들이 예수 그리스도 복음, 곧 그리스도 사건의 모형으로서 연속성을 간과하게 된다.

그런다면 인간의 마음 속 보좌에 좌정하신 그리스도는 자신께서 성육신하여 인간이 되신 사실을 상실하게 되며, 구약의 역사 속에서 인간의 모습으로 나타나신 사실도 역시 무시됨을 당하게 된다. 그 결과 오직 "내적이고 영적인" 의미들만이 그리스도인들의 "내적이고 영적인" 생활에 적용될 수 있게 될 것이다. **인간의 내적인 면만을 중요시 하는 기독교는 복음을 단지 내적 생활을 추구하는 다른 모든 종교의 수준으로 끌어내리는 것이다.**

중세의 신학은 복음을 축소시키고 개인적인 차원으로 제한시킴으로써 하나님 앞에 용납됨, 즉 의로우심의 근거는 하나님께서 그리스도 안에서 단번에 행하신 일이 아니라, 하나님께서 신자 개인의 생활 속에서 계속 행하시고 있는 일이라고 주장하였다. 이것은 하나님께서 그리스도 안에서 단번에 행하신 일을 비역사화 하는 것이 된다.

그러므로 **종교개혁은 역사적인 그리스도의 사건(곧 그리스도의 죽음과 부활의 복음)을 우리 구원의 근거로 회복시켰으며**, 이어서 구약 역사의 객관적인 중요성도 되살려 내었다. 구약의 모든 사건을 권선징악적인 차원에서 떠나 그리스도의 사건의 모형적 의미로 해석하게 된 것이다.

우리가 신약성경을 연구하면 할수록, 예수님과 사도들 및 신약의 기록자들이 구약에 대해 지닌 확신, 곧 구약은 성경이며, 이 성경은 그리스도를 가리킨다는 확신이 더욱 분명히 드러난다. 구약성경이 그리스도를 어떻게 증거하고 있는가는 신약성경에 근거해서 풀어야 할 과제인 것이다. 우리는 인류구원의 역사는 진행해 나가는 하나의 역사적 과정이며, 이러한 구원역사의 진행과정은 그리스도의 인격과 사역에 그 목표와 그 초점을 두고 있고, 거기서 그 성취가 이루어지는 것임을 믿어야 한다.

하나님의 아들 예수 그리스도 복음을 믿는 믿음이란, 본질적으로 하나님께서 약 2천년 전에 우리를 위하여 그리스도 안에서 어떤 일 곧 그리스도의 사건을 행하셨다는 선포를 받아들이는 것이며, 그것을 확고히 고수하는 것이다. 그리스도인의 개인적인 경험은 매우 중요한 것이 틀림없으나, 그것은 앞서 말한 객관적 역사적인 그리스도의 사건의 열매들이다. 복음은 여전히 개개인의 필요와 연관성을 지니면서도 구원역사(그리스도의 사건)에 그 뿌리를 박고 있으며 그 토대를 두고 있다. 그러므로 복음의 핵심, 즉 하나님께서 그리스도 안에서 행하신 역사적 사실들(그리스도의 죽음과 부활이라는 역사적인 그리스도의 사건)이 강조 되어야 하고, 개인의 주관적인 체험을 우선적으로 강조하는 신비적인 풍조는 경계해야 한다. 객관적이고 역사적인 구원의 사실들이 바로 파악되고 믿어질 때, 비로소 그리스도인의 주관적인 경험도 바로 이해될 수 있는 것이다. 기독교는 결단코 우연히 진리를 깨달은 어떤 종교적 천재에 의하여 막연히 전해진 종교가 아니라 준비된 세계, 기다리는 마음속에 인류 역사상 가장 알맞은 때에 하나님이 인류 역사 속에 보내신 그의 아들 예수 그리스도로 말미암아 이루어진 것이다.

그러므로 구약성경의 **"이스라엘의 출애굽 사건"**은 하나님께서 **"구원의 모델"**로 제시한 하나님의 계시이며 하나님께서 하나님 나라에 들어가는 길을 계시하려는 의도를 가지고 있었다. 그 길은 우리 인간들을 하나님 나라 밖에 붙잡아두고 있는 속박으로부터의 기적적인 구원을 포함하고 있는 것이다. 그러므로 그 길은 진정한 구원의 계시를 위한 **"제2의 출애굽 사건"**이 따라야 했다. 그것은 영적인 구원이 되어야 했기 때문이다. 그래서 첫 번째 출애굽은 애굽에서의 종살이였지만, 제2의 출애굽은 애굽의 종살이 보다 훨씬 더 고된 종살이인 바벨론 포로생활이었다.

제2의 출애굽, 곧 바벨론 포로생활은 **정치적 해방자 고레스**에 의해 정치적으로 성취되지만, 구약 선지자들은 즉시 진정한 출애굽 사건의 주인공으로 **"고난 받는 종"**(메시아)의 출현을 예언한다. 그러므로 제2의 출애굽은 **"누가"**, **"어떻게"** 성취하느냐에 대해서 이사야 선지자는 구약예언의 최고의 핵심이고 비밀인 **"고난 받는 종"**(메시아)의 **"죽음과 부활"**을 통해 성취될 것이라고 예언하는 것이다. 이 이사야 선지자의 "메시아의 죽음과 부활"의 예언은 문자적으로, 신약시대 "예수님"에 의해서 성취되었다. 이렇게 성취된 복음, 곧 **"역사적인 그리스도의 사건"**은 창세 전에 성부·성자·성령 삼위일체 하나님에 의해서 체결된 영원한 언약(구속언약)이었으며, 이 구속언약이 인간의 역사 속에서 하나님의 시간표에 따라 실현된 것이다. 그러므로 **"역사적인 그리스도의 사건"**은 인류 역사의 중심이다. 하나님의 구원계시의 역사는 과거에서 시작하여 미래로 흘러간다. 그런데 그 중간에 그리스도의 십자가(그리스도의 사건)가 서 있다. 과거와 미래라고 하는 두 개의 영원에 있어서 그리스도의 십자가(그리스도의 사건)가 중심이 된다. 과거에 주어진 하나님의 명령과 계시가 이 그리스도의 사건을 회전축으로 하여 미래의 영광으로 전환되는 것이다.

그러므로 **"역사적 그리스도의 사건"**은 인류소망의 기초인 것이며, 모든 인류는 이 역사적 그리스도의 사건을 그 마음 중심에 세우고 거기로부터 흘러나오는 하나님의 은혜를 받고 살아야 하는 것이다. 곧 **"예수 그리스도"**와 예수 그리스도가 왕 노릇하시는 **"하늘나라"**를 소망으로 알고, **"오직 신앙"**, **"오직 그리스도"**, **"오직 은혜"**, **"오직 전도"**, **"오직 하나님께 영광"**으로 살아야 하는 것이다. 이럴 때 그리스도인이 천국 가는 길에는, 그 길이 풍족한 하나님의 은혜와 함께 준비되어 있게 된다. 그리고 그 준비된 은혜('때를 따라 돕는 은혜')를 날마다 구해 받으며 살아간다. 이것이 "역사적인 그리스도의 사건"으로서 복음 받은 그리스도인의 삶이다.

예수는 그리스도 하나님의 아들. 예수는 하나님의 아들 그리스도라는 증거로 죽은 자 가운데서 부활하셨다. 이 복음으로 우리 인생 모든 문제가 처리되고 해답을 얻는다. 이 복음으로 깊이 뿌리내리기를 기원한다.

기독교는 결단코 우연히 진리를 깨달은 어떤 종교적 천재에 의해서 막연히 전해진 종교가 아니라 하나님께서 창세전에 계획하시고, 인류 역사 속에서 하나님의 아들 예수 그리스도의 죽음과 부활의 역사적 사건으로 성취된 복음이다. 모든 그리스도인은 이 "역사적 그리스도의 사건"의 복음으로 깊이 뿌리를 내릴 것이다. 그리고 이 복음의 능력, 곧 성령의 권능을 얻도록 성령충만을 구할 것이다. 성령의 권능으로 땅 끝까지 증인이 되는 전도자의 삶을 살 것이다. 즉시 기도하기 바란다. 성령충만을 받을 것이다. 모든 일을 전도 속에서 생각하며 살 것이다.

제 3 장
복음의 실천으로서 기도

체질을 만들어라
복음체질
기도체질
성령충만체질
전도체질

여기서 우리는 기도 전체를 이야기하고자 하는 것은 아니다. 우리는 한 개인이 그리스도의 제자로 세워지고자 할 때에, 복음 받은 그리스도 제자들에게 기도의 중요성을 일깨우고자 하는 것이다.

하나님의 아들 예수 그리스도의 복음은 모든 것임을 우리는 안다. 우리는 우리에게 필요한 것과 우리에게 없는 것이 모두 하나님과 우리 주 예수 그리스도 안에 있다는 것과 하나님께서는 자신의 풍성하심이 그리스도 안에 충만히 있게 하셔서(골 1:19; 요 1:16), 마치 우리가 넘쳐흐르는 샘물에서 물을 퍼내듯 그리스도께로부터 얼마든지 은혜를 얻게 하도록 하셨다는 사실을 모든 그리스도인 제자들은 알아야 한다.

그렇다면 우리는 그리스도 안에 있는 그것을 찾으며, 기도로 하나님께 구해야 한다. 복음의 적용은 기도다. 복음의 실천은 기도다. 복음을 누리는 길이 기도라는 말이다. 참된 복음(신앙)은 기도를 일으킨다. 그러므로 기도는 복음의 적용이요 실천이다. 기도는 복음(신앙)의 최상의 실천이다. 우리는 기도를 통하여 복음이 약속한 하나님의 은혜를 매일 받을 수 있다. **만일 복음에 기도가 없으면, 복음은 죽은 문서에 불과하다.**

예수님은 복음(신앙)과 기도를 밀접하게 결합시키셨다. 마가복음 11:22-24을 보면 "예수님이 그들에게 대답하여 이르시되 하나님을 믿으라 내가 진실로 너희에게 이르노니 누구든지 이 산더러 들리어 바다에 던져지라 하며 그 말하는 것이 이루어질 줄 믿고 마음에 의심하지 아니하면 그대로 되리라 그러므로 내가 너희에게 말하노니 무엇이든지 기도하고 구하는 것은 받은 줄로 믿으라 그리하면 너희에게 그대로 되리라"고 하였다.

예수님은 먼저 "하나님을 믿으라"고 복음(신앙)을 명하시면서, 즉시

이 복음(신앙)에 기도를 덧붙이셨다. "무엇이든지 기도하고 구하는 것은 받은 줄로 믿으라"고 기도를 덧붙이신 것이다. 예수님은 복음에 기도가 따르지 않으면, 복음은 죽은 문서에 불과한 것을 누구보다 잘 아셨다.

이런 사실을 극명하게 나타내 주는 사건은 예수님이 자기 고향에 가셨을 때에 더욱 명확히 드러났다. 기도 없이는 복음의 능력이 나타날 수 없었던 것이다. 마가복음 6:5-6에 보면 "거기서는 아무 권능도 행하실 수 없어 다만 소수의 병자에게 안수하여 고치실 뿐이었고 그들이 믿지 않음을 이상히 여기셨더라"고 하였다.

예수님은 고향(나사렛)을 방문하시어 그곳에서도 다른 곳에서와 같이 많은 능력을 행하시기를 원하셨다. 예수님은 그들로 자신이 하나님의 아들 그리스도이심을 믿게 하여 자신에게 간구하기를 원하셨다. 그러나 예수님은 많은 능력을 행하실 수가 없었다. 그 이유는 고향사람들이 예수님께 나와서 간구하지 않았기 때문이었다. 그래서 예수님은 그들이 믿지 않음을 이상히 여기셨다. 하나님의 은혜 받는 것을 싫어하는 불신앙 같이 이상한 일은 없다. 복음 받은 그리스도인이 기도하지 않는 것보다 이상한 일은 없다.

복음(신앙)은 영이요, 기도는 몸이라고 비유할 수 있다. 영과 몸이 결합하여 완전한 사람을 만들어 준다. 복음(신앙)이 바른 것이라면 반드시 기도를 일으키게 되어 있다. 또한 기도가 복음(신앙)에서 나온 것이 아니라면 그 기도는 올바른 것이 못된다. 우리는 기억해야 한다. 참된 복음(신앙)은 기도를 일으킨다. 동시에 기도는 복음(신앙)의 최상의 실천이다.

"무릎으로 사는 그리스도인"(생명의 말씀사)이란 기도에 관한 책이 있다. 만사가 기도에 의해 좌우된다는 주장을 하면서, 모든 실패의 원인을 기도하지 않는데서 다음과 같이 찾고 있다. 바른 견해라고 본다.

"어찌하여 수많은 그리스도인들이 그토록 자주 패배하는가? 기도를 너무 적게 하기 때문이다. 어찌하여 수많은 교회 일꾼들이 그토록 자주 용기를 잃고 낙심하는가? 기도를 너무 적게 하기 때문이다. 어찌하여 대부분의 사람들이 그들의 사역을 통해 '어둠에서 빛으로' 이끌어내는 영혼이 그토록 적은가? 기도를 너무 적게 하기 때문이다. 어찌하여 우리교회는 하나님을 향한 뜨거운 불이 타오르지 않는가? 참된 기도가 너무 적기 때문이다.

주 예수님은 오늘도 여전히 능력이 무한하신 분이시다. 주 예수님은 여전히 인간들의 구원을 갈망하고 계신다. 그의 팔이 짧아 구원하지 못하시는 것이 아니라, 우리가 더 많이 더 진실하게 기도하지 않기 때문에 그의 팔을 내밀 수가 없는 것이다. 우리가 분명히 알아야 할 것은 모든 실패의 원인은 은밀한 기도를 하지 못하는데 있다는 사실이다."

복음 받은 그리스도인에게 있어서 기도보다 중요한 것이 없다. **특히 그리스도인 제자훈련에 있어서 기도보다 중요한 것이 없다.** 물론 하나님의 아들 예수 그리스도 복음이 무엇보다 중요한 것이지만, 참된 복음(신앙)은 기도를 일으키기 때문에, 그리고 기도야말로 복음의 최상의 실천이기 때문에 **제자훈련에 있어서 기도보다 중요한 것은 없다.**

그러나 복음 받은 그리스도인 제자훈련에 있어서 기도는 그 이상의 것이 있다. 그것은 그리스도 제자로서 한 주동안 전도자로서 사는 힘과 지혜를 얻는 시간이기 때문이다. **서로를 위해 기도하고 성령충만을 위해 합심하여 간절히 기도하며, 한 주동안 전도자로서 승리와 목표를 위하여 기도하는 것은 제자훈련에 있어서 가장 중요한 것이다.** 두 사람의 합심기도는 더욱 능력 있는 약속의 기도이기 때문에 기도 후에 각자는 현장에 나가서 그 기도응답의 결과를 확인하며 사는 삶을 살게 된다. 기도하는 대로 이루어지는 응답을 찾아 누리며 사는 자가 되어야 한다. 그러므로 그리스도인의 제자훈련 과정 중 기도시간은 사실상 상호 복음적 교제시간 가운데 가장 중요하고, 의미 있으며, 또한 가장 기대 되어지는 영역이기도 한 것이다. 지금까지의 복음 받은 그리스도인 형제들과의 교제를 통해서 볼 때 복음적인 삶과 전도 열매를 서로 나눈 이후의 기도야말로 서로를 세워주고, 능력을 얻고, 현장의 승리를 약속 받으며, 전도자로 세워져 가는 최고의 시간이라고 믿는다. 그리스도인의 교제 가운데 만일 기도가 빠진다면, 그 교제의 열매는 반감 되거나 유산된 것이라고 보아도 과언이 아니다.

예수는 그리스도 하나님의 아들. 예수는 하나님의 아들 그리스도라는 증거로 죽은 자 가운데서 부활하셨다. 예수님은 지금 성령을 통해서 우리 가운데서 역사하신다. 그래서 우리 모두는 성령충만을 받으라고 명령 받고 있다.

기도해야 한다. 기도 없는 복음은 죽은 문서다. 참된 복음(신앙)은 반드시 기도를 일으키게 되어 있다. 기도는 복음(신앙)의 최상의 실천이다. 기도해야 한다. 무엇보다 기도 중의 최고의 기도인 성령충만 받기를 반드시 기도해야 한다. 성령충만 받는 기도는 그리스도인 제자훈련의 모든 모임과 활동 속에 빠지지 않고 성령의 권능을 받도록 반드시 기도해야 한다. 더 많이 받도록 기도해야 한다. 더욱 더 많이 성령충만을 받도록 기도하고 기도해야 한다. "우리 구주 예수 그리스도로 말미암아 우리에게 그 성령을 풍성히 부어 주소서"(딛 3:6)라고 반복해서 기도해야 한다.

또 한 주 동안의 현장의 삶을 놓고도 기도해야 한다. 자신이 섬기는 제자들을 위해 집중 기도해야 한다. 또한 전도계획과 전도의 문이 열리도록 기도해야 한다. 그리스도인 제자훈련, 그리스도인 교제에 있어서 기도보다 중요한 것이 없다. 합심기도는 더욱 능력 있는 기도로서 이보다 더 중요한 것은 없다. 더 이상 이론이 필요 없다. 즉시 무릎을 꿇고 기도할 것이다. 더 많이 기도할 것이다.

※ 성령충만을 받기 위한 구체적 기도는 대단히 사적이기 때문에 문자화하는 것이 꺼려지는 것이지만, 사실은 이런 현실적이고 구체적 기도가 현장의 그리스도 제자들에게는 무엇보다 중요한 것이기 때문에 저자 자신의 솔직한 성령충만 기도를 수록하였다. **모든 그리스도인 제자는 그 나름대로의 성령충만의 비밀을 가지고 기도해야 하는데**, 그것은 곧 복음으로 답이 나온 그리스도 제자의 최고의 요구조건이기도 한 것이다. 물론 성령충만은 믿음으로 받는다.

"**살아계신 하나님 아버지**, 약속하신 성령을 충만히 부어 주실 것을 기도합니다. 우리 주 예수 그리스도로 말미암아 저에게(우리에게) 성령을 풍성히 부어 주시옵소서. 더 풍성하게 부어 주소서. 아버지여, 성령을 예수 그리스도로 말미암아 더욱 더 풍성하게 부어 주소서. 더 풍성히 부어 주소서. 아버지여, 성령을 풍성하게 부어 주소서. 더 많이 부어 주소서. 강물처럼 부어 주소서. 내 배에서 생수의 강이 흘러나도록 부어 주소서. 더 풍성하게 부어 주소서. 제 메마르고 열매 맺지 못한 갈라진 땅

같은 내 심령에 성령을 풍성히 부어 주소서. 그리하여 제 심령이 성령의 샘이 되게 하시며, 거룩하고 의로운 열매를 맺게 하소서. 아버지여! 성령을 충만히 부으소서. 더 풍성하게 제 심령에 부어 주소서. 성령충만, 더 많이 충만, 성령충만… … …한없이 충만, 성령충만, 성령충만, 성령충만, 성령충만… … …더 많이 성령을 충만히 부어주소서. 아버지여, 성령충만을 주소서. 주여! 성령을 부으소서. 주님이여! 더 많이 성령을 부어 주소서. 성령이여! 제 심령에 임하소서. 더 충만히 임하소서. 권능으로 임하소서. 예언의 영으로 임하소서. 치료의 영으로 임하소서. 위로의 영으로 임하소서. 간구하는 영으로 임하소서. 온유의 영으로 임하소서. 겸손의 영으로 임하소서. 증거의 영으로 임하소서. 희락의 영으로 임하소서. 권능의 영으로 임하소서. 오! 성령님이여 더 충만히 임하소서. 아버지여 성령충만을 부어주소서…성령충만, 성령충만, 성령충만… …성령충만을 주소서…성령충만…성령충만…**성령충만을 주소서**"

끊임없이 기도할 수 있다. 여기서 **성령을 붓는다는 것은 성령의 위(位)가 아니라 성령의 은사와 은혜에 대하여 하는 말이다.** 모든 예배 시작 전에 적어도 한 시간 정도는 성령충만을 받도록 기도할 것이다. 앞으로 제4장 "성령충만에 대한 기본적인 이해"를 통해 "성령충만 기도"를 더 바르게 이해하고 더 능력 있게 기도할 수 있을 것이다.

제 4 장
성령충만에 대한 기본적인 이해

체질을 만들어라
복음체질
기도체질
성령충만체질
전도체질

1. 성령에 대한 개요(Ⅰ)

서론: 죄가 세상에 처음으로 들어온 이후 하나님께서는 구원의 약속을 **두 가지로 하셨는데**, 그 하나는 우리와 같은 모습을 가지신 **그의 아들을 우리에게 보내시어** 우리를 위해 세상에서 고난을 당하게 하시고, 다른 하나는 **그의 영을 세상에 주셔서** 그의 아들이 성육신하여 성부께 순종하고 고난당한 결과 이것들이 우리에게 유효하도록 하신 것이다. **구약성경의 최대의 약속**과 믿음의 목적과 신자들의 소망은 몸을 입으시고 하나님의 아들이 오시는 것이었고, 마침내 이 약속이 성취된 후 **신약성경의 최대의 약속**은 성령님이 오신다는 것이다.

복음을 전파하는 일이나 성령의 위대한 사역은 그 목적에 있어서 동일하다. 성령의 사역은 복음에 영광을 돌리는 일이며 복음을 유익하고 효과 있게 하는 일이다. 만일 복음에서 성령이 떠나가면 그것은 죽은 문서에 지나지 않는다. 그러므로 성령이 없는 사람의 상태는 그리스도가 계시지 않는 사람이며 하나님이 내어버린 사람이다. 만일 성령의 교통이 중단 된다면 믿음도 끝나고 기독교도 역시 끝장이 나게 될 것이다.

사람들은 성령을 잘 모른다. 그래서 그들은 성령 없이 기도 하려고 하며, 성령 없이 가르치며, 성령 없이 하나님께 가며, 성령 없이 모든 일을 수행하며 '모든 일이 잘되었다!'고 큰소리 친다. 그리고 이러한 사람들을 귀중한 그리스도인이라고 한다.

1) 성령은 인격을 갖고 계시는가? (롬 8:27, 15:30; 고전 12:11)

성령은 힘이나 능력 혹은 영향력이 아니라 하나의 인격체이신 하나님이시다. 성령은 지식과(롬 8:27) 감정과(롬 15:30) 의지를(고전 12:11) 가지신 분이시다.

성경 전체를 통해 성령을 언급하기 위해 인칭대명사가 사용되고 있다. 요한복음 14:16에서 예수님은 "**내가 아버지께 구하겠으니 그가 또 다른 보혜사를 너희에게 주사 영원토록 (그가)너희와 함께 있게 하리니**"라고 말씀하셨다. 여기서 인칭 대명사 "그가"는 아버지와 성령 모두에게 사용되고 있다. 요한복음 16:7-14에서 예수님은 성령을 언급하기 위해서 반복하여 인칭대명사를 사용하셨다.

성경에는 성령님께서 인격적 행동을 취하신 것도 기록되어 있다. "**성령이 이르시되 내가 불러 시키는 일을 위하여 바나바와 사울을 따로 세우라 하시니**"(행 13:2)라고 하였다. 성령님은 인격체이시다.

2) 성령은 하나님이신가?(창 1:2, 1:26; 히 9:14; 고전 2:10-11; 시 139:7; 눅 1:35)

성령은 삼위일체의 제3위의 하나님이시다(창 1:2, 1:26; 마 28:19). 성령은 분명히 '하나님'으로 불리우고 있다(행 5:3-4). 또 성령은 '여호와'로도 불리운다(사 6:8-9; 행 28:25-26).

성령님의 속성은 신적인 속성들이다. 성령님은 신적속성의 특징인 영원성(히 9:14), 전지성(고전 2:10-11), 무소부재성(편재성)(시 139:7), 전능성(눅 1:35)을 갖고 계신다. 성령님의 절대적인 주권과 자존성은 그의 신성을 분명히 보여준다(마 4:1; 요 3:8; 고전 12:11; 행 20:28). 성령이 하신 일도 그가 성삼위 가운데 한 분이심을 분명히 보여준다(딤후 3:16; 마 1:20, 12:28; 롬 8:11). 성령님은 하나님이시다.

3) 성령에 대한 계시는 점진적이다.

(1) **구약에 나타나신 성령**
(2) **그리스도가 그의 제자들에게**(눅 11:13)
(3) **그리스도의 약속**(요 14:16-17)
(4) **그리스도의 훈계**(요 20:22; 눅 24:49; 행 1:8)
(5) **오순절에 임하신 성령**(행 2:1-4)
(6) **오순절 이후**(행 8:17, 9:17)
(7) **이방인들에게도 임하시는 성령**(행 10:44, 11:15-18)

성령은 이미 창조자로서 삼위일체 하나님과 함께 존재해 오셨고 세상에 편만이 존재해 오셨지만, 오순절 날 부어진 성령으로 오셔서 인간들의 영혼 속에 내주하시는 것은 점진적 단계를 거쳐 약속하시고 약속대로 오신 것이다. 그리고 온 유대와 사마리아와 땅 끝까지 이르러 성령이 부어진다.

4) 성령세례와 성령충만의 차이(고전 12:13; 행 2:1-4, 4:29-31; 엡 1:13-14, 5:18; 갈 3:1-5)

(1) **성령세례**: 회심 때에 단회적으로 받는 선물, 예수 그리스도의 죽음

과 부활에 연합하기 위한 것, 예수님의 몸에 편입된 것, 그리스도인의 삶을 시작할 때 받는 시초적인 축복.

(2) **성령충만**: 우리의 인격을 지배하고 다스리고 통치하는 것. 성령충만은 성령세례의 결과로서 오는 것이며, 지속적이며 갈수록 더 많이 채워져야 하는 것이다. 한 번의 세례, 여러 번의 충만이다. 우리가 계속해서 성령으로 충만하기 위해서는 계속해서 주 예수님께로 와야 한다(요 7:37-39). **성령충만은 믿음으로 받는다**. 성령충만을 받을 수 있는 모든 전제 조건을 예수님이 십자가와 부활사건을 통해 충족시키셨기에 성령을 부어주신 것이다(딛 3:6). 그러므로 율법의 행위가 아닌 오직 믿음으로 구원 받듯이, 성령충만도 믿음으로 받는다. 오직 십자가 앞에 나아가 그 보혈의 공로만을 의지함으로 성령충만을 받는다.

성령충만은 인간의 피나는 노력의 대가로 쟁취할 수 있는 은혜가 아니다. 성령충만은 그리스도 안에서 모든 신자에게 값없이 주어지는 은혜이며 특권이다.

때로 그리스도인 전도자나 설교자는 하나님이 부르신 특별한 사역을 위하여 주어진 초자연적인 능력을 놀랍게 체험하기도 한다. 그러나 모든 사람에게 똑같이 그렇게 성령의 능력이 부어지는 것은 아니다. 경험은 각인에게 다 다르다. 그러므로 성령의 특이한 경험을 하지 못한 자들은 특이한 경험한 자들을 인정하고 존중해 주어야 하며, 동시에 특이한 경험을 한 자들은 반드시 자신에게 임한 경험을 정형화하려고도 하지 말아야 한다. 경험에 근거하지 말고 성경에 근거해서 권면해야 한다. 우리 모두는 성령을 받았다(성령세례를 받았다; 예수 믿고 참된 그리스도인이 되었다)하면 끊임없이 성령으로 충만함을 받도록 하루에도 수차례 기도해야 할 것이다. 성령충만은 신자가 누릴 특권이기 때문이다.

결론: 예수는 그리스도 하나님의 아들. 이 복음으로 우리 인생 모든 문제가 처리되고 해답을 얻는다. 예수님은 그리스도라는 증거로 죽은 자 가운데서 부활하셨다. 부활하신 예수님은 지금 성령을 우리에게 부으시고 성령님을 통해서 우리와 함께 하신다. 그래서 "성령충만을 받으라"고 명령하신다.

그러므로 누구든지 성령충만을 구하면, 복음을 참되게 받은 신자는, 당연히 성령충만을 받게 되어있다. 물론 성령충만은 믿음으로 받는다. 성령충만 받은 증거는 이상한 감각적 체험이 아니라 믿음충만이다(요 7:38; 고전 12:3). 예수충만이다. 그리스도충만이다. 진리충만이다. 말씀충만이다. 사랑충만이다. 거룩충만이다.

성령충만은 체험이 올 수도 있으나 안 오는 것이 보다 정상이다. 가장 확실한 체험은 예수를 주(그리스도)시라 하는 믿음이다. 여러분 모두가 지금 모두 합심하여 성령충만을 구하기 바란다. 성령충만은 복음 받은 자의 특권이자 의무다. 기도하기 바란다. **기도하는 것 만큼 성령충만을 받는다.** 더 많이 기도하여 더 많이 받을 것이다. 성령의 권능받아 그리스도의 증인으로 살 것이다.

2. 성령에 대한 개요(Ⅱ): 성령과 그리스도와의 관계

서론: 성부, 성자, 성령의 삼위일체 하나님에 있어서 성자 하나님과 성령 하나님은 신적본질에 있어서 동질의 한 하나님이시다. 다만 신격에 있어서 성자 하나님은 제2위의 인격이신 하나님이시고, 성령 하나님은 제3위의 인격이신 하나님이시다.

그런데 하나님의 영원한 구속언약으로 성자 하나님께서 중보자 그리스도의 사역을 하실 때에는 성령 하나님의 역사로 성취되도록 하나님께서 경륜하셨기 때문에, 구속사역에 있어서 그리스도와 성령의 관계를 바로 이해하는 것은 대단히 중요한 일이 되었다. 성자 하나님은 그리스도의 자격으로 이 세상에 오셔서 인류의 구속을 이루시고, 성령 하나님은 모든 택한 자들에게 그것을 계시하시고, 적용시키셔야 하는 것이다.

그러므로 우리가 지금 **성령과 그리스도**의 관계를 상고 할 때는 성삼위 가운데 제2위이신 하나님으로서의 예수 그리스도가 아니라, 하나님이며 동시에 **인간이신 중보자로서의 그리스도**를 생각하고 있는 것이다. 또한 성령 역시 추상적으로 생각할 수 있는 성삼위 가운데 한분이신 하나님으로서의 성령이 아니라, 영원한 언약 가운데서 자신에게 맡겨진 사역을 **자신의 직임으로써** 수행하시는 분으로의 성령을 생각하고 있다.

성령은 그리스도께서 나실 때부터 세례 받으시기까지 그의 정신적·도덕적 발달을 주도하셨고, 수많은 세월동안 준비시키고 수고하게 하심으로 그를 강하게 하시고 그를 지키셨다. 이 사실은 우리 예수님의 질서에 따라 자신의 권능을 행하시되, 오직 성부와 성자의 뜻을 이루기 위함이었다. 그리스도께 관여하시는 성령의 활동은 하나님 아들의 영광을 나타내고자 하심이었다. 곧 구속사역에 있어서 성령의 활동은 순서상으로 아들의 활동보다 뒤에 있는 것이다.

1) 그리스도의 잉태에 있어서 성령의 역할(마 1:18-20; 눅 1:35)

성령에 의해 잉태되고 처녀의 몸을 통해 출생하셨다. 동정녀의 자궁 속에 그리스도의 몸이 형성되고 기적적으로 수태되었던 것은 성령의 독특한 사역이었다. 물론 그 일을 제정하신 것은 성부 하나님이셨다. 그리고 이러한 하나님의 뜻을 따라 예비된 몸을 수락하신 것은 성자 자신이었다. 그러나 이러한 하나님의 계획과 그에 대한 수락을 실제로 이루어 낸 것은 성령 하나님의 독특한 사역이었다.

이에 대하여 성경은 **"그의 어머니 마리아가 요셉과 약혼하고 동거하기 전에 성령으로 잉태된 것이 나타났더니"**(마 1:18), **"그에게 잉태된 자는 성령으로 된 것이라"**(마 1:20), **"천사가 대답하여 이르되 성령이 네게 임하시고 지극히 높으신 이의 능력이 너를 덮으시리니 이러므로 나실 바 거룩한 이는 하나님의 아들이라 일컬어지리라"**(눅 1:35) 성령의 이 행위는 하나의 창조행위였다.

그러나 비록 무한한 능력의 창조행위에 의해 결과된 것이기는 하였지만 그리스도의 몸 역시 동정녀의 몸으로부터 만들어진 것이었다. 이것은 다음의 여러 가지 이유들로 인해 필요한 일이었다. (1) 그것은 **"여자의 후손이 뱀의 머리를 상하게 할 것이라"**는 최초의 약속 때문에 필요하였다. 즉 말씀은 **"육신이 되어야"**했는데, 그 육신은 **"여자로부터 만들어져야"** 했던 것이다. (2) 그것은 또한 아브라함과 다윗에게 행한 약속의 성취를 위해 필요하였다. 왜냐하면 그들의 후손들에게서 그리스도가 날 것이기 때문이었다. 즉, 나타날 그리스도는 **"아브라함의 씨"**이어야 했고, **"육으로는 다윗의 혈통"** 가운데서 나셔야 했다. (3) 이 진리를 확증해 주기 위하여 육체의 혈통에 따른 그리스도의 족보가 두 복음서 기자에 의해 기록되어 있는데, 만일 그리스도께서 동정녀의 몸으로부터 나시지 않았더라면 그 기록은 진리일 수도 없었고 타당한 것이 될 수도 없었다. (4) 이 외에도, 우리가 범죄했던 것과 똑같은 성정으로 고난을 받으셨기 때문에 그리스도께서 우리의 구세주가 되시기에 합당하다는 우리의 믿음 역시 그가 인간의 몸으로부터 태어나셨다는 사실에 기초를 두고 있다. 만일 그가 우리의 성정에 참여한 자가 아니었다면, 그가 행하시고 고난 받으신 것이 우리에게 전가될 수 있는 아무런 근거가 없기 때문이다(롬 8:3).

2) 그리스도의 세례와 성령의 사역(마 3:16-17; 눅 4:1; 사 61:1).

성령은 그리스도에게 모든 비범한 권능과 은사들을 부어주셨는데, 그것들은 모두가 그의 임무수행에 필요한 것이었다. **"주 여호와의 영이 내게 내리셨으니 이는 여호와께서 내게 기름을 부으사 가난한 자에게 아름다운 소식을 전하게 하려 하심이라 나를 보내사 마음이 상한 자를 고치며 포로된 자에게 자유를, 갇힌 자에게 놓임을 선포하며"**(사 61:1)라고 하였다. 여기서 의도되고 있는 것은 그리스도의 선지자적인 임무인데, 이 임무는 그가 지상에 있을 때 가장 중요하게 여기고 수행하였던 것일 뿐만 아니라, 그것에 의해서 그는 그의 다른 임무들의 성격과 목적을 사람들에게 가르칠 수 있었던 것이다. 그런데 그가 이러한 일을 할 수 있었던 것은 그가 세례 때 받은 바, 성령의 기름부음이 있었기 때문이었다. 왜냐하면 그때에서야 비로소 그는 그가 **선지자적인 임무**에 하나님의 부르심을 받았다는 사실을 확신하고 또한 그것을 남들에게 증거해 줄 수 있고 눈에 보이는 증거를 가질 수 있었기 때문이다(마 3:16-17). 이렇게 함으로써 그의 사역에 대한 하늘의 위대한 인치심이 이루어졌던 것이다(요 6:27).

그리스도는 그의 사적인 생애동안 많은 기이한 행동들을 나타내신바 있었다(예, 눅 2:47). 그러나 그가 세례를 받을 때까지 그는 결코 자신의 일에 필요한 은사들을 충분히 받은 것이 아니었다. 이 문제에 대하여 성경은 **"예수님이 성령의 충만함을 입어 요단강에서 돌아오사 …"**(눅 4:1)라고 말하고 있다. 즉, 그는 이전에는 계속해서 성령으로 채워지고 있었으나, 이제는 성령으로 충만하게 되었다는 것이다.

3) 그리스도의 사역과 봉사에 대한 성령의 역사(눅 4:1-2, 4:14, 4:18-19; 행 10:38; 마 12:28).

그리스도께서 자신의 사역을 확증하기 위하여 행하셨던 여러 가지 위대한 이적들은 성령의 권능에 의한 것이었다(행 10:38). 그가 귀신을 쫓아냈을 때에도 그것은 **"하나님의 성령을 힘입어"**(마 12:28) 행한 것이라고 되어 있다. 말하자면 그것은 성령에 의해 발휘된 하나님의 무한한 권능으로 되어진 것이었다.

그리스도께서는 그 자신의 모든 사역과 받으신 시험과 순종과 고난을 통해, 성령에 의해 인도되고 위로받고 도움 받았다. 그는 성령의 도움을 통해 그의 모든 시험에 승리하였으며, 시험을 마치신 그리스도는 광야로부터 돌아와 **"성령의 권능으로"** 복음을 전파하셨다(눅 4:14). 그 이후 나사렛에서 행한 첫 번째 설교에서도 성령의 역사에 관한 이사야의 글 (사 61:1)을 자기 설교의 본문으로 사용하셨다(눅 4:18-19). 그의 전 생애에서, 그의 모든 시험과 고통과 고난에서, 그리스도는 처음부터 끝까지 오직 성령에 의해서 인도되고, 힘을 얻고, 위로를 받았던 것이다.

4) 그리스도의 죽음에 있어서 성령의 역할(히 9:14).

그리스도께서는 영원하신 성령으로 말미암아 자기를 하나님께 드렸다 (히 9:14). 그리스도의 죽음의 외적인 부분만을 주목하는 사람들은 그 죽음에서 고난 외에는 아무것도 볼 수가 없다. 말하자면 유대인들이 그를 잡아 군병들과 함께 그를 채찍질하고 십자가에 매달아 죽였던 것이다. 그러나 그 사건에서 중요하게 관찰되어야 할 것은 그가 죄인들을 속하기 위하여 스스로 그 자신을 하나님께 희생제물로 드렸다는 측면이다. 바로 이러한 측면이 그 사건에서 볼 수 있는 외부적인 광포한 행위들에 가리워 세상에 드러나지 않았던 것이다. 그런데 이렇게 **그리스도께서 자기를 희생제물로 드렸던 것은 영원하신 성령으로 말미암은 것이었다.**

그리스도께서는 **"그에게 주신 자들을 위하여"** 자신을 성화하고 헌신하여 하나님께 희생제물로 드리셨다(요 17:9). 그리스도는 자원하여 희생의 뜰로 나아갔는데, 이것은 율법에 따라 희생제물을 성막 앞으로 끌어오던 일에 상응하는 것이었다. 말하자면 그리스도는 그곳에서 그의 피를 흘리게 할 사람들의 손에 자신을 내어 주었을 뿐만 아니라, 동시에 실제적으로는 그러한 고통 가운데서 자신을 하나님께 희생제물로 드렸던 것이다. 그 때, 그는 **"심한 통곡과 눈물로 간구와 소원을 올렸다"**고 기록되어 있는데(히 5:7), 이것은 그가 드린 제물의 내용을 말하는 것이 아니라, 그 방식을 말하는 것이다. 이러한 거룩한 순종도 역시 영원하신 성령에 의해 그리스도의 마음에 새겨진 것이었기 때문에 그리스도는 성령에 의해 자신을 하나님께 드렸다고 말할 수 있다. 모든 것들이 전부 성령에 의해 그리스도의 인성 안에서 이루어졌던 것이었기 때문에 그는 영원하신 성령을 통해 자신을 하나님께 드렸다고 할 수 있는 것이다.

5) 그리스도의 부활에 있어서 성령의 역사(벧전 3:18; 롬 8:11, 1:4; 딤전 3:16).

그리스도의 부활에서도 성령의 독특한 사역을 볼 수 있다. **"육체로는 죽임을 당하시고 영으로는 살리심을 받으셨으니"**, 곧 그리스도는 성령에 의해 다시 살게 되었던 것이다(벧전 3:18). 사도바울도 로마서에서 이렇게 기록하였다. **"예수를 죽은 자 가운데서 살리신 이의 영이 너희 안에 거하시면 그리스도 예수를 죽은 자 가운데서 살리신 이가 너희 안에 거하시는 그의 영으로 말미암아 너희 죽을 몸도 살리시리라"**. 하나님께서는 그리스도를 죽은 자 가운데서 일으켰던 것과 똑같은 영으로 우리 죽을 몸을 살리실 것이라는 말이다.

뿐만 아니라 그리스도께서 부활하시어 하나님의 아들로 인정되신 것도 **"성결의 영"**, 곧 성령을 따라 된 것이다. **"영으로 의롭다 하심을 받으시고"**(딤전 3:16)라는 표현도 같은 의미이다.

성령은 그리스도의 인성을 영화롭게 하여 그것을 모든 면에서 하나님의 우편에 영원토록 거하기에 적합하도록 만들었으며, 따라서 모든 믿는 자들의 육체가 영화롭게 될 수 있는 모범이 되게 하셨다.

 6) 그리스도를 증거하는 성령의 사역(요 15:26, 16:8-11, 16:13-14; 행 5:32; 히 2:4)

 성령께서는 직접적으로 그리스도의 인격에 대해서 행하신 것이 아닌 또 다른 사역이 있다. 그 사역은 바로 그리스도가 메시아, 곧 하나님의 아들이라는 사실을 증거하는 일이었다. 우리 주님께서 이 세상에서 어떠한 비난을 받았으며, 또 죽음에 의해 얼마나 굴욕적으로 이 세상 밖으로 쫓겨났는지에 대해 우리는 잘 알고 있다. 그리스도의 죽음 후에는 지옥과 천국이 깊이 관여되는 굉장한 싸움이 뒤따랐던 것이다.

 그런데 그리스도는 열두 사도들을 택하시어, 그의 거룩한 생(生)과 그가 전파하였던 순전한 말씀 및 그와 관련된 예언들의 성취에 대하여 증거하게 하셨다. 그러나 과연 무엇이 연약했던 열두 사람의 증거로 하여금 세상의 주장과 맞서 싸워 이기도록 할 수 있었는가? 그것은 곧, 그리스도를 증거하는 그 일이 모든 것 위에 뛰어나시며, 자신의 증거로 승하게 하실 수 있는 성령의 손에 맡겨졌기 때문이었다.

 "**보혜사 곧 아버지께로서 나오시는 진리의 성령이 오실 때에 그가 나를 증언 하실 것이요**"(요 15:26). 따라서 사도들도 "**우리는 이 일에 증인이요…성령도 그러하니라**"(행 5:32)고 주장하였다. 그리고 성령의 증거 방법에 대해 성경은, "**하나님도 표적들과 기사들과 여러 가지 능력과 및 자기 뜻을 따라 성령의 나눠 주신 것으로써 저희와 함께 증언하셨느니라**"(히 2:4)고 기록하고 있다. 이러한 성령의 증거와 아울러 복음과 함께 동반하였던 능력에 의해 모든 인류는 믿음의 순종에 굴복하게 되었던 것이다.

결론: 예수는 그리스도 하나님의 아들. 이 복음으로 우리 인생 모든 문제가 처리되고 해답을 얻는다. 이 복음으로 깊이 뿌리내리기를 기원한다.

하나님은 그의 택하신 자들을 구원하시고자 계획하셨을 때 두 가지 방법을 채택하셨다. 곧 그의 아들을 보내사 죽게 하시겠다는 것과 또한 그 아들의 활동을 열매 맺도록 하시기 위해 그의 성령을 보내시리라는 것이었다. 이렇게 함으로써 성삼위일체 하나님이 각기 영광을 받으시는 것이다.

성령은 그리스도께서 나실 때부터 세례 받으시기까지 그의 정신적·도덕적 발달을 주도하셨고, 메시아(그리스도)사역의 모든 활동에도 주도적 역할을 하셨다. 귀신을 쫓아내고, 기적을 일으키는 모든 메시야사역뿐만 아니라, 그리스도 사역의 중심사건인 그리스도의 죽음과 부활에도 성령님의 주도적 사역이 있었다. 그리스도는 영원하신 성령을 통해 자신을 하나님께 드렸으며, 죽으신 후 다시 살아나셔서 그리스도의 영혼과 몸이 다시 결합된 것도 성령의 특별하신 역사로 된 일이다. 또한 그리스도를 증거하는 모든 일도 성령에 의해서 이루어지는 것이다. 그리하여 그리스도의 속죄사역을 통한 구원에 있어서 우리 모두가 그리스도를 알고 섬기고 증거하기 위해서는 성령의 역사가 없이는 모두 불가한 것이다. 그러므로 우리 모두는 **합심하여 성령충만을 구할 것이다**. 더 많이 성령을 부어주시도록 기도하고 기도할 것이다. 성령의 권능을 받아 복음전도자로 살 것이다. 모든 예수제자 자신의 위치에 합당한 전도자의 삶을 찾아낼 것이다. 기도하고 기도하기 바란다.

3. 성령에 대한 개요(Ⅲ)

서론: 성경의 일반적인 교훈은 성령은 신성의 집행자라는 것이다. 하나님이 행하시는 것은 모두 성령에 의해서 행해진다. 콘스탄티노플 신조에서 성령은 '영', '주님', '살리는 것(영)'으로 말해진다. 성령은 모든 곳에 임재하고 모든 곳에서 활동하신다. 물질은 지성적이지 못하다. 그것은 기존 법칙에 따라 맹목적으로 활동하는 그 고유의 특성을 갖고 있다. 그러므로 식물과 동물의 구조들 속에서 나타나는 지성은 물질에 대해 적용되는 것이 아니고 편재하시는 하나님의 영에 대해 적용되는 것이다. 수면 위에 운행하시고 혼돈을 질서로 바꾸신 분은 바로 성령이시다. 성령은 하늘을 수놓으신 분이었다. 성령은 풀이 자라게 하는 원인이시다.

시편기자는 **"내가 주의 영을 떠나 어디로 가며 주의 앞에서 어디로 피하리이까"**(시 139:7)라고 성령의 편재성을 묘사한 다음에 인간의 육체를 지으신 그 분의 행사가 얼마나 경이로운 것인지에 대해 다음과 같이 언급한다. "…**나를 지으심이 심히 기묘하심이라 주께서 하시는 일이 기이함을 내 영혼이 잘 아나이다. 내가 은밀한데서 지음을 받고 땅의 깊은 곳에서 기이하게 지음을 받은 때에 나의 형체가 주의 앞에 숨겨지지 못하였나이다. 내 형질이 이루어지기 전에 주의 눈이 보셨으며 나를 위하여 정한 날이 하루도 되기 전에 주의 책에 다 기록이 되었나이다**"(시 139:14-16).

성령은 생명의 영으로 그의 소생케 하는 온기는 만물을 소생시키며, 따뜻하게 하며, 운행하며, 번성하게 한다. 이 성령은 살아있는 만물의 숨으로 만물에게 자신을 충만하고 풍성하게 부어주셔서, 성령을 통해 이

성적이고 비이성적인 모든 존재들이 종류에 따라 그 존재와 자연의 질서에 합당한 작용을 가지게 된다. 성령, 그 위대한 분배자는 자신 안에 단일하게 머무르면서 자신의 충만에서 적절한 능력들을 분배하고 관대하게 선사한다. 마치 태양이 만물에게 온기를 주듯이 성령은 모든 하위에 있는 존재들을 양육하며, 어떠한 감소도 없이, 충만하고 만물에게 충분한 한없이 풍성함에서 자신의 완전을 조절하고 나누어준다.

1) 성령 직무의 본질

(1) 성령은 모든 지성적 생명의 원천이다(창 2:7; 욥 32:8, 35:11; 민 11:17; 출 31:2-4; 삿 3:10; 삼상 16:13)

성령은 모든 지성적 생명의 원천이다. 인간은 지음 받을 때, 하나님이 **"생기를 그 코에 불어넣으시니 사람이 생령이 되니라"**고 말한다(창 2:7). 욥기 32:8은 전능자의 기운이 사람에게 총명, 곧 이성적 본성을 주셨다고 말씀하는데, 그것은 그분이 **"땅의 짐승들보다도 우리를 더욱 가르치시고 하늘의 새들보다도 우리를 더욱 지혜롭게 하신다"**(욥 35:11)고 말하는 것으로 설명된다. 성경은 또한 특별하거나 탁월한 모든 은사를 마찬가지로 성령에게 귀속시킨다(출 31:2-4). 자신의 영을 통해 하나님은 모세에게 그의 소중한 의무를 감당하는데 필요한 지혜를 주셨고, 그가 자신의 짐을 칠십 장로들에게 분담하도록 명령받았을 때에는 **"네게 임한 영을 그들에게도 임하게 하리니"**(민 11:17)라고 말씀하셨다.

마찬가지로 비상시국의 요구에 따라 때때로 세움을 입었던 사사들은 지배자로서든 아니면 군사로서든 그들의 특별한 사역을 위해 성령에 의해 감동을 받았다. 옷니엘에 관해서는 **"여호와의 영이 그에게 임하셨으므로 그가 이스라엘 사사가 되어 나가서 싸울 때에"**(삿 3:10)라고 말해진다. 또 주의 영이 기드온, 입다, 삼손에게 임했다고 말해진다. 또 사무엘이 다윗에게 기름을 부었을 때 **"이 날 이후로 다윗이 여호와의 영에게 크게 감동되리라"**고 하였다(삼상 16:13).

(2) 성령은 봉사를 위한 은사를 주신다.(고전 12:7-11, 12:27-30)

신약시대에도 성령은 이적적 은사의 창조자로 묘사될 뿐 아니라 교회에서 가르치고 다스리는 능력의 수여자로서 묘사된다. 이 모든 권능들은 성령의 거룩하게 하시는 능력과는 별개의 것이다. 성령은 삼손이나 사울에게 임했을 때, 그들을 거룩하게 만든 것이 아니라 그들에게 탁월한 육체적·지성적 능력을 부여하셨다. 그리고 성령이 그들에게서 떠났다고 말해질 때 그것은 그 탁월한 은사가 철회되었다는 것을 의미한다.

2) 구속사역에 있어서 성령의 직무

(1) 성령은 그리스도의 육체를 만드셨고 그 인간적 영혼에 그분의 사역에 필요한 모든 능력을 부여하셨다.(눅 1:35; 사 42:1, 11:1-2; 요 1:32)

동정녀 마리아에게 **"성령이 네게 임하시고 지극히 높으신 이의 능력이 너를 덮으시리니 이러므로 나실 바 거룩한 이는 하나님의 아들이라 일컬어지리라"**(눅 1:35)고 하였다. 선지자 이사야는 메시아가 모든 영적 은사를 공급받을 것이라고 예언하였다(사 42:1, 11:1-2). 우리 주님이 땅위에 오셨을 때 성령이 한량없이 주어졌다고 하였다(요 3:34). 또 요 1:32절에서 "요한이 또 증언하여 가로되 내가 보매 성령이 비둘기 같이 하늘로부터 내려와서 그의 위에 머물렀더라"고 하였다. 이처럼 그리스도는 성령으로 충만하였다.

(2) 성령은 모든 신적 진리의 계시자이다(미 3:8; 고전 2:10,13; 벧후 1:21).
성경의 교리들은 성령의 일들로 불린다. 구약성경 저자들에 관해 말한다면 그들은 자신들이 성령에 의해 감동을 받은 자들로서 말한다고 한다. **"오직 나는 여호와의 영으로 말미암아 능력과 정의와 용기로 충만해져서 야곱의 허물과 이스라엘의 죄를 그들에게 보이리라"**(미 3:8)는 미가 선지자의 말은 모든 선지자들에게 적용될 수 있다. 신약성경 저자들 역시 똑같이 성령의 기관들이었다. 바울이 전파한 교훈들은 사람들로부터 받은 것이 아니라 **"오직 하나님이 성령으로 이것을 우리에게 보이셨으니"**(고전 2:10)라고 하였고, **"우리가 이것을 말하거니와 사람의 지혜가 가르친 말로 아니하고 오직 성령께서 가르치신 것으로 하니 영적인 일은 영적인 것으로 분별하느니라"**(고전 2:13)고 하였다. 그러므로 전체 성경은 성령을 그 저자로 언급하고 있다(벧후 1:21).

(3) 성령은 거룩한 선진들이 신적 진리를 기록하는데 있어서 무모하도록 인도하시고, 그것을 또한 계시하실 뿐만 아니라 그 능력을 통해 모든 곳에서 그것을 지키신다.
모든 진리는 크든 작든 그것이 알려지는 모든 곳에서 성령에 의해 능력으로 마음과 양심 위에 역사된다. 우리는 세상에서 도덕과 질서에 속해있는 모든 것에 대해 이 전포괄적 능력을 힘입고 있다. 그러나 흔히 일반은총으로 불리는 이 일반적 능력 외에도 성령은 특별히 하나님의 자녀들의 마음을 조명하여 하나님에 의해 자유롭게 주어지는(또한 그들에게 계시되는) 것들을 알 수 있도록 한다. 자연인은 영적 분별력이 없기 때문에 그것들을 받아들일 수도 없고 알 수도 없다. 그러므로 모든 신자들은 이처럼 성령에 의해 계몽되고 인도받기 때문에 신령한 자들로 불린다.

(4) 성령은 세상에 죄를 납득시키는 일, 그리스도를 계시하는 일, 영혼을 거듭나게 하고 사람들을 신앙과 회개를 실천하도록 인도하는 일.

이처럼 자신이 거듭난 자들 안에 새롭고도 신적인 생명의 원리로서 거하는 일은 성령의 특별직무이다. 이 성령의 내주하심을 통해 신자들은 한 몸을 이룰 수 있도록 그리스도에게 연합되고 또 서로 간에 연합된다. 이것은 신자들을 믿음, 사랑, 그들의 내적 생명, 그리고 그들의 소망과 최종운명에 있어서 하나가 되게 하는 성도들의 교통의 기반이다.

(5) 성령은 또한 사람들을 교회의 직분으로 부르시고, 그들에게 그 직분을 성공적으로 수행하는데 필요한 능력들을 부여하신다.

이 점에 있어서 교회의 직분은 오로지 성령의 부르심을 확증하고 보증하는 것이다. 따라서 성령은 개별적으로는 하나님의 자녀들에 있어서, 그리고 공동체적으로는 교회에 있어서 모든 진리, 모든 거룩, 모든 위로, 모든 권위, 그리고 모든 권능의 직접적 저자이시다.

(6) 성령은 복음 전도의 주권자이시다(행 16:6-7)

사도바울 일행은 제1차 전도여행 때 세워진 교회들을 방문한 뒤에 비시디아 안디옥 서쪽에 있는 아시아 지방으로 가려고 했다. 그러나 두 차례에 걸친 성령님의 지시에 따라(행 16:6-7) 드로아를 거쳐 마게도냐 지방으로 가게 된다. 사도바울과 바나바가 제1차 전도여행을 떠날 때도 성령께서 주관하셨다(행 13:2, 4).

(7) 성령은 복음전도를 위한 능력을 주신다(행 1:8, 2:4; 고전 2:4)

하나님은 죄가 세상에 들어올 때부터 그의 백성들에게 두 가지 주된 약속을 해주셨다. 곧 메시아(그리스도)를 보내시겠다는 것과 그 메시아를 믿어 구원을 얻게 하도록 성령을 보내시리라는 약속이었다. 그러므로 성령은 그리스도의 종들에게 그리스도를 증거하기 위한 능력을 주시는 것은 당연한 일이다. 성령님은 예수가 하나님의 아들 그리스도라는 복음전도를 위한 능력을 주신다.

결론: 예수는 그리스도 하나님의 아들. 이 복음으로 여러분 인생 모든 문제가 처리되고 해답을 얻는다. 복음 받은 신자는 복음 받은 하나님의 자녀인 것을 인치기 위하여 성령을 받게 된다. 그리하여 신자 안에 성령님이 내주 역사한다는 것은 당연한 신자의 특권이 되었다.

신자 안에 내주하시는 성령은 그리스도를 증거하시며, 봉사를 위한 은사를 주시고, 복음전도의 주권자이시며, 또한 복음전도를 위한 능력을 주신다. 그뿐 아니라 성령님은 그리스도의 육체를 만드사 구속사역을 준비하셨으며, 모든 성경의 저자이셨다. 더 나아가 **성령님은 모든 지성적 생명의 원천이시기도 한다. 그러므로 성령이 없이는 모든 것이 죽음이요 어둠이고 죄이다. 모든 빛과 생명과 능력은 오직 성령님으로부터만

나오는 것이다.

끝으로 구속사역에 있어서 성령의 직무는 너무 중요한 주제인 것을 알아야겠다. 복음을 전파하는 일이나 성령의 위대한 사역은 그 목적에 있어서는 동일한 것이다. 그렇기 때문에 복음 자체를 '영의 직분'(고후 3:8)이라고도 한다. 복음에서 만일 성령이 떠나면 그것은 죽은 문서에 지나지 않는다. 우리 모두는 복음을 받고 영접하여 성령을 받은 자들로서 힘을 다해 성령을 구하고 구할 것이다. 모두가 합심 기도하여 성령충만을 구해 받을 것이다. 그리고 복음전도의 능력을 얻고 전도자로서 복음을 전하는 자가 될 것이다.

4. 성령에 대한 개요(Ⅳ)

서론: 하나님은 하나님을 떠난 인간들에게 그리스도와 성령을 통해서 하나님과 교제하도록 정해 놓으셨다. 인간이 하나님의 마음을 움직이는 것은 성령의 영역에 속한 것이다. 즉, 나의 영이 성령과 연합되어야 한다. 예수님은 **"하나님은 영이시니 예배하는 자가 영과 진리로 예배할지니라"**(요 4:24)고 말씀하셨다. 바울도 **"성령이 친히 우리 영으로 더불어 우리가 하나님의 자녀인 것을 증언하시나니"**(롬 8:16)라고 말했다. 만일 내가 하나님과 교제를 나누고 있다면 나는 성령을 인정해야 하고, 그 분이 이 교제를 가능하게 하시는 분임을 깨달아야 한다.

한 자연인이 예수님을 그리스도로 믿고 그리스도인이 된다는 것은 '성령의 사람', '성령의 인도함을 받는 이', 즉 '성령충만한 사람'이 되는 것을 의미한다(롬 8:9, 갈 5:16, 25; 엡 5:18). 그러므로 성령께서 신자 안에 거하신다는 말이라든지, 성령에 대한 죄라든지, 더 나아가 성령과 신자와의 관계를 바로 알 필요가 있다. 그래야 성령의 중요성을 알고, 성령과의 더 깊은 관계를 열망하여 성령충만을 구하게 될 것이다.

1) 성령께서 신자 안에 거하신다는 말의 의미(고전 6:19, 3:16-17)

성령은 하나님 아버지와 그 아들 그리스도에 의해서 신자들에게 부어지고 지금 우리 안에 계신다(요 14:16-17). 그러므로 우리의 몸은 성령이 거하시는 전이다(고전 6:19). 고리도전서 3:16의 "너희"는 곧 교회를 가리키는데, 교회를 하나님의 성전이라고 한다. 이는 기독신자들의 공동체

(교회)에 하나님의 성령이 내주하심을 말한 것이다. 곧 성령 자신께서 거하시는데, 동시에 이 성령님을 통해서 성부 하나님과 성자 예수님도 함께 거하신다(요 14:16-20).

2) 신자에 대한 성령의 3중적인 관계

(1) '**함께**' (요 14:16-17, 16:9, 14, 1:33)

(2) '**안에**' (고전 6:19; 롬 8:2-4, 26; 갈 5:16-17; 엡 6:18; 갈 4:6; 살후 2:13; 벧전 1:2)

(3) '**위에**' (행 1:8, 2:17, 10:44-45, 11:25, 19:6; 마 3:16; 막 1:10; 눅 1:35, 4:18, 24:49; 요 1:32-33; 벧전 4:14)

신약성경에는 성령의 신자와의 여러 관계를 명시하기 위하여 사용된 세 개의 헬라어 전치사가 있다. 그것은 "에피"(ἐπί)이다. 요한복음 14:17에서 예수님은 제자들에게 성령에 관해 말씀하셨다.

"**너희는 저를 아나니 저는 너희와 '함께'**(παρά)**거하심이요 또 너희 '속에'**(ἐν) **계시겠음이라.**" 여기에는 두 가지 관계가 나타나 있는데, 그것은 "함께"와 "속에(안에)"이다.

성령은 우리가 회심하기 이전에도 우리와 "함께"(παρά)계셨다. 성령은 죄를 깨닫게 하시며, 그리스도를 그 해결책으로 나타내신 분이시다. 우리가 예수를 구주 그리스도로 영접하고 삶에 초대했을 때 성령은 우리 "속에"(ἐν) 거하기 시작하신다.

그러나 하나님은 그 이상의 것을 계획하셨다. 그것은 바로 "에피"(ἐπί) 관계를 통해 우리 "위에" 큰 능력을 부어주시는 것이다. 이것이 바로 그리스도께서 승천하시기 바로 전에 제자들에게 약속해 주신 것임에 주목해야 한다. 예수님은 누가복음 24:49에서 **"내가 내 아버지께서 약속하신 것을 너희"에게"**(ἐπί) **보내리니"**라고 말씀하셨으며, 사도행전 1:8에서는 **"성령이 너희"에게"**(ἐπί) **임하시면 너희가 권능을 받고"**라고 하였다.

사도행전 8장에서는 빌립이 사마리아로 가서 그리스도를 그들에게 전파하자 많은 사람들이 하나님 나라에 관한 일들과 예수 그리스도의 이름에 관한 빌립의 설교를 믿고 세례 받았다는 사실이 나온다. 세례가 오직 하나라는 사실을 염두에 둔다면(엡 4:5) 우리는 이때도 사마리아 신자들이 성령으로 세례 받아 그리스도의 몸을 이루었고(고전 12:13), 성령이 그들 속에 거하시기 시작했다는 사실을 받아들여야 한다.

그러나 사마리아 신자들은 아직 성령과의 더 깊은 관계를 맺어야만 했다. 예루살렘 교회는 사마리아 사람들이 복음을 받아들였다는 소식을 들었을 때 베드로와 요한을 보내어 그들이 성령을 받도록 기도할 것을 당부했다. 사마리아 신자들 중 그 어느 누구"에게"(위에)도 아직 성령이 임하시지 않았기 때문이다. 왜 그랬을까? 이 경우는 기독교 선교라는 역사적 배경에서 예외적인 것이었다. 초창기교회의 분파를 막기 위한 것이었다. 오늘날 우리는 예수를 그리스도로 믿는 순간 죄 사함과 성령을 받는다.

3) 성령에 대한 죄는 어떠한 것이 있는가?

(1) 불신자의 경우(마 12:31; 행 7:51; 히 10:29)
성령을 훼방하는 것. 이것은 어떤 일이 누구나 의심할 수 없도록 명백하게 성령님의 일인 것이 증명되는데도 불구하고 그것을 계속적으로 적대할 뿐 아니라 모욕하는 악한 언행이다. 이 죄는 회개하게 하는 성령님을 배척하는 것이니만큼, 회개를 막는 죄이기 때문에 죄 사함을 받을 수가 없는 것이다.

(2) **신자의 경우**(엡4:30-31; 살전5:19)

① 하나님의 성령을 근심하게 하는 것이다(엡 4:30). 이는 신자가 도덕적 과오를 범할 때이다. 성령님이 근심을 하실 수 있다는 것은 그 분이 인격적인 존재라는 사실을 증거 해준다.

② 성령을 소멸하는 것이다(살전 5:19). 이것은 성령의 은사를 존중히 해야 될 것을 가르친다. ㉮ 이성적 판단으로는 성령의 역사를 무시하는 태도는 성령을 소멸하는 태도다. 남들이 받은 성령의 감동을 무시하거나, 자신이 성령의 감동을 받았을 때 순종하지 아니하는 태도이다. ㉯ 지나친 광신적 태도도 성령의 역사를 무시하는 태도가 될 수 있다. 예수 그리스도 복음에 깊이 뿌리를 내릴 때 성령의 감동을 바르게 분별할 수 있다.

4) **진정한 성령의 은사는 방언하고 예언하는 것인가?**(고전 12:1-3; 요 7:37-39)

방언과 예언의 은사는 귀한 하나님의 선물이다. 그러나 진정한 성령의 은사는 신자의 삶에서 성령이 충만히 흘러넘치는 것이다. 성령의 은사는 "예수를 주시라"는 신앙고백에서 요약되고 귀일된다(고전 12:3). 성령의 은사란 그 자체의 황홀상태를 즐기는 것도, 그것을 받은 자신을 자랑하는 것도 아니다. 다만 이 은사를 통해 예수의 구주성을 알고 전파함에 있다. 동시에 어떤 별도의 은사가 없다 할지라도 "예수를 주시라"는 믿음은 성령을 받은 가장 좋은 증거인 것이다. 성령충만은 믿음충만이요 예수충만이고 진리충만이다.

그러므로 복음 받은 신자가 성령으로 충만하기 위해서는 계속해서 주 예수께로 와야 한다. 예수님은 외쳐 말씀하셨다. **"누구든지 목마르거든 내게로 와서 마시라 나를 믿는 자는 성경에 이름과 같이 그 배에서 생수의 강이 흘러나오리라"**(요 7:37-38)고 하셨다. 성령이 삶에서 생수의 강처럼 솟아나는 일이야말로 하나님께서 원하시는 것이다. 그것을 무엇이라고 부르든 그것은 중요한 것이 아니다. 어떤 사람들은 그것을 "성령세례"라고 부를 것이고, 또 어떤 이들은 "성령충만"이라고 부를 것이다. 혹은 "성령을 통해 능력을 입은 것"이라고 말하는 이들도 있다. 그러나 문제는 복음 받은 그리스도인들은 누구든지 그의 삶에서 성령의 능력이 흘러 넘쳐야 한다. 이것이 진정한 성령의 은사인 것이다.

결론: 예수는 그리스도 하나님의 아들. 이 복음으로 여러분 인생 모든 문제가 처리되고 해답을 얻는다. 복음 받은 그리스도인의 최고 축복의 하나는 기도응답을 받는 것이다. 그리고 기도응답 중의 최고의 응답은 성령충만의 축복이다. 그 배에서 생수의 강이 흘러넘치는 삶이 그리스도인의 삶인 것이다.

한 개인이 회심하여 그리스도를 영접할 때, 그 신자의 삶 속에 성령이 거하시게 된다. 신자는 자신 안에 모시고 사는 성령을 근심하게 하거나 소멸해서는 안 된다. 그것은 성령에 대한 죄인 것이다. 성령님은 신자와의 관계에서 "함께", "안에", "위에" 거하신다. 성령님은 "함께", "안에" 계시는 것으로 만족하시지 않고 우리의 삶 속에 성령으로 넘쳐흐르기를 원하신다.

성령충만은 신자의 삶에 사랑, 기쁨 그리고 만족이라는 새 차원들을 더 해준다. 나아가 역동적인 성령의 능력이 생수의 강처럼 신자의 삶에서 솟아나는 증인의 삶으로 인도한다. 여러분 모두가 참되게 "예수가 주시라"는 참된 신앙고백과 아울러, 예수 그리스도로 말미암아 부어지는 성령의 충만을 받도록 기도하기 바란다. 예수충만, 사랑으로 충만해질 것이다. 즉시 기도할 것이다. 성령의 권능 받은 그리스도의 증인으로 살 것이다.

5. 성령충만의 의의·필요성·불충만의 죄

서론: 오늘의 시대는 교회를 다시 부흥케 하는 성령의 단비를 고대하고 있다. 성령이 충만하게 임할 때 교회는 그 영광과 능력과 활기를 되찾는다. 교회부흥의 비결은 성령충만이다.

한국교회만큼 성령충만함의 중요성을 자주 이야기하고, 한국 그리스도인들만큼 성령충만해지기를 원하는 이들도 드물 것이다. 그러나 그만큼 혼란과 문제도 많다. 성령충만에 대한 잘못된 이해가 이 은혜를 회복하는 길을 더욱 어렵게 만들고 있다.

스펄전은 설교자들이 종종 양식을 교인들의 손이 닿지 않는 높은 선반 위에 올려놓는다고 했는데, 대부분의 성령충만에 관한 가르침들이 이와 같은 오류를 범하고 있다. 예컨대 성령의 충만을 받기 위해서는 여러 가지 조건들을 충족시켜야 하는데 첫째, 자신을 온전히 비워야 하고, 둘째 죄를 회개하고 자신을 깨끗이 해야 하며, 셋째 자신의 모든 것을 주님께 양도해야 하고, 넷째 주님께 전적으로 순종해야 한다는 것 등이다. 그렇게 해야 성령충만을 받는 것으로 가르치고 있다.

그러나 이러한 조건들을 온전히 만족시킨 후에야 성령으로 충만할 수 있다면, 아마 대부분의 신자들은 죽을 때까지 성령충만을 받지 못할 것이다. 내 힘으로 죄를 다 청산하고 자아를 다 비우고 주님께 전적으로 순종하게 되었다면, 이미 성령충만한 상태에 이른 것인데 그 은혜가 무슨 필요가 있겠는가? 결국 성령충만은 엄청난 경건의 노력과 수고를 통해서 성취할 수 있는 영적인 업적이 되어 있는 것이다.

물론 성령충만한 삶에는 옛 자아와 죄를 죽이고 하나님께 전적으로 순종해야 하는 신자의 책임이 따른다. 그러나 이것은 성령의 충만한 은혜를 통해서만 가능한 성령의 열매이지 성령충만을 받기 전에 성취해야 할 조건은 아니다. 자기를 다 비우고 죄를 완전히 청산한 뒤에 성령의 충만을 받는 것이 아니라, 성령의 충만한 능력을 힘입어 죄를 죽이고 성결하게 살 수 있는 것이다. 하나님의 은혜가 항상 인간의 책임보다 앞선다. 우리가 하나님의 은혜로 구원을 얻는 것처럼, 구원을 이루어 나가는 성령충만의 은혜도 하나님의 은혜로 된다. 성령충만은 하나님의 아들 예수 그리스도 복음을 참되게 받고 뿌리를 내린 신자의 당연한 특권이요 동시에 의무다.

1) 성령충만의 의미(엡 5:18; 행 6:3, 5; 눅 1:67)

"**충만**"이란 말은 성경에 사용된 경우를 볼 때, "**지배를 받는다**"는 뜻으로 볼 수 있다. 그렇다면 **성령충만이란 곧 성령님의 지배를 받고 그의 능력으로 채워지는 것을 말한다**. 성경은 성령충만의 두 경우를 구별하여 사용하는데, 하나는 일시적으로 성령님께 지배 받는 경우이고(눅 1:67; 행 2:4, 7:55), 다른 하나는 영구적으로 성령님의 지배를 받는 경우다(행 6:3, 5; 눅 1:15). 특히 후자는 지속적·인격적 생활로 나타나고 영구적인 성품으로서 개인의 인격적 특성이 된다. 이 경우에는 성령충만이 하나님의 은혜임과 동시에 개인의 책임과 의무이기도 하다.

성령님은 하나님의 아들 그리스도를 영화롭게 하기 위해서 오셨고(요 16:14), 또 그리스도의 영(롬 8:9)이므로 **성령충만함을 받는다**는 것은 **그리스도충만**이요 **예수충만**이며, 그리스도 안에 사는 것이며 그리스도의 통치를 받고 그리스도의 인격과 성품이 드러나는 것을 말하기도 한다. 뿐만 아니라 성령 안에서 삼위일체 하나님의 현존과 통치가 실현되기 때문에, 성령으로 충만하다는 것은 동시에 성령 안에서 상호 내재하시는 성부와 성자 하나님으로 충만함을 의미한다(요 14:23).

2) 왜 성령충만을 받아야 하는가?(요일 1:8; 갈 5:17; 롬 8:3-4, 13-14; 엡 5:18; 갈 5:16)

우리가 예수를 하나님의 아들 그리스도로 믿어 의롭다함을 얻었어도 우리 안에 죄가 여전히 잔존하는 죄인이다. 중생한 그리스도인은 의인이면서 동시에 죄인이다. 그러면 어떻게 죄를 극복하고 온전한 성도의 삶을 살 수가 있는가? 죄의 배후에는 영적인 세력이 있어서 신자가 죄를 이기고 하나님이 기뻐하시는 십계명을 지키며 사는 삶은 우리의 힘만으로는 안 되고 하나님의 도우심이 없이는 불가능하다. 비록 한 개인이 외관상 죄를 정복하고 도덕적인 삶을 사는 듯해도 그것은 외식하는 삶을 면할 수 없다. 죄 죽임의 주체는 하나님께서 그 아들 예수 그리스도로 말미암아 부어 주시는 성령님뿐이다. 오직 성령님만이 그 은혜의 작용으로서 하나님의 은혜 언약 안에서 죄 죽임을 선택하는 신자들을 위하여 신자들의 의지적 협력 안에서 죄 죽임을 실행하신다. 신자들이 성령충만을 구할 이유가 여기에 있다.

성령충만해야 할 의무는 교회에 속한 모든 신자에게 부여된 것이다. 성령충만은 그리스도인들에게 '선택사항'이 아니라 절대적 의무사항이다. 오순절 날 부어진 성령충만은 어떤 영적 사치가 아니라 인간의 삶에 절대적으로 필요한 것이다. 인간의 영은 성령의 충만 없이는 실패한다. 성령으로 충만하지 않고는 영적으로 처절하게 패배할 수밖에 없다. 죄의 세력을 극복할 수 없으며 그리스도 안에서 풍성한 생명을 누릴 수 없다. 세상 속에서 그리스도의 빛을 발하는 증인의 삶을 살 수 없다. 세상 속에서 그리스도의 빛을 발하는 증인의 삶을 살 수 없다. 더욱이 복음전도의 삶을 사는데 너무나 역부족이다.

성령충만은 모든 교회, 모든 성도에게 부여된 특권인 동시에 의무다. 반드시 성령충만을 받아야 한다.

3) 성령충만하지 않는 것은 죄인가?(엡 5:18; 갈 5:16-26)

그렇다! 신자가 성령충만을 받지 않고 신앙 생활하는 것은 큰 죄다. 신자에게 있어서 근본적인 죄악은 성령으로 충만하지 않는 것이다. 성령으로 충만하지 않기 때문에 여러 가지 죄 속에 빠지고 거룩하게 살지 못한다. **"술 취하지 말라. 이는 방탕한 것이니 오직 성령으로 충만함을 받으라"**(엡 5:18)고 성경은 명령한다. 성령충만하지 않은 것을 심각한 죄악으로 생각하는 교인들이 요즘 교회에 거의 없는 실정이다. 대부분의 교인들은 성령충만하지 못한 상태에 만족하며 안주하여 신앙생활하고 있다. 이 죄를 회개해야 한다. 현대 교인들의 문제는 과거 이스라엘 민족과 같이 하나님의 충만한 은혜로 채워질 수 있도록 입을 크게 벌리지 않는 것이다. 영적인 식욕을 잃어버려 풍성한 양식에 입맛이 당기지 않는다. 많은 그리스도인들이 실제 성령충만함을 누리지 못하는 가장 큰 이유는 그들이 성령충만하기를 원치 않기 때문이다. 성령의 뜻보다 육신의 소욕을 따라 살기를 원하기 때문이다. 성령은 항상 우리를 충만한 은혜 가운데 인도하려 하시는데, 우리가 그것을 거부하므로 그 은혜를 계속 헛되이 하고 있는 것이다. 풍성한 생명의 원천인 성령의 생수를(요 7:37-39) 한 없이 낭비하고 있다. 성령충만은 그리스도인의 특권이지만 많은 신자들이 이 특권을 누리기보다는 오히려 사장시켜 버렸다. 우리 안에 생수는 무궁무진하지만 그 샘을 마냥 덮어두고 생수를 끌어올리지 않기 때문에 우리는 영적으로 메마르고 황폐해진다.

빌리 그레이엄은 성령충만하지 않는 것은 엄히 징계해야 할 죄악이라고 지적했다. 그가 어떤 교회의 장로로부터 술 취한 채 예배에 참석한 교인을 징계했다는 말을 듣고는 이렇게 질문했다고 한다. "그러면 성령으로 충만하지 않은 채 예배드리러 온 교인들은 어떻게 징계했나요? 성경에 "술 취하지 말라 … 오직 성령으로 충만함을 받으라"고 했는데, 첫 번째 계명을 어긴 이를 징계했다면, 두 번째 명령을 순종치 않고 성령충만하지 않은 이도 마땅히 징계해야 하지 않겠습니까?" 요즘 한국교회에서 성령충만하지 않고 교회 나오는 신자를 모두 징계한다면 예배드릴 사람이 몇 없을지도 모른다. 성령충만하지 않는 것은 죄이다. 즉시 성령충만을 구해 받을 것이다.

결론: 예수는 그리스도 하나님의 아들. 예수님은 그리스도라는 증거로 죽은 자 가운데서 부활하셨다. 부활하신 예수님은 성부 하나님에 의해서 주와 그리스도로 임명 받아, 그리스도로 취임하시며, 그 첫 그리스도의 통치조치로서 성령을 오순절 날 그리스도 교회에 부으셨다. 그리고 성령을 통해서 예수님은 우리와 함께 하신다. 그러므로 예수님은 모

든 신자가 성령충만을 받으라고 명하신다. **'성령으로 충만함을 받으라' 고 명하셨으니까, 받으면 된다. 기도하고 구해서 받으면 된다.** 성령을 더 구하고 더 충만히 기도하고 구해서 성령충만을 받으면 된다. 성령충만 은 복음 받은 모든 그리스도인의 특권이자 의무다. 이 진리가 성경의 진 리의 핵심이다. 이 복음진리로 깊이 뿌리 내리기를 기원한다. 이 복음진 리로 여러분 인생 모든 문제의 답을 얻으며 살 것이다. 즉시 기도하기 바 란다. 성령의 권능 받아 여러분의 삶의 현장에서 복음전도자로 살 것이 다. 여러분은 반드시 현장에서 여러분의 지위에 합당한 전도자의 삶을 찾아내야 한다. 기도하고 기도하기 바란다.

6. 성령충만 누가 주시는가?

서론: 죄가 처음으로 세상에 들어온 이후 하나님께서는 구원의 약속을 두 가지로 하셨는데, 그 하나는 우리와 같은 모습을 가지신 그의 아들을 우리에게 보내시어 우리를 위해 세상에서 고난을 당하게 하시고, 다른 하나는 그의 영을 세상에 주셔서 그의 아들이 성육신하여 성부께 순종하고 고난당한 결과 이것들이 우리에게 유효하도록 하신 것이다. 구약성경의 최대의 약속과 믿음의 목적과 신자들의 소망은 몸을 입으시고 하나님의 아들이 오시는 것이었고, 마침내 이 약속이 성취된 후 신약성경의 최대의 약속은 성령께서 오신다는 것이다.

이렇게 성부 하나님의 약속과 성자 하나님의 순종, 그리고 성령 하나님의 구원의 적용을 통해서 성부·성자·성령의 삼위일체 하나님은 각기 영광을 받으시는 것이다. 이렇게 삼위일체 하나님을 바로 이해해야 신자가 복음적인 삶을 사는데 필수적 은혜인 성령충만도 바르게 이해할 수 있게 된다. 그렇지 않고 오순절 교회처럼 성령에 대한 관심이 큰 교회는 성령체험이라는 추가적 은혜를 강조함으로써 비성경적 관점을 드러내기도 한다. 이런 경우 장로교 신자들은 오순절 교회가 주장하는 방언 등의 가시적 성령은사가 없다는 이유로 아예 성령충만은 특정인들의 소유물인 것처럼 생각하는 경향도 낳게 되었다. 그렇게 되면 매일매일 성령충만을 받아서 성령의 권능으로 죄를 이기고, 세상과 사탄의 권세를 이기며, 선을 행할 능력을 얻고 살아갈 신자들이 성령충만을 받는 기도에 무관심할 수밖에 없다. 오순절의 잘못된 신학이 예외적으로 나타난 성령의 은사(방언체험 등 가시적 은사)만을 성령체험의 유일의 기준으로 삼는데서, 마치 이를 교리화하는 우를 범하게 되는 것이다.
　성령에 대한 성경의 가르침은 성령 중심적 성령론이 아니라 성부 하나님과 성자 예수 그리스도 중심적 성령론이다. 이 점을 무시한 성령위주의 신앙과 영성은 성경과 거리가 먼 비기독교적 신비주의로 치우칠 위험을 안고 있다고 볼 것이다.
　성령은 자신의 인격을 우리와 성부 하나님, 그리고 성자 예수 그리스도가 인격적으로 만나는 교제의 장으로 제공하신다. 성령은 자신의 인격 안에서 우리와 신랑 예수가 연합하여 교제하는 신방을 차려주신다. 성령은 우리를 신랑 예수와 교제케 하는 중재자의 역할을 하는 분이며, 자신이 신랑 예수를 대신한 교제의 대상으로 나서지 않는다. 이 점이 자기를 비우시는 성령의 인격적 특성이다. 성령은 우리와 예수 그리고 성부와 사랑의 교제를 맺어주시고 자신은 뒤로 물러나 그 사랑의 교제를 지켜보며 즐거워하는 신랑의 친구와 같은 소임을 담당하신다. 그러므로 성령을 깊이 체험할수록 우리는 성부 하나님과 성자 예수 그리스도와 깊은 인격적 교제를 누린다.

※ 성령충만은 누가 주시는가?
(눅 11:9-13; 딛 3:6; 요 14:16, 26, 20:22; 행 11:15-17)
성령충만의 주체는 삼위일체 하나님이시다.

1) 성부 하나님에 의한 성령의 통치

성령을 주시는 성부 하나님의 사역은 다섯 가지로 나눌 수 있다.

(1) 성령을 주심. (2) 성령을 보내심. (3) 성령을 다스리심. (4) 성령을 부어주심. (5) 성령을 우리들에게 두심이다.

(1) **하나님은 성령을 주신다.**
"너희 하늘 아버지께서 구하는 자에게 성령을 주시지 않겠느냐"(눅 11:13). "그가 우리에게 성령을 주셨다"(요일 3:24; 요 14:16, 26 등). 이렇게 성령을 주시는 것은 하나님의 권위와 자유와 관대함을 나타낸다. 이것이 권위를 나타낸다는 것은 무엇이든지 사람에게 마음대로 주신다는 데서 그 의미를 찾아볼 수 있다. 누구도 자신의 것이 아닌 한 아무것도 줄 수 없다. 성령을 주심은 하나님의 선물이다. 신자들은 성령을 받는다(요 7:39).

선물을 받는 것은 큰 특권이고 유익이다. 그러나 실제적으로 어떤 사람들은 특별한 목적을 위해서는 성령을 받았으나 결국에 가서 그들의 영혼에는 이익이 없는 경우도 있었다. 그들은 그들의 인격과 은사를 성화시킬 수 있는 하나님의 은혜는 없이 단지 하나님의 은사만을 받았다. 그들은 이전에 선지자 노릇을 한 자들이었고, 귀신을 쫓아낸 자들이었다. 그러나 그들은 계속해서 불법을 자행하는 자들이었다. 그들은 마지막 날에 주님으로부터 거절을 받을 자들이다(마 7:22-23).

그러나 본질상 선하지 않으며, 좋은 목적도 없고, 받은 자의 유익에 적합지 않은 성령의 선물이란 없다. 왜냐하면 비록 몇몇 은사들의 직접적인 목적은 받는 자의 영적 유익이 다른 이들의 교화에 있다할지라도 은사 자체의 장점과 은사의 사용은 은사를 받은 자에게 큰 유익을 줄 수 있기 때문이다. 비록 은사는 은혜가 아니지만 은사는 은혜를 일으키고 활동시키며 활력을 일으킨다. 그 결과 은혜는 강화되어지고 증가되어진다.

활력을 일으킨다. 그래서 은혜는 강화되어지고 증가되어진다. 그리고 은사는 영광을 드러나게 한다. 왜냐하면 어떤 이들이 지혜롭게 되고 효과적인 일군이 되는 것은 은사로 말미암기 때문이다. 그들은 "**지혜 있는 자는 궁창의 빛과 같이 빛날 것이요 많은 사람을 옳은 데로 돌아오게 한 자는 별과 같이 영원토록 빛나리라**"(단 12:3). 그러나 사람들의 불신과 감사치 않음과 정욕은 아무리 선한 것이라도 망쳐놓을 수 있게 된다. 일반적으로 성령을 받는 것은 헤아릴 수 없을 만큼의 특권이요, 이익인 것이다.

(2) 하나님은 성령을 보내신다.
"**내가 아버지께로부터 너희에게 보낼 보혜사 곧 아버지께로부터 나오시는 진리의 성령이 오실 때에 그가 나를 증언하실 것이요**"(요 15:26)라고 예수님은 말씀하셨다. "성령을 보내심"은 "성령을 주심"과 동일한 권리와 자유와 관대함을 나타내는 것이다.

"성령을 보내심"은 하나님이 성령을 주시고, 성령을 보내신 사람들 안에서 또한 이러한 사람들에 대해서만 하나님의 권능과 은혜의 축복된 결과들을 낳게 할 수 있다고 암시하는 것이다. 특별한 사역과 목적을 위해서 하나님에 의해 성령이 보내지기 전에는 성령은 사람들 안에 혹은 사람들과 함께 있지 않는다.

한편 "성령을 보내신다"는 말은 그의 은사들과 은혜들을 모든 사람들에게 일반적으로 주시지 않는다는 것을 시사한다. 다른 말로하면 사람들이 은사나 은혜를 받기 원한다고 해서 모두 받는 것이 아니라는 것이다. 왜냐하면 성령을 받을 대상을 하나님이 선택하시고 구별하셔서 성령을 보내시는 특별한 주권을 가지고 계시기 때문이다. 그러나 예수 그리스도 복음을 받은 신자에게는 언제든지 하나님은 성령을 보내시되 풍성히 보내신다. 구하는 만큼 충만히 보내신다. 구하고 구할 것이다.

(3) 하나님은 성령을 다스리신다.

이 말씀은 성령이 성부 하나님께 종속되어 있다는 말이 아니다. 이 표현은 인간 구원에 있어서 삼위일체 하나님 상호간의 구원 경륜에 관한 하나님의 계획을 말한다.

"너희에게 성령을 주시고 너희 가운데서 능력을 행하시는 이의 일이 율법의 행위에서냐 혹은 듣고 믿음에서냐"(갈 3:5). 하나님은 사람들에게 성령을 계속적으로 주시고 또한 풍성하게 공급하신다. 그래서 빌립보서 1:19에는 **"이것이 너희 간구와 예수 그리스도의 성령의 도우심으로 나를 구원에 이르게 할 줄 아는 고로"**라고 하였다. 여기서 '도우심'이란 '예수 그리스도의 성령의 추가적인 공급'(the supply of the Spirit of Jesus Christ)을 의미한다. '에피코레기아'(ἐπιχορηγία)는 당신의 "믿음에 덕을 더하는 것"처럼 동일한 것끼리 더하거나 다른 종류의 것을 더하는 데 사용되었다. **성령을 받은 사람은 매일 더 많은 성령의 공급이 필요하다. 이럴 때에 하나님은 살아있는 자들에게 성령이 공급되도록 성령을 다스리신다.**

(4) 하나님은 그의 성령을 사람들 안에 또는 위에 두신다.

"내가 나의 영을 그에게 주었은즉"이라고 성경은 말한다(사 42:1). 이 말씀의 뜻은 하나님이 그의 사역을 효과적으로 하신다는 것이다. 하나님은 그의 백성에게 그의 성령을 주시고 보내실 뿐만 아니라, 그의 성령을 참으로 백성들 위에 머무르게 하신다. 그 결과로 그의 백성들은 성령과 함께 하는 것이다. 하나님은 사람들의 마음과 지성에 성령을 주신다. 왜냐하면 하나님이 계획하신 사역과 목적을 이루어 드리기 위한 것이기 때문이다.

(5) 하나님은 성령을 신자들에게 부어주신다.
"보라 내가 나의 영을 너희에게 부어줄 것이다"(잠 1:23)고 하였다. 이 말씀은 복음시대와 직접적인 관계가 있다는 것을 알 수 있다. 복음시대 이전에는 하나님이 성령을 조금 주셨지만, 복음시대에는 성령을 부어주셨기 때문이다. 이 표현에는 중요한 세 가지 뜻이 포함되어 있다.

① 부어주신다는 말은 완전히 족한 충만을 나타내는 말이다. 구름이 많아야 비가 많이 내리고 밭고랑을 충분히 적실 수 있는 것과 같이 성령을 충족히 부어 주신다는 의미다. 사도바울은 **"우리 구주 예수 그리스도로 말미암아 우리에게 그 성령을 풍성히 부어 주사"**(딛 3:6)라고 하였다.

② 붓는다는 뜻은 성령의 은사와 은혜에 대하여 하는 말이다. 그러나 **이 말이 성령의 위(位)와는 무관하다**. 성령을 부어 주실 때에는 풍성하게 주신다. 그리고 그의 은혜와 은사는 여러 사람이 아니고 한 사람이라 할지라도 풍성하게 주신다. 동일한 사람에게 수차례에 걸쳐 주시는 것이 아니라 단 한번만으로도 풍성하게 주신다.

③ 이 표현은 성령이 정결케 하시고 거룩케 하시고 위로하시고 새롭게 하시는 사역과 관계가 있다. 성령은 종종 물로 비유되었다(겔 35:25). 그래서 우리 주님은 성령을 "물이 풍부한 강"(사 32:2)으로 부르셨다. 성령을 붓는다는 것은 성령께서 부은바 된 사람을 위로하시고 새롭게 하시는 것과 관계가 있다. 성령은 비로도 비유된다(사 44:3). **성령은 메마르고**

열매를 맺지 못하고 타서 갈라진 땅과 같은 인간의 심령에 부어 주어서 사람의 심령이 샘이 되게 하시며 거룩하고 의로운 열매들을 맺게 하신다는 것이다(히 6:7). 이와 같이 성령에 의해서 그리스도께서 "**벤 풀에 내리는 비같이 땅을 적시는 소낙비 같이 내리신다**"(시 72:6). 선하신 주님은 우리들에게 이러한 물과 새롭게 하시는 소낙비를 항상 주신다!

2) 성자 예수 그리스도에 의한 성령의 부으심

성부 하나님뿐만 아니라 성자 예수 그리스도께서도 신자에게 성령을 부으신다(요 20:22, 14:16, 14:26). 예수님이 십자가와 부활 사건을 통해 성령충만의 조건을 모두 충족시켰기 때문에 성령이 부어졌다. 모든 신자는 그리스도 십자가 앞에 나아가 그 십자가 보혈의 공로만을 의지함으로 성령충만을 받는다.

3) 성령 하나님에 의한 성령의 부으심

성경에 적극적인 근거는 없으나, 성령님도 삼위일체 하나님이심으로 성령님도 신자의 기도에 의해 권능으로 심령 속에 임할 수 있다. 주로 오순절주의자들의 주장이다. 그러나 사적으로 필요시 성령님께 충만을 구하는 것이 좋다.

결론: 예수는 그리스도 하나님의 아들. 이 복음으로 우리 인생 모든 문제가 처리되고 해답을 얻는다. 예수님은 하나님 아들 그리스도라는 증

거로 죽은 자 가운데서 부활하셨다. 부활하신 예수님은 하나님 아버지로부터 구해서 성령을 우리에게 충만히 부어주시며, 성령을 통해서 우리와 함께 하신다. 그래서 성령충만을 받으라고 명령하신다(엡 5:18; 행 1:8). 하나님 아버지께서 예수 그리스도로 말미암아 우리에게 성령을 충만히 부어주시도록(딛 3:6) 기도할 것이다. 더 충만히 받도록 더 많이 간구할 것이다. 예수님의 보혈은 우리의 죄를 정결케 하는 동시에 우리를 성령의 기름으로 충만케 한다. 기도하고 기도하라. 기도한 만큼 성령충만 받는다. 성령의 권능 받고 그리스도의 증인으로 살 것이다.

7. 성령충만 받는 방법·결과

서론: 성령충만이란 성령님의 지배를 받고 그의 능력으로 채워지는 것을 말한다. 더 구체적으로 말하면 성령충만이란 우리(개인이나 공동체)의 전 존재와 삶이 성령의 임재와 영향력에 의해 침투되어서 성령에 의해 지배되고 인도되는 것을 말한다.

사도바울은 그의 서신에서 성령의 인도함과 지배를 받는 삶을 다양하게 표현했다. "성령을 따라 행하라"(갈 5:16), "성령의 인도함을 받으라"(롬 8:14; 갈 5:18), "성령으로 살라"(갈 5:25), "성령으로 행하라"(갈 5:25)는 표현을 성령으로 충만하다는 것과 비슷한 의미로 사용했다.

한편 성령님은 그리스도를 영화롭게 하기 위해 오셨고(요 16:14), 또 그리스도의 영(롬 8:9)이므로 성령충만함을 받는다는 것은 그리스도충만이요, 예수충만이기도 하며, 그리스도 안에 사는 것이며, 그리스도와 연합된 삶이고, 그리스도의 인격과 성품이 드러나는 것을 말한다.

예수 그리스도께서 이 땅에 오신 것은 하나님의 수준 높은 요구를 낮추고 흩뜨려 놓기 위함이 아니라 오히려 그것들을 높이 받들기 위함이었다. 예수님은 누구라도 쉽사리 걸어갈 수 있는 부드럽고 넓은 길을 지적하지 않고 "생명으로 인도하는 문은 좁고 그 길이 협착하여 찾는 이가 적다"고 하셨다. 우리가 어떻게 예수님이 말씀하신 좁은 문, 협착한 길을 걸을 수가 있겠는가? 그것은 오직 하나님의 은혜, 우리 예수님의 은혜, 그리고 성령충만 받은 은혜의 역사로 가능한 것이다.

복음 받은 그리스도인에게 가장 큰 의무이며 특권은 성령충만을 받는 것이다. 그런데 문제는 성령충만을 받는 방법이 각양이고, 또 기준도 각각이고 그러니 그 결과도 제각각이다. 더구나 문제는 성령충만은 어떤 체험이 따른다는 특정 은사를 주장하는 특정교단의 주장으로 성령충만을 구하는 현실 신앙에 큰 장애물을 제공하고 있다. 필요성은 인정하지만 어떻게 구해 받고, 또 구한 결과와 어떤 체험이 와야 하는가에 대해 오해를 불식하고, 바른 진리 체계를 세울 필요가 절실한 형편이다. 성령충만이 모든 복음 받은 그리스도인에게 필수적 의무이면서 절대적 특권이라면 이런 문제해결보다 더 중요한 일은 없다.

모든 복음 받은 그리스도인은 성령을 받은 자이며, 예수 그리스도 이름으로 성령충만을 아버지 하나님께 기도하면 당연히 성령의 충만을 받는다는 평범한 진리를 깨달아야겠다. 체험은 따를 수도 있으나 특정한 은사(예컨대 방언 등)가 성령체험의 기준이 아니고, 도리어 외적인 가시적 은사가 없는 것이 보다 정상적인 그리스도인의 성령충만의 체험이라는 것을 이해할 것이다. 성령으로 충만한 사람들이 공통적으로 체험한 것은 충만한 믿음이다. 그리고 그 믿음의 결과로 오는 하나님의 사랑과 거룩한 기쁨이다. 평강이다. 성령 안에서 의와 평강이 희락의 하나님의 나라다. 우리는 바르게 성령충만을 이해하고 체험해야 한다.

1) 성령충만은 어떻게 받는가?(행 1:6-11, 2:33; 요 7:39; 딛 3:6)

성령충만은 인간의 노력의 대가로 쟁취할 수 있는 은혜가 아니다. 성령충만은 그리스도 안에서 모든 신자에게 값없이 주어지는 은혜이며 특권이라는 사실에 주목해야 한다.

신약성경에는 성령충만을 받기 위해 신자가 선취해야 할 전제조건이 제시되어 있지 않다. 성령충만이란 15번 등장하는데, 유일한 전제조건은 예수의 구속사역이 완료 되는 것이다. 사도행전 1장과 2장에 보면 (행 1:6-11, 2:33) 성령의 강림과 예수의 승천을 긴밀히 연결시키고 있다는 사실을 통해 알 수 있다. 베드로는 오순절 성령 강림에 대해 설교하면서 성령의 부어주심은 예수님의 승천에 뒤따른 사건이었다고 하였다(행 2:33). 이 말에는 요한의 진술(요 7:39)과 같이 예수님이 영광을 받으셔야만 성령이 임할 수 있다는 의미가 함축되어 있다. 곧 그리스도의 죽음과 부활과 승천으로 이어지는 구속사적 사건이 종료된 후에야 성령이 교회에 주어진다는 것이다. 사도행전 2장에서는 '성령의 선물을 받는 것', 즉 성령을 받는 것을 성령으로 충만해지는 것과 동일시하였다. 요엘 선지자의 예언과 성령의 선물에 대한 약속이 구체적으로 성령충만으로 실현된 것으로 보았다. 이러한 증거들을 통해 우리가 알 수 있는 것은, **성령충만은 모든 믿는 자에게 주어지는 하나님의 주권적인 은혜**라는 사실이다. 이것은 예수의 완성도니 속죄사역의 근거 위에 우리에게 주어지는 선물이다.

성령충만은 인간의 행함이 아니라 주님의 행하심에 근거한다. 성령충만을 받을 수 있는 모든 전제 조건을 주님께서 십자가와 부활사건을 통해 모두 충족시켰기에 성령을 부어 주신 것이다(딛 3:6). 그러므로 **율법의 행위가 아닌 오직 믿음으로 구원받듯이, 성령충만도 믿음으로 받는다.** 오직 십자가 앞에 나아가 그리스도의 보혈의 공로만을 의지함으로 성령충만을 받는다.

그러면 다수의 교인들이 성령충만을 누리지 못하는 이유는 무엇인가? 먼저 유일한 성령충만의 전제조건인 하나님의 아들 예수 그리스도 복음에 참되게 뿌리내리지 못한 것이 첫째라고 할 것이다. 그러나 또 다른 중요한 이유는 복음 받은 신자들이 성령충만하기를 원치 않기 때문이다. 성령의 뜻보다 육신의 소욕을 따라 살기를 원하기 때문이다. 성령은 항상 우리를 충만한 은혜 가운데 인도하려 하시는데, 우리가 그것을 거부하므로 그 은혜를 계속 헛되게 하고 있는 것이다. 풍성한 생명의 원천인 성령의 생수를 한없이 낭비하고 있다. 성령충만은 그리스도인의 특권이지만 많은 그리스도인들이 이 특권을 누리기보다는 오히려 사장시켜 버렸다. 우리 안에 생수는 무궁무진하지만 그 샘을 마냥 덮어두고 생수를 끌어올리지 않기 때문에 우리는 영적으로 메마르고 황폐해진다.

성령충만하지 않은 것은 그리스도에게 있어서 심각한 죄악이다. 이 죄를 회개해야 한다. 우리는 주님의 약속 **"네 입을 크게 열라 내가 채우리라"**(시 81:10)는 말씀에 순종하여 성령충만을 구해야 한다. 더 충만히 받도록 기도하고 계속 기도해야 한다. **"성령으로 충만함을 받으라"**(엡 5:18)고 명령하셨으니 받으면 된다. 기도해서 받으면 된다. 받지 않는 것은 명령 불복종의 죄다. 받아야 한다.

2) 성령충만 받은 결과는 무엇인가?(갈 5:22-23; 롬 15:13; 행 1:8, 4:31)

성령충만 받은 결과는 내적 및 외적인 열매로 나타난다. 첫째, 내적인 열매로는 일상생활에서 그리스도의 성품이 드러난다. 그것은 갈라디아서 5: 22-23에 기록된 성령의 열매다. **"오직 성령의 열매는 사랑과 희락과 화평과 오래 참음과 자비와 양선과 충성과 온유와 절제다"** 또한 성령충만의 결과 중 하나는 소망이 넘치게 된다는 것이다(롬 15:13).

둘째, 외적인 성령충만의 열매로는 필요에 따라 특정인에게 성령의 가시적 은사가 나타날 수 있고(행 2:4; 고전 12:9-10), 무엇보다 담대히 복음을 전하게 된다(행 4:31). 성령충만은 전도자의 삶에 필수요소이다. 하나님은 우리를 성령으로 충만하게 할 때 필요에 따라 각종 은사를 주시는데(롬 12:6-8; 고전 12:4-11), 전도자로서 열매를 맺도록 하기 위해서 영력·지력·체력·경제력·인력의 은사를 주어 전도자의 삶의 현장에서 하나님의 능력, 곧 성령의 능력이 나타나 하나님의 백성답게 삶을 영위하게 하신다. 그리하여 복음 받은 신자는 이 성령충만의 능력, 곧 복음의 능력으로 세상을 이기고, 또한 사랑하고 봉사하고 섬기며, 인내하고 관용하며, 후하게 양보하고, 그러면서도 머리가 되게 하신다.

성령충만은 성령의 권능이 부어지는 것이기 때문에, 이 능력으로 공부하고, 이 능력으로 사업하고, 이 능력으로 건강을 유지하고, 이 능력으로 봉사하고, 이 능력으로 인내하고 모든 것을 참으며 사랑하고 섬기는 것이다.

결론: 예수는 그리스도 하나님의 아들. 이 복음으로 여러분 인생 모든 문제가 처리되고 해답을 얻는다. 이 복음으로 깊이 뿌리 내리기를 기원한다. 그리고 성령의 충만을 받을 것이다.

하나님의 아들 예수 그리스도의 대속의 복음만이 성령충만을 받을 수 있는 유일한 조건이다. 예수의 십자가만이 성령충만을 가능케 한다. 그 모든 전제조건이 십자가에서 충족되었기에 성령충만은 십자가 공로에 근거해서 값없이 주어지는 선물이다. 우리를 성령으로 충만케 하기 위해서 주님께서 그 같이 큰 고난을 받으셨다. 따라서 죄 사함과 같이 성령충만도 무조건적인 은혜. 둘은 서로 긴밀히 연결되어 있다. **예수의**

보혈은 우리의 죄를 정결케 하는 동시에 우리를 성령의 기름으로 충만케 한다. 우리는 죄 씻음을 받은 후 영적 공백 상태에 있는 것이 아니라 성령으로 충만해진다.

그러므로 그리스도인 신자 모두는 참되게 예수님을 그리스도로 믿고 하나님 아버지께 예수 그리스도로 말미암아 성령을 충만히 부어 주시도록 기도할 것이다. 아무리 기도하고 성령충만을 구해도 넉넉한 것이 아니다. 복음 받은 그리스도인은 성령으로 흘러넘치는 삶이 되도록 정시 기도에는 필수적으로 성령충만을 충분히 기도하고 때때로 무시로 성령 안에서 기도에 힘쓸 것이다. 성령충만 기도 없는 신자는 하나님께 악취를 내는 신자 밖에 될 수 없다. 기도하고 기도하기 바란다. 성령충만 받은 능력으로 학생은 공부하고, 사업가는 사업하고, 회사원은 회사를 섬기고, 정치가는 정치를 하고, 가정주부는 가족을 섬길 것이다. 이 체험을 한 신자는 성령충만 없이는 한시도 바르게 살 수 없음을 알뿐 아니라, 또한 가장 행복한 하나님 나라의 임재를 체험하며 살 것이다. 그러므로 모두가 성령충만을 구해 더 충만히 받을 것이다. 성령의 권능으로 현장에서 그리스도의 증인으로 살 것이다. 전도자의 삶을 살 것이다.

8. 성령충만 체험과 식별

서론: 하나님의 사랑을 아는 데는 마음의 감각이 개입된다. 지적으로는 교리에 대해 아주 깊은 지식을 가지고 있을지라도 그 교리가 지니고 있는 거룩함의 아름다움은 전혀 맛보지 못할 수 있다. 지적으로, 즉 머리로는 알고 있지만 영적으로, 즉 가슴으로는 모르고 있는 것이다. 교리에 대한 단순한 지적 이해는 마치 사람이 꿀을 보고 만져 보기는 했지만 맛을 보지는 못한 것과 같다. 영적 지식을 가진 이는 하나님의 사랑의 달콤함과 감미로움을 맛본다. 따라서 종교적 감성은 신앙의 핵심이다. 기독교는 깊은 감성의 종교다. 감정 없이 교리적 지식과 사변을 가지고 있는 종교는 결코 종교라 할 수 없다. 믿음은 감정적 차원을 포함한다. 감동된 마음과 합리적 사고는 결코 참된 신앙 안에서 모순 되지 않는다.

이와 같이 **성령은 신자 안에 죄로 말미암아 마비된 영적인 감각을 소생시켜** 하나님의 영적인 실존에 눈뜨고 반응하게 한다. 이 영적인 감각은 단순히 이성적인 면 뿐 아니라 감정과 의지적인 차원까지 포괄하는 전인적인 인식기능이다. 이 영적인 감각의 핵심은 믿음이다. 우리는 말씀과 성령의 조명에 의해 생산된 믿음을 통해 하나님의 임재를 전인적으로 인식하고 체험한다.

복음 받아 참된 믿음을 가진 신자의 최고의 영적인 체험은 성령충만이다. 그런데 이 성령충만 받을 때 신자에게 주어지는 체험에 관하여 많은 오해가 있고 비진리가 있다. 성령충만에 따르는 체험을 특정한 은사(예컨대 방언 등)의 나타남으로만 해석하는 일단의 오순절주의자나 은사주의자 주장으로 성령충만에 대한 오해까지 생겼다. 성령충만은 산기도나

철야나 방언, 예언하는 신령파들의 전유물로 오해되기도 하였다.

그러나 성령의 충만은 모든 정상적인 그리스도인의 의무요 특권인 것이다. 성령충만이란 소수의 사도들과 선지자들이나, 오늘날에는 특정한 열광주의자들에게 나타나는 특정한 은사발휘의 체험이나 활동이 아니다. 그리스도인이 성령충만하지 못하면 그의 영적 생활은 병든 것이며, 영적 생명력이 약화되어 있는 것이다. 성령충만이란 비정상적인 것이 아니라 매우 정상적인 그리스도인의 생활을 말한다.

그렇다고 성령충만은 아무런 체험이 없는 무미건조한 영적상태는 아니다. 때로 특정한 은사(예컨대 방언 등)가 나타날 수도 있으나, 그러한 은사가 기준이 아니고, 성령이 충만한 사람들이 공통적으로 체험하는 것은 충만한 믿음이다. 예수가 주시요 그리스도시라는 믿음이다. 그리고 그 믿음에 따르는 하나님의 사랑과 거룩한 기쁨, 그리고 평강이다. 성령 안에서 의와 평강과 희락이 하나님 나라다. 우리는 바르게 성령충만을 이해하고, 동시에 충만히 체험해야한다.

1) 성령충만은 어떤 체험이 따르는가?(고전 12:1-3; 고후 1:21-22; 엡 5:18)

성령충만은 어떤 체험이 올 수도 있고 안 올 수도 있다. 오히려 안 오는 것이 더 정상이다. 성령님은 영이시기 때문이다. 그러나 성령충만을 받으면 구원의 확신이 생긴다. 곧 예수를 주님이시요 그리스도라 믿는 믿음이 생긴다. 이 믿음이 성령충만 받고 성령의 은사도 나타나는 것의 최종적이고 확실한 증거다.

어떤 신비주의자들에 의해서 성령충만의 역사는 열광적인 황홀경이나

환희, 또는 이상한 발성의 언어를 동반하는 것으로 가르쳐졌다. 그러나 이러한 체험을 일반화한 것은 전혀 비성경적이다. 성령은 사람들에게 무의식적인 황홀경을 가져오지 않는다. 성령은 사람들의 **지적인 능력을 사용하신다.** 악한 영이 사람들의 몸과 씨름하는 것 같이, 성령은 성경을 믿는 사람들의 이성을 사용하셔서 합리적으로 역사하신다. 그리스도인은 세상 사람들이 받을 수 없는 진리의 영을 받는다. 실로 성령의 역사는 **우리들의 심령을 일깨운다.** 다른 한편으로는 우리가 이해할 수 없는 **창조적인 능력 이상의 것을** 부여하신다.

사도바울은 **"술 취하지 말라 이는 방탕한 것이니 오직 성령으로 충만함을 받으라"**(엡 5:18)고 한다. 이 말씀처럼 기독교란 고무적인 것이며 힘을 북돋아 주는 가슴 벅찬 것이다. 그리스도인들이 하나님의 감격과 격려와 새 힘을 원한다면 술 마시러 갈 필요가 없고, 성령의 충만을 받을 것이다.

술이란 각성제가 아니라 진정제이다. 알콜이 작용하는 것은 고등중추기관들을 마비시키고 뇌에 있어서 보다 더 하등한 요소들이 일어나 주도권을 잡는다. 그래서 그 사람은 일시적으로 기분이 좋아진다. 그리고 두려운 감정이 없어진다. 그러나 분별력을 잃고 판단하는 능력을 상실하게 된다. 알콜은 그 사람의 고등중추기관을 마비시키고 보다 본능적이고 본태적인 요소를 풀어놓게 한다. 소위 더 동물적이 되었다는 것이다.

반면에 성령의 작용은 정반대다. **성령의 작용은 진정으로 각성시켜 주는 것이다. 성령은 각성제인 것이다.** 성령님은 알콜 작용과 같이 우리를 어리석게 하거나 속게 하기 위하여 나타나는 것이 아니고, **활동적이고 적극적인 진정한 각성자이시다.** 성령님은 우리의 모든 기능을 일으켜 세

운다. 마음과 지성을 고무시킨다. 역사적으로 볼 때 성령의 권능이 부어진 영적 부흥의 시대에는 교육열이 일어났었다. 학교가기를 원하고 책을 읽기를 원했다. 성령께서 그들의 이성을 각성시킨 것이다. 성령님은 이성뿐만 아니라 심정도 고무시키신다. 심정은 가장 깊은 곳까지 움직일 수 있게 하신다. 그리하여 성령님의 이러한 역사를 체험하고 사는 목회자들은 항상 대하여 온 말씀에 이제는 더 이상 자극시킬 것이 없고 더 말할 말씀이 없다고 생각하는 것이 아니라, **"그는 이제 시작하고 있다"**고만 느끼는 것이다. 경이로움이 갈수록 더해지는 것이다. 그리스도인은 그의 마음이 확장되고 그의 심정이 자라고 커지는 사람이다. 무엇인가를 하고 싶어하고, 무엇인가를 공헌하고 싶어하고, 하나님 나라를 확장하고 싶어하고, 예수가 그리스도라고 사람들에게 전하고 싶어한다. 그리고 다른 사람도 자기처럼 누리기를 원한다. 그것은 전인(全人), 즉 지성과 감정과 의지에 감화를 준다.

"술 취하지 말라 이는 방탕한 것이니 오직 성령으로 충만함을 받으라" (엡 5:18). 여기서 **"충만하다"**는 것은 **"…의 기운으로(감화로) 산다"**는 것을 뜻한다. 사도바울은 술기운으로 살지 말고 성령의 기운(감화)으로 살라고 말하는 것이다. **"…의 기운으로 산다"**는 것은 우리의 전체 인격, 즉 지·정·의가 다른 영향과 다른 세력에 의해서 조종을 받고 있다는 것을 의미한다. 그것은 물론 성령님의 역사다.

요약하면 성령의 은사는 우리의 이성적 지식을 무시하는 것이 아니다. 오히려 성령충만 받으면 우리가 가진 지식을 더욱 정상적이 되게 하는 것이다. 성령충만이란 비정상적인 것이 아니라 매우 정상적인 그리스도인 생활을 말한다. 성령충만이란 세상일에 대한 관심을 모두 버리는 것을 결코 뜻하지 않는다. 오히려 성령충만한 상태는 자신이 하고 있는 이 세상의 일들, 곧 가정, 사업, 직업을 비록한 모든 생활에 그리스도의 인도하심을 따라 행하는 것이며, 그리스도의 다스림을 받으며 몸과 마음과 뜻을 다하여 수행하는 것을 뜻한다.

2) 은사들보다 은혜가 더 영광스럽다.

18세기 미국의 대각성 운동의 주역이요 청교도 신학자인 조나단 에드워즈는 성령의 은사들과 성령의 은혜와 사랑 및 성화의 관계를 이렇게 정리하였다. 에드워즈가 보기에 방언이나 방언통역, 예언, 혹은 신유 같은 소위 초자연적인 은사들보다 훨씬 더 탁월하고 영광스러운 것은 성령의 은혜, 사랑 및 성화였다. 에드워즈는 성령의 영향을 두 가지로 분류했다. 하나는 일반적이요 은혜스러운 것이요, 다른 하나는 비범하고 이적적인 것이다. 그런데 에드워즈는 전자가 후자보다 훨씬 더 탁월하고 영광스럽다고 주장했다. 비범한 은사를 자기고 있으나 하나님이 보시기에는 가증하여 지옥으로 가는 일이 얼마든지 있을 수 있다고 그는 생각했다. 선지자들과 사도들의 최대의 특권은 그들이 영감을 받았고 이적을 행했다는 것이 아니라 그들의 탁월한 거룩성이었다. 그들 마음에 있는 은혜가 그들의 이적적 은사보다 수천 배 더 큰 그들의 존귀요 명예였다. 모든 비범한 은사의 목적은 일반적이고 성화시키는 영향력이라 본 에드워즈는 비상한 은사들을 아주 낮게 평가하는 반면 성령의 교통하심을 아주 높이 평가했다.

그는 이렇게 말하였다. "나는 다가온 영광스러운 교회시대에 이 이적적 은사들의 회복을 기대하거나 원하지 않는다. 내가 보기에 그것은 그 시대의 영광에 아무 것도 더하지 못하고 오히려 그것을 감소시킬 것 같다. 나라면 일년 동안 예언적 환상들과 계시들을 보는 것보다는 15분 동안 성령님의 달콤한 영향을 즐기는 편을 택하겠다. 그리스도의 영적 신적 아름다움과 무한한 은혜, 생명을 주신 사랑을 보여주고, 신앙의 거룩한 움직임과 신성한 사랑, 그리고 달콤한 만족 및 하나님 안에서의 겸손한 기쁨을 발하는 그 영향 말이다."

3) 신자에게 주어진 성령의 은사를 식별하는 표준(고전 12:3)

고린도전서 12:3은 성령의 은사를 식별하는 표준을 보여주는 요절이다. **"그러므로 내가 너희에게 알리노니 하나님의 영으로 말하는 자는 누구든지 예수를 저주할 자라 하지 아니하고 또 성령으로 아니하고는 누구든지 예수를 주시라 할 수 없느니라."**

성령의 은사는 "예수를 주시라"는 신앙고백에서 요약되고 귀일되어야 하는 것이다. 성령의 은사란 그 자체의 황홀상태를 즐기는 것도, 그것을 받은 자신을 자랑하는 것도 아니다. 다만 이 은사를 통해 예수의 구주성을 알고 전파함에 있는 것이다. 동시에 어떤 별스러운 은사가 없다 할지라도 "예수를 주시라" 믿는 믿음은 성령을 받은 가장 좋은 증거인 것도 명심해야 할 것이다. 왜냐하면 "성령으로 아니하고는 누구든지 예수를 주시라 할 수 없기" 때문이다.

우리 그리스도인들의 신앙고백은 성령에 의해 되어지는 것이다. 사람이 마음으로 믿는 것과 입으로 신앙을 고백하는 일은 불가분리의 관계다(롬 10:10). 왜냐하면 사람이 입으로 예수님을 "저주할 자"라 부인하면서, 마음으로는 "주님"이라고 신앙을 표현할 수는 없기 때문이다. 따라서 예수님을 주님이라고 마음으로 믿고 입으로 시인하는 일은 성령의 사역인 것이다.

결론: 예수는 그리스도 하나님의 아들. 이 복음으로 우리 인생 모든 문제가 처리되고 해답을 얻는다. 누구든지 예수님을 그리스도로 참되게 믿으면 성령을 선물로 받는다. 이렇게 성령을 받은 신자는 주님으로부터 성령충만을 받고 그리스도 증인이 되라는 지상명령을 받는다. 그러므로 정상적인 그리스도인은 반드시 성령충만을 받고 증인의 삶을 살아야 한다. 신자가 약속된 성령충만을 구하여 받을 때는 체험이 따르게 되어 있다. 이 체험은 특정한 가시적 성령의 은사가 기준이 아니고, 예수가 주 그리스도라는 믿음이 참된 기준이다 신자가 성령충만을 받으면 믿음이 충만해진다. 동시에 믿음에 수반되는 하나님의 사랑과 거룩한 기쁨이 충만해진다. 성령의 체험은 다양한 형태를 띠나, 공통적으로 나타난 현상은 예수충만과 넘치는 사랑 그리고 거룩한 기쁨으로 요약된다. 여러분 모두가 즉시 약속된 성령충만을 충만히 받도록 예수 그리스도 이름으로 기도하라. 기도하고 더 많이 기도하라. 계속 기도하라. 성령의 권능 받고 복음전도자로 살기 바란다.

9. 성령의 역사에 대한 중요사항 요약(Ⅰ)

서론: 그리스도께서 오시기 전에도 하나님은 구약교회와 백성들을 위해서 비록 작지만 많은 구원과 해방을 베풀어 주셨다. 그러한 구원들은 모두가 그리스도가 오실 때 그의 이루실 위대한 구원을 보여주는 많은 상징과 예표에 불과하였다. 그리스도께서 오시기 전에도 교회는 신적 계시와 빛, 혹은 하나님의 말씀을 누려왔다. 그들도 어느 정도의 복음의 빛을 알고 있었던 것이다. 그러나 그 모든 계시들은 '세상의 빛'으로 오실 그리스도께서 가지고 오실 큰 빛의 전조나 예고에 불과하였다. 그 전의 기간동안에 하나님의 교회가 전혀 빛이 없는 깜깜한 상태에 있었던 것은 아니다. 그러나 그 기간동안은 **밤에 보는 달빛과 별빛과 같은 빛**만 있었다. **태양빛**에 비하면 그것은 얼마나 희미한가!

때가 차매 하나님의 아들 그리스도께서 새로운 시대를 열기 위해 이 세상에 오셨다. **새 시대의 특별한 축복은 내주하시는 성령을 받는다는 것**이었다. 그것은 오순절 날 임하신 성령 강림의 축복이었다. 그리하여 새로운 시대의 특징은 영과 진리의 시대가 되었다. 성령님의 내주, 인도, 역사충만의 축복을 모르면 새 시대의 백성이 될 수 없게 될 것이다. 유감스럽게도 성령의 내주·인도·역사충만에 관한 지식이 없이 신앙생활하고 있는 새 시대의 백성들이 그리스도 교회에 많이 있다. 이들은 신약시대가 이미 시작되었음에도 여전히 구약시대에 살고 있는 것이다.

어떤 신자들은 성령을 모른다. 그래서 그들은 성령 없이 기도하려고 하며, 성령 없이 가르치며, 성령 없이 하나님께 가며, 성령 없이 모든 일을 수행하며 '모든 일이 잘 되었다'고 큰소리친다. 그리고 이러한 사람들을 귀중한 그리스도인이라고 한다.

그러나 모든 그리스도인은 성령을 받은 자이어야 하기에 반드시 성령충만의 비밀을 가지고 살아야 한다. 성령의 역사와 성령충만에 관한 사항은 아무리 강조해도 부족하다. 그리스도 교회는 하나님 아버지와 하나님의 아들 예수 그리스도의 이름을 높이는 것처럼 성령을 높이고 성령님의 역사를 간구해야 한다. 만일 새로운 시대의 특징인 영과 진리의 시대에 성령의 교통이 중단된다면 믿음도 끝나고 기독교도 역시 끝장이 나게될 것이다. 모든 그리스도인은 예수 그리스도로 말미암아 성령을 충만히 부음 받는 성령충만의 비밀을 나름대로 체득해서 살아가야 한다. 그래서 우리는 성령의 역사에 관한 중요사항을 요약 정리하고자 한다.

1) 하나님은 그의 택하신 자들을 구원하시고자 계획하셨을 때에 두 가지 방법을 채택하셨다. 즉 그들을 위해 자기 아들을 주시는 것과 그들에게 그의 영을 주시는 방법이다. 그리고 그렇게 함으로써 죄가 세상에 처음 들어올 때부터 그의 백성들에게 두 가지 주된 약속을 해주셨으니, 곧 그의 아들을 보내사 죽게 하시겠다는 것과, 또한 그 아들의 활동을 열매 맺도록 하시기 위해 그의 영을 보내시기로 하신 것이었다.

2) 구약성경의 최대의 약속과 믿음의 목적과 신자들의 소망은 몸을 입으시고 하나님의 아들이 오시는 것이었고, 마침내 이 약속이 성취된 후 신약성경의 최대의 약속은 성령께서 오신다는 것이다.

3) 복음을 전파하는 일이나 성령의 위대한 사역은 그 목적에 있어서는 동일한 것이다. 그렇게 때문에 복음 자체를 '영의 직분'(고후 3:8)라

고도 하는 것이다. 성령의 사역은 율법과 반대된다(고후 3:6-8). 성령의 사역은 성령의 효과적인 직무이며 은사와 은혜를 나누어주어 성령과 사람이 교통하게 하는 것을 말한다. 이것은 복음에 영광을 돌리는 일이며 복음을 유익하고 효과 있게 하는 일이다. 복음에서 만일 영이 떠나면 그것은 '죽은 문서'에 지나지 않는다.

4) **예수 그리스도** 복음은 성령께서 이 세상에서 역사하는 지반이다. 복음은 영의 직분이다. 성령의 직무가 복음이다. 그러므로 복음으로 말미암아 성령님의 역사가 사람들에게 나타난다. 성령은 오로지 복음을 통해서만 사람들에게 역사하신다. 그러므로 성령님의 역사를 입고자 한다면 그 사람은 복음을 들어야 한다. 복음을 믿어야 한다.

5) 성령은 '진리의 영'이시기 때문에 복음진리를 붙들어야 성령은 권능으로 인을 치신다. 성령은 비진리에는 역사하실 수 없다. 따라서 성령의 권능을 받기 원하는 자는 복음진리에 확고하게 서 있어야 한다.

6) 성령이 없는 사람의 상태는 그리스도가 계시지 않는 사람이며(롬 8:9), 하나님이 내어버린 사람이다. 아직도 복음을 믿는 척하는 사람들이 많다. 어떤 신자들은 성령을 모른다. 그래서 그들은 성령 없이 기도하려고 하며, 성령 없이 가르치며, 성령 없이 하나님께도 가며, 성령 없이 모든 일을 수행하며 '모든 일이 잘 되었다'고 큰소리친다.

7) 성령의 사역을 제한하는 것은 그리스께서 약속하신 진리를 거부하는 것이요 교회를 무너뜨리는 행위이다. 아무도 성령에 의하지 않고는 그리스도를 믿을 수 없고 순종할 수 없으며, 하나님을 섬길 수도 없다. 만일 성령의 교통이 중단된다면 믿음도 끝나고 기독교도 역시 끝장이 나게 될 것이다.

8) 사람의 마음속에 있는 죄를 자각하게 하고 경건한 슬픔과 겸손케 하는 일은 성령께서 하시는 일이다. 성령께서는 중생케 하시고 성화시키시고 은혜를 공급하시고 기도를 하게 하시고 세상에 복음이 전파되게 하신다. 사람은 큰 평안, 위로, 확신, 거룩한 감화를 성령에 의해 받고 배운다.

9) 성부 하나님은 성령을 통치하신다. 하나님은 성령을 주시고(눅 11:13), 성령을 보내시고(요 14:7), 성령을 다스리시고(갈 3:5), 성령을 사람들 안에 또는 위에 두신다. 또 하나님은 성령을 신자들에게 부어주신다.

10) 복음시대 이전에는 하나님의 성령을 조금 주셨지만, 복음시대에는 성령을 부어주신다. 부어주신다는 말은 완전히 족한 충만을 나타내는 말이다. 구름이 많아야 비가 많이 내리고 밭고랑을 충분히 적실 수 있는 것과 같이 성령을 충족히 부어주신다는 의미다(딛 3:6). **붓는다는 뜻은 성령의 은사와 은혜에 대하여 하는 말이다. 그러나 이 말은 성령의 위(位)와는 무관하다.** 성령을 부어 주실 때에는 풍성하게 부어주신다. **성령은 메마르고 열매를 맺지 못하고 타서 갈라진 땅과 같은 인간의 심령에 부어 주셔서 사람의 심령이 샘이 되게 하시며** 거룩하고 의로운 열매들을 맺게 하신다는 것이다.

11) 하나님은 성령을 다스리신다. 하나님은 사람들에게 성령을 계속적으로 주시고 또한 풍성하게 공급하신다(빌 1:19). 성령을 받은 사람들은 매일 더 많은 성령의 공급이 필요하다. 이럴 때에 하나님은 신자들에게 성령이 공급되도록 성령을 다스리신다.

12) 성령이 없이는 모든 것이 죽음이고 어둠이고 죄다. 모든 빛과 생명과 능력은 오직 성령으로부터 오는 것이다. 그리스도 교회의 전체 존립 및 복지가 오로지 성령의 역사에 달려 있다. 그리스도께서 오신 일 다음으로 신약시대가 누리는 가장 큰 이점은 이전보다 훨씬 더 큰 규모로 성령이 부어졌다는 사실이다.

13) 하나님께서는 우리에게 성령을 주셔서 성령의 도움을 통해 우리가 하나님을 위해 살고 그분이 요구하시는 거룩한 순종에 들어갈 수 있게 해달라고 기도하라고 하신다. 우리 주께서도 성령을 간구하는 우리에게 강청하라고 명령하시며, 동시에 우리가 그 일에 성공할 것이라고 격려하신다. **"너희 하늘 아버지께서 구하는 자에게 성령을 주시지 않겠느냐"**(눅 11:8-13). 따라서 성령은 우리 모든 기도의 큰 중심 주제가 되어야 한다.

결론: 예수는 그리스도 하나님의 아들. 이 복음으로 우리 인생 모든 문제가 처리되고 해답을 얻는다. 신자는 이 복음으로 깊이 뿌리를 내려야 한다. 그럴 때 복음 받은 신자는 자신 속에 내주하시는 성령의 실제성을 자각하게 된다. 성령이 없는 사람은 그리스도가 계시지 않는 사람이다. 하나님은 예수 그리스도로 말미암아 성령을 우리에게 풍성히 부어주신다. 붓는다는 말은 성령의 은사와 은혜에 대하여 하는 말이고 성령의 위(位)와는 관계없다. 이미 복음 받은 신자는 그 마음 중심에 성령이 내주하시기 때문이다.

신자는 성령을 구하되 더 충만히 받도록 구해야 한다. 모든 빛과 생명과 능력은 오직 성령으로부터 오기 때문이다. 예수님은 신자들로 하여금 성령을 강청하여 구하도록 권면하셨다. 하나님은 성령을 부어 주실 때는 풍성하게 부어주신다. 이때 성령은 메마르고 열매를 맺지 못하고 타서 갈라진 땅과 같은 인간의 심령에 부어주셔서 사람의 심령이 샘이 되게 하신다. 모두가 합심하여 성령의 충만을 구할 것이다. **"우리 구주 예수 그리스도로 말미암아 우리에게 그 성령을 풍성히 부어 주소서"**(딛 3:6). 기도할 것이다. 성령의 권능 받고 땅 끝까지 증인되는 삶을 살 것이다. 전도자의 삶을 살 것이다.

10. 성령의 역사에 대한 중요사항 요약(Ⅱ)

서론: 그리스도인의 삶은 성령 안에서 사는 삶이다. 모든 그리스도인은 이 사실에 기꺼이 동의한다. 은혜로우신 하나님의 성령의 사역이 없이는 그리스도인으로서 살아가며 성장하는 것은 고사하고 그리스도인이 되는 것조차 불가능하다. 그리스도인으로서 우리의 모든 소유와 존재는 다 그분에게서 말미암은 것이다.

모든 그리스도인은 그리스도인의 삶을 시작하는 그 순간부터 성령을 경험하게 된다. 왜냐하면 그리스도인의 삶은 거듭남으로부터 시작되며, 이 거듭남은 성령으로 태어나는 것이기 때문이다(요 3:3-8). 성령은 '생명의 영'이시며, 우리의 죽은 영혼에 생명을 불어 넣어 주시는 분이다. 이뿐 아니라 성령은 직접 우리 안에 오셔서 우리와 함께 거하신다. 하나님의 자녀라면 누구나 다 이 내주하시는 성령을 소유하고 있다.

하나님께서 예수를 하나님의 아들 그리스도로 믿는 자에게 성령을 주셔서 내주 인도 역사하도록 하시는 데는 이유가 있다. 그것은 예수 그리스도 복음 받은 신자들이 예수 그리스도의 증인이 되게 하시고, 하나님 나라의 법을 지키며 순종의 삶을 살게 하기 위함이었다. 타락한 인간은 하나님 나라의 법(율법)을 지킬 수 없고 오직 성령님의 역사를 따름으로만 가능한 것이다. 그래서 복음 받은 그리스도인은 성령충만을 받으라는 명령을 받고 있다.

'성령충만을 받으라'고 명령을 하였으므로 달라고 기도해서 받으면 된다. 성령충만 없이는 그리스도인으로 증인의 삶을 살지 못함은 물론 율법의 요구를 따를 수도 없다. 성령충만은 신자의 피나는 노력의 대가로 얻는 것이 아니라, 그리스도 안에서 모든 신자에게 값없이 주어지는 은혜이며 특권이기에, 성령충만 받아 정상적인 그리스도인의 삶을 사는 것은 매우 자연스러운 일인 것이다.

　복음 받은 그리스도인에게 가장 큰 의무이며 특권은 성령충만을 받는 것이다. 그러나 문제는 성령충만의 의의, 필요성, 방법, 체험과 식별 등이 비성경적인 주장이 많다는 것이다. 지금까지 공과공부에 밝힌 것을 보완 정비해서 바른 성령충만으로 모든 신자들은 해답을 얻을 것이다. **모든 복음 받은 그리스도인의 제자도의 성공여부는 그 개인 나름대로의 성령충만의 비밀을 갖고, 기도하며 성령의 권능 받아 복음전도자로 사는 것이다.**

1) 성령충만이란 성령님의 지배를 받고 그의 능력으로 채워지는 것을 말한다. 성령님은 하나님의 아들 그리스도를 영화롭게 하기 위해서 오셨고 또 그리스도의 영이므로 성령충만은 곧 그리스도충만이요 예수충만이다.
2) 성령충만은 모든 그리스도인들에게 선택사항이 아니라 절대적 의무사항이다. 성령충만 없이는 신자는 그리스도인의 삶을 영위하는데 실패한다. 반드시 성령충만을 받아야 한다.
3) 성령충만하지 않은 것은 신자에게 있어서 죄이다. "**성령으로 충만함을 받으라**"(엡 5:18)고 성경은 명령한다. 신자는 이 성령충만을 받아 육체와 세상과 사탄을 정복한다. **선을 행할 능력을 얻는다. 영력·지력·체력·경제력·인력을 얻는다.**

4) 성령을 받지 않은 성도는 옷을 벌거벗은 것과 같다. 그리스도인은 말씀으로 씻기웠고 성령으로 옷 입힌 자인 것이다(눅 24:49).
5) 성령충만의 주체는 삼위일체 하나님이시다. 그러나 성령충만의 주도자는 성부 하나님이시다. 성부 하나님은 성령을 주시고, 보내시고, 다스리시고 부어주신다. 성부 하나님은 신자들에게 성령을 계속적으로 주시고 또한 풍성하게 공급하신다. 성령을 받은 사람들은 매일 더 많은 성령의 공급이 필요하다. 이럴 때에 **하나님은 신자들에게 성령이 공급되도록 성령을 다스리신다.**
6) **성령을 붓는다는 뜻은 성령의 위(位)가 아니라, 성령의 은사와 은혜에 대하여 하는 말이다.** 성령은 메마르고 열매를 맺지 못하고 타서 갈라진 땅과 같은 인간의 심령에 부어 주셔서 사람의 심령이 샘이 되게 하시며 거룩하고 의로운 열매들을 맺게 하신다.
7) 성령충만은 인간의 피나는 노력의 대가로 얻는 은혜가 아니다. 성령충만은 그리스도 안에서 모든 신자에게 값없이 주어지는 은혜이며 특권이라는 사실에 주목해야 한다.
8) 신약성경에는 성령충만을 받기 위해 신자가 선취해야 할 전제조건이 제시되어 있지 않다. 성령충만은 모든 믿는 자에게 주어지는 하나님의 주권적인 은혜다.
9) **성령충만은 믿음으로 받는다.** 신자의 구원이 율법의 행위가 아닌 오직 믿음으로 받듯이, 성령충만도 오직 믿음으로 받는다. 성령충만을 받을 수 있는 전제조건이라면 예수님의 죽으심과 부활을 참되게 믿고, 부활하신 예수님이 그리스도에 취임하신 후에 성령을 충만히 부어주셨다는 사실을 믿고, 성령충만을 구하면 된다.

10) **예수 그리스도 복음은 성령께서 이 세상에서 역사하는 기반이다.** 복음은 영의 직분이다. 성령의 직무가 복음이다. 그러므로 성령님의 역사는 복음으로 말미암아 신자들에게 나타난다. 누구나 성령님의 역사를 입고자 한다면 복음을 들어야 한다. 복음을 믿어야 한다.

11) 우리가 계속해서 성령으로 충만하기 위해서는 계속해서 주 예수님께로 와야 한다. "**명절 끝날 곧 큰 날에 예수님이 서서 외쳐 이르시되 누구든지 목마르거든 내게로 와서 마시라. 나를 믿는 자는 성경에 이름과 같이 그 배에서 생수의 강이 흘러나오리라 하시니 이는 그를 믿는 자들이 받을 성령을 가리켜 말씀하신 것이라**(예수님이 아직 영광을 받지 않으셨으므로 성령이 아직 그들에게 계시지 아니하시더라)"(요 7:37-39) 성경에는 금박으로 인쇄해야 할 본문들이 있다고 말하는 사람들이 있다. 바로 이 본문이야 말로 그런 본문 중의 하나다.

12) 성령으로 충만한 사람들이 공통적으로 체험한 것은 **충만한 믿음**이다. 그리고 그 믿음의 결과로 오는 **하나님의 사랑과 거룩한 기쁨과 평강이다. 성령 안에서 의와 평강과 희락이 하나님나라다.**

13) **성령충만은 어떤 체험이 올 수도 있고, 안 올 수도 있다.** 오히려 안 오는 것이 더 정상이다. 성령은 영이시기 때문이다. 그러나 성령충만을 받으면 구원의 확신이 생긴다. 곧 예수를 주님이시요 그리스도라고 믿는 믿음이 생긴다. 이 믿음이 성령충만 받고 성령의 은사도 나타나는 것의 최종적이고 확실한 증거다.

14) 성령은 사람들에게 무의식적인 황홀경을 가져오지 않는다. 성령충만의 역사를 열광적인 황홀경이나 환희, 또는 이상한 발성의 언어를 동반하는 것으로 가르치고, 이러한 체험을 일반화하는 신비주의자

들의 견해는 비성경적이다.
15) 성령은 사람들의 지적인 능력을 사용하신다. 성령의 역사는 우리들의 심령을 일깨운다. **성령은 각성제인 것이다.** 성령충만 받은 그리스도인은 더욱 이성적이 되고 분별력과 통찰력을 얻게 된다.
16) **은사들보다 은혜가 더 영광스럽다.** 방언이나 방언통역, 예언, 혹은 신유 같은 소위 초자연적인 은사들보다 훨씬 더 탁월하고 영광스러운 것은 성령의 은혜, 사랑 및 거룩함이다. 비범한 은사를 가지고 있으나 지옥으로 가는 일이 얼마든지 있을 수 있다. 성령충만은 하나님의 거룩함에 참여하는 탁월한 거룩성이다.
17) 성령의 은사는 "**예수는 주시라**"는 신앙고백에서 요약되고 귀일되어야 한다. 성령의 은사란 그 자체의 황홀상태를 즐기는 것도, 그것을 받은 자신을 자랑하는 것도 아니다. 다만 이 은사를 통해 예수의 구주성을 알고 전파함에 있는 것이다. 동시에 별도의 은사가 없다할지라도 "**예수를 주시라**"는 믿음은 성령을 받은 가장 좋은 증거다(고전 12:1-3).
18) 특별한 성령의 체험을 경험한 자들은 그 자신의 경험을 정형화하려고 해서는 안 된다. **모든 그리스도인에게 공통적으로 주어지는 것은 영적 은혜이지 영적 은사나 경험이 아니다.** 자신의 경험이 자신을 경배와 찬양으로 이끌게 할 것이다.

결론: 예수는 그리스도 하나님의 아들. 이 복음으로 여러분 인생 모든 문제가 처리되고 해답을 얻는다. 이 복음으로 깊이 뿌리내려 성령충만 받도록 기도할 것이다. 이 복음으로 깊이 뿌리내려 성령충만 받도록

기도할 것이다. 우리의 영적 상태가 어떠하든지 간에 우리 모두는 성령으로 충만함을 받고 성령의 인도를 받으며 성령 안에서 행하는 삶을 살아야 한다. 성경은 우리에게 말한다. **"네 입을 크게 열라. 내가 채우리라"**(시 81:10). 하나님은 그 아들 예수 그리스도의 보혈을 통해서 우리에게 성령을 충만히 부으셔서 우리의 목마름을 해갈해 주시고, 성령이 충만히 흘러넘치는 삶을 살게 하신다. 소망이 충만하게 하시고, 영력·지력·체력·경제력·인력이 성령충만 받는 신자의 삶 속에서 나타나게 하신다. 그리하여 복음받은 그리스도인은 모두 성령충만을 받아서, 이 성령의 권능으로 공부하고, 이 권능으로 사업하고, 이 능력으로 건강을 유지하고, 이 능력으로 봉사하고, 이 능력으로 사랑하고 섬기는 것이다. 모두가 즉시 성령충만을 받도록 기도하기 바란다. 권능의 증인되기를 기원한다.

모든 예수제자들은 자신의 지위에 합당한 전도자의 삶을 찾아내야 한다. 교수는 교수다운 전도자의 삶을, 의사는 의사다운 전도자의 삶을, 회사원은 회사원다운 전도자의 삶을 찾아내야 한다. 기도하고 기도하기 바란다.

제 5 장
복음의 의미와 본질

체질을 만들어라
복음체질
기도체질
성령충만체질
전도체질

1. 복음의 의미(I)

복음의 의미
1) **기독론적 복음: 예수**가 주시며 **그리스도**이며 **하나님의 아들**이다.
2) **구원론적 복음: 예수**가 우리의 죄를 위해 죽고 부활했다.

> [16]내가 복음을 부끄러워하지 아니하노니 이 복음은 모든 믿는 자에게 구원을 주시는 하나님의 능력이 됨이라 먼저는 유대인에게요 그리고 헬라인에게로다. [17]복음에는 하나님의 의가 나타나서 믿음으로 믿음에 이르게 하나니 기록된바 오직 의인은 믿음으로 말미암아 살리라 함과 같으니라(롬 1:16-17).

복음의 목적은 믿는 자의 구원, 그것은 구원을 주시는 하나님의 능력이다. 먼저는 유대인, 그리고 헬라인이라 한 것은 인종 차별이 아닌 하나님의 경륜의 순서이다.

'하나님의 의': 이 의는 그리스도가 우리의 의로 제공되셨음을 말한다. 우리는 우리로 말미암아 행하여진 무엇으로 의를 얻는 것이 아니고 우리를 위하여 행하여진 다른 이(그리스도)의 의로 말미암아 의롭다함을 얻는다. 이것은 그리스도께서 행하신 일을 말함이다.(그러나 가톨릭에서는 "은혜로 말미암아 행하여진 일들로 인하여서 의를 얻는다."고 하나 비성경적이다.)

'나타나서': 현재형이다. 이는 사람이 복음을 믿는 그 현재에 하나님의 의와 접촉되고 또 받아들여진다는 원리를 말한다. '하나님의 의'의 계시가 계속적으로 현재형인 것처럼 거기에 응답하는 인간의 믿음의 진보도 계속적인 것이다.

'믿음으로 믿음에': 불완전한 믿음에서 완전한 믿음으로 성장, 낮은 믿음에서 높은 믿음으로, 고백하는 믿음에서 복종하는 믿음으로… 우리로 의롭다함을 얻게 해 주는 믿음에서 우리로 살게 해 주는 믿음으로 이르게 한다. 이것은 우리를 그리스도께 접붙이게 하는 믿음에서 우리의 뿌리이신 그로부터 덕행을 끌어내는 믿음에 이르게 되는 것을 나타내주는 말이다. **오직 믿음**으로만 의를 받는다.

따라서 그리스도인의 생활이나 과정에 있어서 믿음이 전부다. 또 반대로 '믿음에서 행위로'가 아니다. 마치 믿음으로 의로운 상태에 놓이고 행위로 말미암아 그 상태에 계속 머무는 것처럼 말이다. 철두철미 하게 **믿음으로부터 믿음에 이르는 것이다.** 그것은 중대하는 믿음이요 계속 나아가는 믿음이요, 인내하는 믿음이다.

"**의인은 그의 믿음으로 말미암아 살리라**"(합 2:4) : **믿음을 통해서 의롭다함을 입은 인간은 이 믿음을 통해 영광의 생활**을 살아갈 수 있을 것이라는 뜻이다.

예수는 그리스도 하나님의 아들. 예수님은 하나님의 아들 그리스도시라는 증거로 죽은 자 가운데서 부활하셨다. 부활하신 예수님은 하나님 보좌 우편에 앉아 그리스도로 통치하시면서 우리에게 성령을 보내주셨다. 예수님은 지금 성령을 통해서 우리와 함께 하신다. 그러므로 우리에게 성령충만을 받으라고 명령하신다. 성령충만 받아 성령의 권능으로 땅 끝까지 증인이 되라고 명하신다. 성령충만 받아 성령의 권능으로 땅 끝까지 증인이 되라고 명하신다. 복음전도자로서 살라고 명하시는 것이다. 그러므로 우리 모두는 즉시 성령충만을 받도록 기도할 것이다. 때를 얻든지 못 얻든지 복음을 전하는 전도자의 삶을 살 것이다.

2. 복음의 의미(Ⅱ)

십자가의 도가 멸망하는 자들에게는 미련한 것이요 구원을 받는 우리에게는 하나님의 능력이라(고전 1:18).

사도 바울은 가말리엘 문하에서 유대의 학문을 배웠다. 그러나 그리스도 십자가를 전함에 있어서 그의 학문을 버렸다. 그는 소박한 언어로 십자가에서 죽은 그리스도를 전했다. 예루살렘에서 십자가에서 죽은 그리스도가 하나님의 아들이며 인간의 구주이며 구원을 받기를 원하는 사람은 자기의 죄를 회개하고 그리스도를 믿으며 그의 통치와 율법에 복종해야 함을 사람들에게 말했다.

이 진리는 기교적인 옷이 필요 없다. 그것은 자체의 빛으로 빛나며 신령한 권위로 세상에 퍼지며 인간의 도움이 아니라 성령의 역사로 전파된다. 십자가에 못 박힌 그리스도의 소박한 전도가 이방인의 웅변과 철학보다 더 능력이 있었다. 그래서 "**십자가의 도가 멸망하는 자들에게는 미련한 것이요 구원을 받는 우리에게는 하나님의 능력이라**"고 하였다.

오직 믿음으로 십자가의 도(곧 그리스도의 속죄로 구원을 받는다는 종교)를 믿는 자에게는 그것이 **하나님의 능력으로 구원을 이룬다.**

*십자가는 형벌과 사형에 사용된 나무였다. 로마시대 형벌로서 사형은 집행방식에 따라 참수형, 십자가형, 수장형, 화형, 맹수형, 검투형, 추락형, 타살형이 있었다.

십자가형의 경우 관할 정무관이 로마 성내에서 또는 시외에서 형장을 자유롭게 지정할 수 있었다. 그리고 범인의 사형에는 공개 집행의 원칙이 적용되었다. 모든 사형수는 형 집행 전에 연병장이나 시장에서 공개 채찍형을 가한 후에 처형했다. 십자가형은 로마시민은 거의 드물었고 대개가 종들과 천민, 저급한 범죄자들이었다.

예수는 그리스도 하나님의 아들. 예수님은 하나님의 아들 그리스도라는 증거로 죽은 자 가운데서 부활하셨다. 하나님의 아들 예수 그리스도의 죽음과 부활이 복음의 기초다. 그리스도의 십자가 죽음으로 인생의 죄 문제, 죽음의 문제, 율법과 저주의 문제, 지옥과 사탄의 문제가 해결되었다. 하나님께 나아가는 길이 열려졌다. 그러므로 하나님께 나아가는 길이 열려졌다. 그리스도 복음을 십자가의 도라고 부르기도 하는 것이다.

그러나 그리스도의 십자가는 그리스도의 부활로 완성되는 것이다. 그리스도의 부활이 없다면 그리스도의 십자가는 한낱 유대인들이 주장한 대로 로마정권에 대한 반동으로 끝나고 말았을 것이다.

하나님은 그리스도 십자가의 사건이 옳다고 인정하시면서 예수님을 죽은 자 가운데서 다시 살아나게 하셨다. 그리고 부활하신 예수님은 지금 성령으로 우리 가운데서 역사하신다. 그러므로 성령충만을 받으라고 명령하셨다. 우리 모두가 성령충만을 받도록 기도하여 권능 받고 복음전도자로서 축복의 삶을 살 것이다. 즉시 기도하기 바란다. 그리스도의 증인으로 살기를 기원한다.

가정주부는 가정주부다운 전도자의 삶을, 대학교수는 교수다운 전도자의 삶을, 회사원은 회사원다운 전도자의 삶을, 학생은 학생다운 전도자의 삶을, 기업가는 기업가다운 전도자의 삶을, 농부는 농부다운 전도자의 삶을, 문화예술가들은 그들의 문화예술가다운 전도자의 삶을 살 것이다. 기도하고 기도하기 바란다. 특히 전문인들이 복음의 뿌리를 못 내리고 전도자로 살지 않으면 영적 문제로 고통 받고 살게 되어 있다. 바로 알아야 한다. 기도하고 기도하기 바란다.

3. 복음의 의미(Ⅲ)

1) 율법과 유대인의 실패

그러므로 율법의 행위로 그의 앞에 의롭다 하심을 얻을 육체가 없나니 율법으로는 죄를 깨달음이니라(롬 3:20).

'율법의 행위'란 율법자체의 요구를 따라(동기에 속하는 것까지) 그대로 행하는 것을 가리킨다. 율법의 행위는 인간의 노력에 좌우되나, 믿음은 성령의 역사에 달려있다. '의롭다하심'은 구원의 도리에 있어서 죄인을 의롭다고 선언하는 것. 하나님의 공의를 만족시키고 용서할 뿐 아니라, 그리스도의 의(義)를 힘입어 의인으로 선언함을 의미한다. '의롭다하심'을 얻는 길은 믿음이다.

이 율법을 가진 이스라엘 백성들은 1400년 동안 율법을 소유하여 왔다. 하나님께서는 그들로 하여금 충분히 그들에게 주신 율법을 온전히 적용해 볼 수 있는 기회를 주셨다. 그러나 그들은 율법의 행위로 구원을 얻었는가? 완전 실패했다. 그들은 3번이나 크게 노예로 잡혀가 죄의 형벌을 받아야만 했다. 그래서 바울사도는 위의 롬 3:20 말씀 같이 **"그러므로 율법의 행위로 그의 앞에 의롭다 하심을…죄를 깨달음이니라"** 고 했다.

2) 세상 지혜와 철학의 실패

하나님의 지혜에 있어서는 이 세상이 자기 지혜로 하나님을 알지 못하므로 하나님께서 전도의 미련한 것으로 믿는 자들을 구원하시기를 기뻐하셨도다(고전 1:21).

세상지혜의 대표격인 헬라철학은 인간을 구원할 수 있었는가? 헬라철학의 나라 그들도 유대인들이 시행한 율법과 똑같은 기회를 충분히 누려보았다. 우리가 철학의 나라 그리스시대를 볼 때 그들은 소크라테스, 플라톤, 아리스토텔레스 등의 위대한 철학자들의 철학을 통하여 인류가 찾아야 할 참된 지식, 참된 지혜를 찾았으나 그들이 참된 지혜를 찾았는가? "철학"이란 지혜를 사랑하는 것인데, 그들이 그 지혜를 발견했는가? 아니다. 모두 실패했다. 부패했다. 그들은 궁극적인 실제를 찾고자 했으나 실패했다. 철학이 추구하는 참된 지혜, 참된 진리는 관념이나 사상이 아니라 **"하나님의 아들 예수 그리스도 인격"** 자체였기 때문이다. 그래서 바울 사도는 **"하나님의 지혜에 있어서는 이 세상이 자기 지혜로 하나님을 알지 못하므로…"** 라고 말한 것이다.

3) 전도의 미련한 것, 복음으로 구원

전도의 미련한 것을 믿을 때 구원에 이른다. 여기서 전도는 선포하는 행위보다 내용을 의미한다. 그 내용은 앞에서 언급한 **"하나님의 아들 예수 그리스도 인격"** 이며 **"그의 사역"** 을 말한다. 이것이 참된 지혜와 진리이며 이를 믿을 때 구원을 얻는 것이다.

예수는 그리스도 하나님의 아들. 이 복음으로 우리 인생 모든 문제가 처리되고 해답을 얻는다. 이 복음으로 우리 모두는 깊이 뿌리내리기를 소원한다.

복음은 유대인들에게는 거리끼는 것이요 이방인에게는 미련한 것이다. 그러나 부르심을 받은 자들에게는 유대인이나 헬라인이나 그리스도는 하나님의 능력이요, 하나님의 지혜이다. 하나님의 어리석음이 사람보다 지혜롭고 하나님의 약하심이 사람보다 강하다.

복음 받은 그리스도인은 기도하는 자이다. 복음 받은 그리스도인의 최고의 과업은 기도하는 것이다. 기도 중의 최고의 기도 성령충만을 받도록 기도하는 것이다. 그리하여 성령의 권능으로 땅 끝까지 전도자의 축복을 누리며 사는 것이다. 즉시 성령충만을 받도록 기도하기 바란다. 삶의 현장에서 자신의 지위에 합당한 전도자의 삶을 살 것이다. 기도하기 바란다.

4. 십자가에 못 박힌 그리스도

²²유대인은 표적을 구하고 헬라인은 지혜를 찾으나 ²³우리는 십자가에 못 박힌 그리스도를 전하니 유대인에게는 거리끼는 것이요, 이방인에게는 미련한 것이로되 ²⁴오직 부르심을 받은 자들에게는 유대인이나 헬라인이나 그리스도는 하나님의 능력이요 하나님의 지혜니라 ²⁵하나님의 어리석음이 사람보다 지혜롭고 하나님의 약하심이 사람보다 강하니라(고전 1:22-25).

유대의 종교는 표적의 종교였다. 성경을 통해 3대 표적의 시기는 모세시대·엘리야 엘리사 시대 및 신약시대였다. 그러므로 유대인들은 메시아 대망에 있어서도 반드시 표적을 동반할 것으로 믿었다.

한편 헬라인은 철학의 민족이며 지혜를 구하는 민족이었다. 지적요구에 만족을 주지 못하는 것은 처음부터 관심이 없었다.

'십자가에 못 박힌 그리스도'. 표적을 구하는 유대인에게는 패배자로 보여 거리끼는 것이었다. 또한 십자가를 극악한 죄수를 죽이는 극형으로 알던 이방인에게는 미련한 것이었다.

그러나 십자가를 통해 사람의 중심이 변화를 받아 믿게 되는 것은 표적 중의 표적이요, 최대의 표적이다. 또 인간의 지혜로서는 구원받을 길이 없는데 이 십자가에 못 박힌 그리스도로 말미암아 죄와 사망과 저주와 재앙, 사탄의 권세에서 구원받는 일은 세상지혜를 가지고는 상상할 수 없는 하나님의 지혜다.

그러므로 아무리 헬라인이 십자가에 못 박힌 그리스도를 미련하다 하지만 그들의 지혜보다 더 지혜 있고, 유대인이 십자가를 약한 결과로 규정짓더라도 그들의 강함보다 강하다. 십자가에 진정한 지혜와 능력은 간직되고 있는 것이다. 십자가에서 죄와 죽음과 저주와 재앙이 정복되고, 사탄의 권세가 꺾어지고 하나님께 나가는 길이 열리기 때문이다. 우리는 **'십자가에 못 박힌 그리스도'**를 사랑하고 경배한다.

"십자가에 못 박힌 그리스도". 가장 단순하고도 분명하게 선언된 복음이다. 이보다 더 간략하게 복음의 핵심을 요약한 표현이 없다. 그래서 바울은 고린도 교인들에게 이렇게 말하였다. "형제들아 내가 너희에게 나아가 하나님의 증거를 전할 때에 말과 지혜의 아름다운 것으로 아니하였나니 내가 너희 중에서 예수 그리스도와 그가 십자가에 못 박히신 것 외에는 아무 것도 알지 아니하기로 작정하였음이라"(고전 2:1-2)고 말하였다.

예수는 그리스도 하나님의 아들. 이 복음으로 우리 인생 모든 문제가 처리되고 해답을 얻는다. 이 복음으로 깊이 뿌리를 내릴 것이다.

복음은 단순하게 믿는 것이다. '십자가에 못 박힌 그리스도'. 단순하나 기독교 최고의 응축된 메시지요, 복음이다. '십자가에 못 박힌 그리스도'를 단순하게 믿기 바란다. 단순하게 믿을 때 하나님의 능력이 나타난다.

그리고 복음의 능력, 성령의 권능을 얻도록 성령충만을 위해 기도할 것이다. 성령충만의 권능으로 땅 끝까지 증인의 삶, 전도자로서의 축복의 삶을 살 것이다. 즉시 기도하기 바란다. 성령충만을 받기 바란다. 더 많이 성령충만을 받도록 기도할 것이다. 복음전도자로 살 것이다. 복음전도가 삶의 방향이요 목표다.

5. 복음. 누구든 깨달을 수 있는 분명하고 객관적인 신적 계시

³⁰알지 못하던 시대에는 하나님이 간과하셨거니와 이제는 어디든지 사람에게 다 명하사 회개하라 하셨으니 ³¹이는 정하신 사람으로 하여금 천하를 공의로 심판할 날을 작정하시고 이에 저를 죽은 자 가운데서 다시 살리신 것으로 모든 사람에게 믿을 만한 증거를 주셨음이니라 하니라(행 17:30-31).

"**간과하셨거니와**"란 말은 예수님 오시기 전 이방인의 우상 섬긴 어두운 일들을 하나님이 죄로 여기지 않으셨다는 뜻이 아니다. 이 말씀의 뜻은 예수님이 오시기 전에는 하나님이 이방 세계에 그들의 우상숭배 죄를 회개시키려고 전도자를 보내신 적이 없었다는 뜻이다. 그러므로 이 말을 "간과하셨거니와"라고 번역할 것이 아니라 "**그대로 버려두셨거니와**"라고 개역해야 된다.

이제는 누구든 깨달을 수 있는 분명하고 객관적인 신적 계시가 존재한다. 기독교는 신적 진리에 은밀히 관여하는 엘리트 그룹만이 도달할 수 있는 은밀한 종교가 아니다. 영광의 주님에 대한 계시는 역사의 개방된 영역 내에서 일어나고 있다. 그것은 '구석에서 이뤄지는' 은밀한 것이 아니다. 성경의 증거를 접한 사람 중에서 무지에 대한 변명으로 무지를 정당하게 내세울 수 있는 사람은 아무도 없다.

"**하나님께서는 한동안 인간의 무지를 그대로 내 버려두셨다. 다만 자연 계시를 통해 자신을 드러내셨다. 그러나 그 분의 인내는 한계가 있었다.**"

부활은 인간의 고의적인 무지에 대한 신적인 관용의 분수령을 이루었다. 하나님께서 자신의 아들을 죽음에서 부활시키심으로 그 아들이 어떤 존재인가를 마침내 완전히 드러내셨을 때, 그 분의 인내가 끝났던 것이다.

모든 인간은 이제 회개하고 예수 그리스도를 믿어야 한다. 복음이 이 방인들에게 전해지기 전까지 그들은 무지의 시대에 살았다. 하나님은 그들을 부르지도 않았으며 회개의 계기를 마련해 주시지도 않았다. 그러나 이제 그들에게 복음을 주셨다. 회개하고 예수를 그리스도로 믿어야 한다. 세상을 지으신 하나님은 또한 그것을 심판하실 것이다. 모든 심판이 **"정하신 사람"** 곧 그에게 위임된 분, 예수 그리스도께 맡겨졌다.

하나님이 그리스도를 죽음으로부터 부활하게 한 것은 그리스도가 사람이었을 뿐 아니라 하나님으로서 그리스도가 죽은 자와 산 자에 대한 **심판관**으로 임명되고 정해졌다는 확실한 증거다. 우리는 모두 회개하고 예수 그리스도를 믿고 하나님께로 돌아가야 한다.

예수는 그리스도 하나님의 아들. 예수님은 하나님의 아들 그리스도시라는 증거로 죽은 자 가운데서 부활하셨다. 예수님은 초자연적 사건으로 죽은 자 가운데서 부활하심으로 모든 사람에게 믿을만한 증거를 주셨다. 이제 모든 인간은 회개하고 예수님을 하나님의 아들 그리스도로 믿고 영접해야 한다. 하나님의 인내에는 한계가 있는 것이다.

이제 부활하신 예수님은 하나님 보좌 우편에 앉아 그리스도로 통치하시면서 우리에게 성령을 보내주셨다. 예수님은 지금 성령을 통해서 우리와 함께 하신다. 그러므로 우리에게 성령충만을 받으라고 명령하신다. 성령충만 받아 성령의 권능으로 땅 끝까지 증인이 되라고 명하신다.

복음전도자로서 살라고 명하시는 것이다. 모든 예수제자는 자신의 신분과 지위에 합당한 전도자의 삶을 찾아내야 한다. 복음전도가 자신의 삶의 방향이요 목표가 되어야 한다. 기도하고 기도하기 바란다.

6. 복음. 큰 기쁨의 좋은 소식

(어디서나 예수 그리스도를 전파하는 복음은 언제나 사람에게 큰 기쁨을 준다. 그 이유는, 예수 그리스도는 멸망 받을 사람들을 값없이 구원해 주시는 구주시기 때문이다.)

[10]천사가 이르되 무서워하지 말라 보라 내가 온 백성에게 미칠 큰 기쁨의 좋은 소식을 너희에게 전하노라 [11]오늘 다윗의 동네에 너희를 위하여 구주가 나셨으니 곧 그리스도 주시니라 [12]너희가 가서 강보에 싸여 구유에 뉘어 있는 아기를 보리니 이것이 너희에게 표적이니라 하더니 [13]홀연히 허다한 천군이 그 천사들과 함께 하나님을 찬송하여 이르되 [14]지극히 높은 곳에서는 하나님께 영광이요 땅에서는 하나님이 기뻐하신 사람들 중에 평화로다 하니라(눅 2:10-14).

복음은 유대인뿐만 아니라 '**온 백성**'에게 미칠 큰 기쁨의 소식이다. 그 소식은 '**예수는 그리스도시며 주**'시라는 것이다. 예수는 그리스도, 곧 기름 부음을 받은 자이다. 또한 예수는 주시다. 곧 예수는 하나님이시다. 구약성경에서 '**주**'는 '**여호와**'를 가리키는 말이었다.

오랫동안 기다리던 분이 마침내 오셨다. 예수탄생의 의미는, 곧 복음의 의미는 ①"지극히 높은 곳에서는 하나님께 영광", ②"땅에서는 기뻐하심을 입은 사람들 중에 평화"다.

1) '**지극히 높은 곳에서는 하나님께 영광**': 복음은 먼저 하나님을 위한 것이었다. 하나님의 영광을 위한 것이었다. 그리스도를 보내심으로써 나타난 하나님의 자비는 하나님을 향한 찬양을 불러일으킨다. 하나님의 아들의 성육신과 속죄에서 하나님의 사랑과 공의는 다같이 완성되고 그러므로 그의 영광도 빛나는 것이다. 하나님의 한 속성(곧 하나님의 공의)이 다른 한 속성(곧 하나님의 사랑)을 희생시키지 않고 오히려 모든 속성의 영광이 실질상으로 더욱 확실히 되고 더욱 뛰어나게 되는 이러한 방식으로 **이 사건을 만드신 '지혜로우신' 하나님**께 영광이다. 하나님의 다른 여러 작품(솜씨) 역시 그의 영광을 위한 것이다. 그러나 세상 사람들을 구속하심은 '**지극히 높은 그의 영광을**' 위함이다.

2) '**땅에는 평화**' : 그리스도를 보내심으로 나타난 하나님의 자비가 이 낮은 세상에 평화를 도입했고, 하나님과 인간들 사이에 죄가 마련해 놓은 적대성을 없애버렸으며, 그 사이에 평화로운 왕래를 개설하였다. 하나님께서 평화로이 우리와 함께 하신다면 모든 평화가 거기서 유래되어 나온다. 즉 (1) **양심의 평화** (2) **천사들과의 평화** (3) **유대인과 이방인과의 평화**가 온다. 여기서 평화란 '모든 선'을 말한다. 즉 그리스도의 성육신으로부터 우리에게 넘쳐 나오는 모든 선이다. 중보자 그리스도에 의하지 아니하고는 모든 길에 평화나 선은 없다.

예수는 그리스도 하나님의 아들. 예수님은 오랫동안 기다려 오던 구원의 주, 그리스도 주시다. 그리스도 주이신 구주가 팔레스타인 다윗성에서 나셨다는 것이 기쁜 소식, 곧 복음이다. 예수님은 그리스도 곧 메시아

(구세주)요, 기름 부음을 받은 자이다. 그는 '주'이시다. 만민의 주이시다. 그는 절대주권을 가지신 왕이시다. 그는 하나님이시다. 구약성경에서 '주'가 여호와를 가리키는 말이었기 때문이다.

다윗의 동네에서 태어나신 **예수님은 하나님의 아들 그리스도**라는 증거로 죽은 자 가운데서 부활하셨다. 부활하신 예수님은 지금 성령으로 우리 가운데서 역사하신다. 그러므로 성령충만을 받으라고 명령하셨다. 우리 모두가 성령충만을 받도록 기도하여 권능 받고 복음전도자로서 축복의 삶을 살 것이다. 자신의 삶의 신분과 지위에 합당한 전도자로서의 삶을 찾아내어 복음을 전하며 사는 자가 되어야 한다. 기도하고 기도하기 바란다.

7. 복음. 영원한 다윗왕국(곧 그리스도 왕국, 혹은 하나님의 나라) 의 성립과 통치의 기쁜 소식

> ³¹보라 네가 잉태하여 아들을 낳으리니 그 이름을 예수라 하라 ³²저가 큰 자가 되고 지극히 높으신 이의 아들이라 일컬어질 것이요 주 하나님께서 그 조상 다윗의 왕위를 그에게 주시리니 ³³영원히 야곱의 집을 왕으로 다 스리실 것이며 그 나라가 무궁하리라(눅 1:31-33).

복음은 구약에 예언된 메시아 사상의 가장 중요한 뿌리인 나단의 예언 (삼하 7:12-14)에 근거하고 있다. 그 나단의 예언의 내용은 하나님이 다윗에게 그의 생애 끝에 그의 씨 하나를 일으켜서 그의 왕위에 앉히고 그의 왕위를 영원토록 할 것이며 그를 자기의 아들로 삼겠다고 하신 약속이다. 나단의 예언은 다윗왕조를 성립시키는 것이었다. 그러나 다윗왕국은 바벨론에 의해 멸망되고 무너졌다.

그러면 하나님의 예언의 말씀은 폐기되었는가? 아니다. 다윗왕국은 다윗의 후손으로 오실 그리스도에 의해서 영원한 다윗왕국, 곧 그리스도 왕국으로 성립되는 것이다. 곧 그리스도 복음왕국이고 하나님 나라다. 여기서 유대교적 메시아 사상, 육신적 메시아 사상과 결별하는 것이다.

> 그 날에 내가 다윗의 무너진 장막을 일으키고 그것들의 틈을 막으며 그 허물어진 것을 일으켜서 옛적과 같이 세우고(암 9:11).

여기서 그 날은 메시아의 날이요 그리스도의 날이요 구원의 날이다.

그리스도 왕국이 이 땅위에 세워지는 날이다. 그 날은 심판의 날인 동시에 구원의 날이다. 다윗왕국, 무너진 다윗왕국은 메시아, 그리스도에게서 완전히 복구될 것이다.

'다윗의 무너진 장막'은 임시로 사용하려고 엮은 초막을 가리킨다. 다윗왕국이 아무리 강력한 국가라 하더라도 이 세상에 있는 한 초막에 불과한 것이다. 하나님은 스스로 분열되고, 원수들에게 점령되어 폐허가 된 나라를 일으켜 세우시겠다고 약속한다. 여기서 다윗의 회복된 왕국은 역사적인 왕국을 가리키는 것이 아니라 영원한 그리스도의 나라를 상징한다. '다윗의 무너진 장막'은 예수 그리스도에 의해서 재건되고 복구되는 것이다. 그러므로 다윗과 하나님과 세운 하나님의 언약은 예수 그리스도에게서 성취된 것이다.

예수는 그리스도 하나님의 아들. 이 복음으로 우리 인생 모든 문제가 처리되고 해답을 얻는다. 이 복음으로 깊이 뿌리 내리기를 기원한다. 이 복음은 어느날 종교적 천재에 의해서 완성된 것이 아니다. 이 복음은 구약에 예언된 메시아 사상의 중요한 뿌리인 나단의 신탁에 근거하고 있다. 나단의 신탁은 다윗왕조를 성취시키는 것이었다. 과연 예수님은 하나님의 아들 그리스도이신가?

그렇다! **예수님은 하나님의 아들 그리스도**라는 증거로 죽은 자 가운데서 부활하셨다. 부활하신 예수님은 지금 성령으로 우리 가운데서 역사하신다. 그러므로 성령충만을 받으라고 명령하셨다. 우리 모두가 성령충만을 받도록 기도하여 권능 받고 복음전도자로서 축복의 삶을 살 것이다. 즉시 기도하기 바란다.

8. 의의 태양

내 이름을 경외하는 너희에게는 공의로운 해가 떠올라서 치료하는 광선을 비추리니 너희가 나가서 외양간에서 나온 송아지 같이 뛰리라(말 4:2).

길 잃어버린 자들을 찾아 구원하기 위해 그리스도가 육체로 오신 사건을 가리킨다. 의의 태양이 이 어둔 세상에 떠올랐다. 그리스도는 '세상의 빛'이다(요 8:12). '사람들의 빛'이다(요 1:4). 보이는 세계에 대한 태양과 같은 역할을 영혼들에게 한다. 세상에 태양이 없다면 지하 감옥이 되고 만다. 그러므로 '그리스도의 얼굴'에서 빛나는 '하나님의 영광의 빛'이 없다면, 인류는 암흑이 되고 말 것이다. **"어두운 데에 빛이 비치라 말씀하셨던 그 하나님께서 예수 그리스도의 얼굴에 있는 하나님의 영광을 아는 빛을 우리 마음에 비추셨느니라"**(고후 4:6). **"이는 하나님의 광채시요…"**(히 1:3). **"그 중에 이 세상의 신이 믿지 아니하는 자들의 마음을 혼미하게 하여 그리스도의 영광의 복음의 광채가 비치지 못하게 함이니…"** (고후 4:4). 그리스도는 스스로 빛나는 태양이시며, 또 빛의 근원이시다(시 19:4-6).

때가 되어 의의 태양은 세상에 떠올랐고, '세상에 빛'을 가져다주었다. **"그 정죄는 이것이니 곧 빛이 세상에 왔으되…"**(요 3:19). 사람들은 빛을 보았다. **"흑암에 앉은 백성이 큰 빛을 보았고…"**(마 4:16). 그 분 안에서 **"돋는 해가 위로부터 우리에게 임하여 어둠과 죽음의 그늘에 앉은 자에게 비치고…"**(눅 1:78-79).

의의 태양이신 그리스도는 암흑세계에 빛을 비춰주기 위해서만 오신 것이 아니라 **병든 세상을 치료하기 위해서도 오셨다**. 태양이 떠오르면 질병이 줄어든다. 밤에 시들었던 꽃도 아침이면 소생한다.

그리스도는 위대한 의사다. 그러나 **역시 위대한 약도 되시기 위해** 오셨다. 그는 길르앗의 유향이요, 의사이시다(렘 8:22). **그리스도의 피는 길르앗의 유향이요, 그의 성령은 그곳의 의사**여서 다 효능이 있고 전능한 효력이 있다. **의의 태양이신 그리스도는 사람의 영혼에 들어온 성령의 은총**과 위로에 적용될 수 있다.

예수님이 오시기 전에 하나님은 구약교회와 백성들을 위해서 작은 구원과 해방을 베풀어 주셨다. 그러한 구원들은 모두가 구세주 예수님이 오실 때에 그의 이루실 위대한 구원을 보여주는 많은 상징과 예표에 불과하였다. 예수님이 오시기 전에 구약교회는 신적 계시와 빛, 혹은 하나님의 말씀을 누려왔다. 그들은 어느 정도의 복음의 빛을 알고 있었다.

그러나 그 모든 계시들은 '세상의 빛', '의의 태양'으로 오실 그리스도께서 가지고 오실 큰 빛의 전조와 예고에 불과하였다. 그전의 기간 동안은 말하자면 밤 같은 시기였다고 해야 할 것이다. 그 기간 동안에 하나님의 교회가 전혀 빛이 없는 캄캄한 상태에 있었던 것은 아니다. 그러나 그 기간 동안은 밤에 보는 달빛과 별빛과 같은 빛만 있었다. 태양 빛에 비하면 그것은 그야말로 희미한 것이었다. 마침내 때가 차매 의의 태양이 떠올랐다. 곧 하나님의 아들 예수 그리스도시다.

예수는 그리스도 하나님의 아들. 이 복음으로 우리 인생 모든 문제가 처리되고 해답을 얻는다. 이 복음으로 깊이 뿌리를 내릴 것이다. 그리고 복음의 능력, 성령의 권능을 얻도록 성령충만을 위해 기도할 것이다. 성령충만의 권능으로 땅 끝까지 증인의 삶, 전도자로서의 축복의 삶을 살 것이다. 즉시 기도하기 바란다. 성령충만을 받기 바란다. 더 많이 성령충만을 받도록 기도할 것이다. 성령충만은 믿음으로 받는다. 기도하고 기도하기 바란다. 모든 예수제자는 자신의 신분에 합당한 전도자로서의 삶을 발견하여 전도자로서 살 것이다.

9. 예수님께서 세상에 오신 목적

인자의 온 것은 잃어버린 자를 찾아 구원하려 함이니라(눅 19:10).

본문의 복음은 세리장 삭개오의 구원에 대한 결론의 말씀이다.

¹예수님이 여리고로 들어 지나가시더라 ²삭개오라 이름하는 자가 있으니 세리장이요 또한 부자라… ⁵…내가 오늘 네 집에 유하여야 하겠다 하시니 ⁶급히 내려와 즐거워하며 영접하거늘 ⁷뭇 사람이 보고 수군거려 이르되 저가 죄인의 집에 유하러 들어 갔도다 하더라… ⁹예수님이 이르시되 오늘 구원이 이 집에 이르렀으니 이 사람도 아브라함의 자손임이로다 ¹⁰인자의 온 것은 잃어버린 자를 찾아 구원하려 함이니라(눅 19:1-10).

예수님은 십자가를 향하여 가시는 도중이었다. 여리고는 옛날부터 저주를 받은 도시였다. 주님은 여리고를 들러 가실 필요가 없으셨다. 다른 길도 있었지만 주님은 굳이 그 길을 택하셨고, 여기에 기록된 사건은 오직 삭개오의 이야기뿐이다. 그리고 주께서 이 성에 들어가신 것은 이 사람을 만나기 위해서였다. "잃어버린 자를 찾아 구원하려 함"이었다.

1) 인간의 통탄할 상황: 인간들은 잃어버린 자들이다. 인류의 전 세계는 타락으로 인하여 잃어버린 세상이 되었다. 그 잃어버림은 한 도시가 반란자에 의하여 반란을 당한 것과 같고, 한 나그네가 광야에서 길을 잃어버림 같으며, 병자가 그의 병이 불치의 병일 때와 같고, 또는 죄수가

판결을 선고 받음과 같다.

2) 하나님의 자손을 위한 은혜로운 계획: 인자의 오심은 잃어버린 자를 찾아 구원하려 하심이다. 주님은 하늘에서 땅으로 오셨다. 잃어버린 자를 찾아 구원하려 하심이다. 주님은 하늘에서 땅으로 오셨다. 잃어버린 자를 찾아서 도로 데려가려고 오셨고(마 18:11-12), 멸망당하고 있고, 파괴되어 버린 상태에 있는 잃어버린 자들을 구원하려고 오셨다. 그리스도께서는 잃어버린 자들을 하나님과 모든 선한 곳으로 데려오는 일을 책임지셨다. 그리스도께서는 잃어버린 자들을 찾아 구원하기 위하여 이 타락된 세상으로 오셨다. 주님의 경륜은 **"다른 이로서는 구원을 얻을 수 없을 때에"** 그 타락한 자를 구원하는 일이었다. **주님을 찾을 가치가 없는 자들을 찾으셨다.** 주님은 삭개오의 경우와 같이 **주님을 찾지 않은 자, 또한 주님을 요청하지 않은 자들을 찾으신다.** 주님은 주님을 찾지 아니하던 자에게 찾아냄이 되신 분이셨다("…**내가 여기 있노라**…"(사 65:1)).

예수는 그리스도 하나님의 아들. 이 복음으로 우리 인생 모든 문제가 처리되고 해답을 얻는다. 이 복음으로 우리 모두는 깊이 뿌리내리기를 소원한다. 복음 받은 그리스도인의 최고의 과업은 기도하는 것이다. 기도 중의 최고의 기도 성령충만을 받도록 기도하는 것이다. 그리하여 성령의 권능으로 땅 끝까지 전도자의 축복을 누리며 사는 것이다. 즉시 성령충만을 받도록 기도하기 바란다. 회사원은 회사원다운 전도자의 삶을, 학생은 학생다운 전도자의 삶을, 교수는 교수다운 전도자의 삶을, 예술가는 예술가다운 전도자의 삶을 살 것이다. 기도하기 바란다.

10. 예수는 그리스도 하나님의 아들

하나님이 나사렛 예수에게 성령과 능력을 기름 붓듯 하셨으매 저가 두루 다니시며 선한 일을 행하시고 마귀에게 눌린 모든 자를 고치셨으니 이는 하나님이 함께 하셨음이라(행 10:38).

성경은 예수님의 죽음과 부활의 사건을 언급하기 전에 (행 10:39-43. 후에 보겠음) 먼저 예수님의 신분을 말한다. 곧 예수님의 하나님의 아들 그리스도 되심을 말한다.

"하나님이 나사렛 예수에게 성령과 능력을 기름 붓듯 하셨으매"에서 볼 수 있듯이 나사렛 예수는 인간 이름이다. 이 인간 예수에게 하나님이 성령과 능력을 기름 붓듯 하셨다는 것은, 이 예수님이 '그리스도'시라는 뜻이다. 나사렛 예수는 하나님에게 성령과 능력을 **'기름 붓듯 하심'**을 받은 그리스도시요, 구약의 모든 기름부음 받은 자들(선지자·제사장·왕들)의 모형이시다. 그리고 **"마귀에게 눌린 모든 자를 고치셨으니"**라는 말씀도 예수님이 그리스도시라는 것이다. 진정한 의미에서 마귀를 정복하시는 이는 오직 하나님이 아들 그리스도뿐이시다. 요일 3:8에 **"죄를 짓는 자는 마귀에게 속하나니 마귀는 처음부터 범죄함이라 하나님의 아들이 나타나신 것은 마귀의 일을 멸하려 하심이라"**고 하였다.

또 **"하나님이 함께 하셨음이라"** 이 말씀은 예수님이 '하나님의 아들'이시라는 뜻이다 (요 8:29 **"나를 보내신 이가 나와 함께 하시도다 내가 항상 그의 기뻐하시는 일을 행하므로 나를 혼자 두지 아니하셨느니라"**).

오늘 본문의 말씀은 베드로가 고넬료라는 이방인 집에 가서 복음을 전할 때 한 말씀이다. **베드로는 예수님의 속죄적 죽음에 대하여 말하기 전에 먼저 예수님의 신분을 말하였다.** 우리가 먼저 예수님의 신분의 위대하심을 알아야 그의 죽으심의 가치와 다시 살으심의 능력을 알 수 있다. 예수님은 그리스도시요 하나님의 아들이신고로 그가 우리를 위하여 죽으신 것이 우리의 죄를 대속해 주시는 가치를 가졌다. 인간은 그리스도의 행적에 흥미를 갖지만 그의 인격의 위대에 대해서는 느낄 줄 모른다. 인간은 이렇게 무엇의 결과는 느끼면서도 그 원인은 못 느낀다. 먼저 그리스도 인격, 그 후에 그가 하신 사역 곧 그의 죽으심과 부활이다. 이렇게 믿을 때 참된 복음신앙을 소유하게 된다.

예수는 그리스도 하나님의 아들. 예수님은 하나님의 아들 그리스도시라는 증거로 죽은 자 가운데서 부활하셨다. 부활하신 예수님은 하나님 보좌 우편에 앉아 그리스도로 통치하시면서 우리에게 성령을 보내주셨다. 예수님은 지금 성령을 통해서 우리와 함께 하신다. 그러므로 우리에게 성령충만을 받으라고 명령하신다. 성령충만 받아 성령의 권능으로 땅 끝까지 증인이 되라고 명하신다. 복음전도자로서 살라고 명하시는 것이다. 그러므로 우리 모두는 즉시 성령충만을 받도록 기도할 것이다. 때를 얻든지 못 얻든지 복음을 전할 것이다.

11. 복음(福音)은 기쁜 소식(Ⅰ)

그리스도의 복음 메시지는 단순히 도덕과 윤리에 관한 메시지가 아니다. 오늘날 기독교 메시지가 우리에게 선한 생활을 하라고 격려하는 메시지라고 생각하는 사람들이 많다. 그래서 우리는 우리더러 착하게 살라고 촉구하는 연설이나 교훈의 설교들을 많이 대하는 것이다. 그 설교들은 서로 서로를 사랑하고 도우라고 촉구한다.

그러나 그것은 복음일 수 없다. 그 속에 기쁜 소식으로서의 요소가 없기 때문이다. 설교에는 기쁜 소식의 요소가 반드시 있어야 한다. 만일 그것이 윤리적인 교훈에 불과하다면 그 속에 기쁜 소식이란 전혀 존재하지 않는다. 그러니 그것은 복음일 수 없다. 그것은 율법 아래서 예전에 있었던 것이다.

만일 설교자들이 단순히 사람들에게 술을 마시지 말라, 아니면 이것 저것을 하지 말라, 사랑하고 봉사하라든지, 정치나 경제 혹은 과학이야기를 한다면 거기에는 기쁜 소식이 자리 잡을 수가 없다. 이렇게 되면 복음의 영광은 사라지고 복음을 새로운 율법 정도로 만들어 버리는 것이다. 복음은 한 마디로 기쁜 소식이다. 하나님께서 행하신 기쁜 소식이다.

> [3]예수께 여짜오되 오실 그이가 당신이오니이까 우리가 다른 이를 기다리오리이까 [4]예수님이 대답하여 이르시되 너희가 가서 듣고 보는 것을 요한에게 알리되 [5]맹인이 보며 못 걷는 사람이 걸으며 나병환자가 깨끗함을 받으며 못 듣는 자가 들으며 죽은 자가 살아나며 가난한 자에게 복음이 전파된다 하라(마 11:3-5).

예수님의 하시는 일은 구약에 예언된 메시아의 하실 일들이다. 그것을 보아서 예수님이 메시아(그리스도)이신 줄 알 수 있다. 예수님은 자신이 구약에 메시아께서 하실 일들에 대하여 예언한 그대로, 곧 사 29:18, 사 35:5-6, 사 42:7, 사 61:1절의 말씀대로 성취하신 자이심을 말씀하신 것이다. 이 일들은 **"신적 능력의 행위"**요, **"신적 예언의 성취"**이기 때문에, 이 일들을 행할 수 있는 이는 예언대로 오실 메시아 뿐이다.

예수는 그리스도 하나님의 아들. 예수님은 하나님의 아들 그리스도라는 증거로 죽은 자 가운데서 부활하셨다. 이 그리스도의 죽음과 부활의 복음으로 우리 인생 모든 문제가 처리되고 해답을 얻는다. 이 부활의 복음으로 소경이 보며, 못 걷는 사람이 걸으며 나병환자가 깨끗함을 받으며 못 듣는 자가 들으며 죽은 자가 살아난다. 오늘날 이런 기적은 육신적 기적보다는 주로 영적인 기적으로 나타난다. 영적인 빛은 영적 소경인 인생들에게 하나님을 볼 수 있는 영적 시력을 주며 영혼이 살아나는 것이다. 하나님의 아들 예수 그리스도 복음은 기쁜 소식이다. 기쁜 소식의 요소가 없다면 그것은 복음이 아닌 것이다.

그러므로 기쁜 소식의 주인공이신 예수님은 죽은 자 가운데서 다시 살아나시어 지금 성령으로 우리 가운데서 역사하신다. 그러므로 성령충만을 받으라고 명령하셨다. 우리 모두가 성령충만을 받도록 기도하여 권능 받고 복음전도자로서 축복의 삶을 살 것이다. 각인은 삶의 현장에서 자신의 신분과 지위에 합당한 전도자의 삶을 찾아내어 전도자의 삶을 살 것이다. 즉시 기도하기 바란다.

12. 복음(福音)은 기쁜 소식(Ⅱ)

³외치는 자의 소리여 가로되 너희는 광야에서 여호와의 길을 예비하라 사막에서 우리 하나님의 대로를 평탄하게 하라 ⁴골짜기마다 돋우어지며 산마다 언덕마다 낮아지며 고르지 아니한 곳이 평탄하게 되며 험한 곳이 평지가 될 것이요 ⁵여호와의 영광이 나타나고 모든 육체가 그것을 함께 보리라 대저 여호와의 입이 말씀하셨느니라(사 40:3-5).

바벨론 포로 생활에서 신음하던 이스라엘 백성들에게 포로생활에서 해방시켜 광야길로 그들을 인도하신다는 것이다. 그러므로 여호와의 행차하시는 길을 예비해야 한다는 것이다. 이 말씀은 그대로 세상에 오신 예수 그리스도에게 적용되었고, 여기서 '외치는 자의 소리'는 세례 요한을 가리키게 된 것이다(마 3:1-3).

얼마나 기쁜 소식인가? 이것이 바로 복음의 특성이다. **복음은 우리더러 어떤 것을 하라고 촉구하는 것이 아니다. 하나님께서 우리와 우리의 구원에 대해 어떤 일을 하셨는지를 우리에게 선포하는 것**이 복음이다. 어떤 인간도 그것을 해낼 수 없다. "**율법이 육신으로 말미암아 연약하여 할 수 없는 그것을 하나님은 하시나니 곧 죄를 말미암아 자기 아들을 죄 있는 육신의 모양으로 보내어 육신에 죄를 정하사 육신을 따르지 않고 그 영을 따라 행하는 우리에게 율법의 요구가 이루어지게 하려 하심이니라**"(롬 8:3-4)

하나님께서 행하신 것이 있다. "**때가 차매 하나님이 그 아들을 보내사 여자에게서 나게 하시고 율법 아래에 나게 하신 것은 율법 아래 있는 자들을 속량하시고 우리로 아들의 명분을 얻게 하려 하심이라**"(갈 4:4-5).

바로 이일을 하신 분이 하나님이시다.

　복음은 기쁜 소식이다. 좋은 소식을 갖고 있다. 감격적인 기쁨과 환희를 갖고 있다. **"모든 사람이 죄를 범하였으매 하나님의 영광에 이르지 못하더니 그리스도 예수 안에 있는 속량으로 말미암아 하나님의 은혜로 값없이 의롭다 하심을 얻은 자 되었느니라"**(롬 3:23-24). 이것이 복음이다. 이것이 사람들로 하여금 소리치게 하는 복음이다.

　오늘날 기독교 메시지가 우리에게 선한 생활을 하라고 격려하는 메시지라고 생각하는 사람들이 많다. 그래서 우리는 우리에게 착하게 살라고 촉구하는 연설이나 간단한 설교들을 많이 듣는다. 그 설교들은 서로 돕고 사랑하고 섬기라고 한다.

　그러나 그것은 복음일 수 없다. 그 이유는 그 안에 기쁜 소식이 없기 때문이다. 설교에는 기쁜 소식의 요소가 반드시 있어야 한다. 만약 그것이 윤리적인 교훈에 불과하다면 그 속에 기쁜 소식이란 전혀 존재하지 않는 것이다. 자칫 복음을 새로운 율법으로 만들어 버릴 수 있다. 그렇게 되면 그것은 더 이상 복음이 아니다. 복음에는 항상 그 속에 기쁜 소식이 있다.

예수는 그리스도 하나님의 아들. 예수님은 그리스도란 증거로 죽은 자 가운데서 부활하셨다. 이 복음으로 우리 인생 모든 문제가 처리되고 해답을 얻는다. 이 복음으로 깊이 뿌리를 내릴 것이다. 그리고 복음의 능력, 성령의 권능을 얻도록 성령충만을 위해 기도할 것이다. 성령충만의 권능으로 땅 끝까지 증인의 삶, 전도자로서의 축복의 삶을 살것이다. 즉시 기도하기 바란다. 성령충만 받기 바란다. 더 많이 성령충만을 받도록 기도할 것이다.

　복음으로 참되게 뿌리내린 그리스도인의 삶의 목표와 방향은 복음전도다. 삶의 현장에서 자신의 지위에 합당한 전도자다운 삶을 찾아내서 전도자의 삶을 살 것이다. 복음전도는 인류역사 진행의 핵심 축이다. 세상역사는 이 인류구원의 역사에 수종들고 있음을 기억할 것이다. 기도하기 바란다.

13. 복음(福音)은 기쁜 소식(Ⅲ)

> 좋은 소식을 전하며 평화를 공포하며 복된 좋은 소식을 가져오며 구원을 공포하며 시온을 향하여 이르기를 네 하나님이 통치하신다 하는 자의 산을 넘는 발이 어찌 그리 아름다운가(사 52:7).

여기 이른 바, "좋은 소식", "평화", "복된 좋은 소식", "구원" 등은 같은 의미를 가진다. 이것은 **가까이는** 이스라엘 백성이 바벨론 포로에서 석방되어 돌아온다는 소식을 가지고 산을 넘어와서 예루살렘을 향하여 외치는 선발대의 외침을 가리킨다. 귀를 기울여 그 외치는 소리를 들으며, 눈을 들어 그 모습과 발을 보면 그 소리는 그대로 복음이며, 그 발은 어찌 그리 아름다운지 모른다는 것이다. 예루살렘 거리는 순간적으로 환희의 도가니로 화하는 것이다.

또한 이 말씀은 **멀리** 그리스도의 오심과 그의 복음을 가리킨다. 여기서 언급된 '좋은 소식', '평화', '복된 좋은 소식', '구원' 등은 예수 그리스도 복음에서 완전하게 성취되었던 것이다. 이 사실은 사도 바울의 증언(롬 10:15)에 의해 더욱 분명해졌다. 이 복음을 미리 전한 선구자 세례 요한과 초대교회 이후 계승하여 전한 사도들과 역대의 전도자들의 발은 참으로 아름다운 것이었다. 그러므로 **바벨론에서의 해방된 사실은 죄와 사탄에서 석방된 그리스도 복음의 그림자**였던 것이다.

본문에서 "**네 하나님이 통치하신다.**"함은, 하나님께서 유대인들을 해방시키기 위한 통치를 이름이지만, 신약시대에 하나님 아들의 오심을 가리키기도 한다. 이 일을 전하는 것이 복음전파인데, 그 전파자의 발이 아름답게 보임을 그 전파되는 소식(복음)이 아름답기 때문이다. 우리 주 그리스도 자신이 처음 이 소식을 가지고 오셨다(눅 4:18; 히 2:3). 그래서 그에 대하여 본문은 **"그의 발이 어찌 그리 아름다운고 십자가에 못 박힌 그의 발이 갈보리 산의 그의 발이 어찌 그리 아름다웠는고 그가 산에서 달려올 때 그의 발이 어찌 그리 아름다웠는고"**. 우리는 이 좋은 소식을 전하는 것이다.

우리는 먼저 우리에게 이 기쁜 소식을 전해주는 선배 파수꾼들의 사역의 결과로 그 기쁜 소식을 들을 수 있었다. 이제는 내가 역사의 파수꾼이 되어 내 삶의 현장에서 이 소식을 전하는 발이 되어야 한다.

예수는 그리스도 하나님의 아들. 이 복음으로 우리 인생 모든 문제가 처리되고 해답을 얻는다. 이 복음으로 우리 모두는 깊이 뿌리내리기를 소원한다. 복음 받은 그리스도인의 최고의 과업은 기도하는 것이다. 기도 중의 최고의 기도 성령충만을 받도록 기도하는 것이다. 그리하여 성령의 권능으로 땅 끝까지 전도자의 축복을 누리며 사는 것이다.

모든 예수제자는 삶의 현장에서 전도자의 삶을 찾아내어야 한다. 의사 누가는 누가다운 전도자의 삶을 살았다. 우리 모두도 그 자신이 처한 현장에서 전도자의 삶을 찾아내서 전도자로 살아야 한다. 예컨대 가정주부는 가정주부다운 전도자의 삶을, 노동자는 노동자다운 전도자의 삶을, 회사원은 회사원다운 전도자의 삶을, 영화배우는 영화배우다운 전도자의 삶을 살아야 한다. 기도할 것이다. 성령의 권능을 받을 것이다.

14. 복음(福音)은 기쁜 소식(IV)

볼지어다 아름다운 소식을 알리고 화평을 전하는 자의 발이 산위에 있도다…(나 1:15).

여기 이른 바, **"아름다운 소식"이란 것은 유다의 원수 앗수르가 멸망되었다는 소식이다.** 예루살렘을 포위하였던 앗수르의 멸망소식은 유다사람들에게 너무나 기쁜 소식이었다.

나훔서는 앗수르의 수도인 니느웨에 대한 심판을 예언하고 있는 예언서이다. 앗수르는 백년 남짓 중동의 역사를 이끌어가던 큰 나라였다. 수리아 팔레스타인 지역에 있는 작은 나라들이 대부분 그랬듯이 유다도 앗수르의 위협을 느끼지 않을 수 없었다. 유다 임금들은 앗수르의 지배권을 인정하고 조공을 바쳐야 했다. 주전 700년 직전 히스기야 왕이 앗수르를 섬기지 않겠다고 하자, 앗수르 사람들이 쳐들어와서 유다 온 땅이 황폐해지고 예루살렘은 막판에서야 가까스로 파멸을 피할 수 있었을 따름이었다(왕하 18:13, 19:35-36).

어느 시대나 성경에서는 앗수르를 하나님을 거스르는 잔인한 세상권력의 원형으로 여긴다(미 5:6). 나훔은 이 세상 권력의 모습을 여러 가지 비유로서 묘사하였고 하나님의 말씀으로서 그 나라에 멸망을 선포했는데, 이 말씀의 영향은 세상권력의 마지막이자 최악의 화신과 대결하는 것을 주제로 다루면서 그것에게 멸망을 선포하는 요한계시록에까지 미친다.

나훔 1장 15절 예언은 '**원수가 다시는 감히 예루살렘을 공격하지 못할 것이다**'는 것이다. 앗수르왕 산헤립이 승전하고 자기 앞에 있는 모든 것을 해치우고 있을 동안에는, 매일 매일 괴로운 소식이 왔다. 그러나 이제는 '**볼지어다 아름다운 소식을 전하는 전도자의 발이 산위에 있도다**'. 그는 산위 멀리서 달려온다. 이 구절은 이사야와(사 52:7) 나훔으로부터 다시 바울 사도에 의해서 인용되어, 우리 주 예수에 의하여 우리에게 행하실 크신 구원과 영원한 복음에 의해 그것이 세계에 전파된 사실에 적용된다.

"**보내심을 받지 아니하였으면 어찌 전파하리요 기록된 바 아름답도다 좋은 소식을 전하는 자들의 발이여 함과 같으니라**"(롬 10:15).

나훔 선지자가 예언한 '아름다운 소식'은 복음의 기쁜 소식을 상징한 것이었다. 니느웨가 멸망한 소식은 그 당시 유다백성에게만 한정된 복음이었으나, 죄와 사망의 권세로부터 구원해 주시는 예수 그리스도 복음은 하나님과 그리스도를 믿는 모든 사람들에게 참된 기쁨과 진정한 구원을 주는 만인의 복음이다. 우리는 이 아름다운 소식의 전달자들이다.

예수는 그리스도 하나님의 아들. 이 복음으로 우리 인생 모든 문제가 처리되고 해답을 얻는다. 이 복음으로 우리 모두는 깊이 뿌리내리기를 소원한다. 하나님의 아들 예수 그리스도 복음이 날마다 여러분의 기쁜 소식이 되기를 기원한다. 복음이란 기쁜 소식이며, 이로 말미암아서 우리들이 날마다 직면하는 많은 시련과 해결하지 않으면 안 되는 문제들에 대하여 진정으로 하나님 나라 백성답게 대처할 수 있고 또한 해결과 승리를 얻을 수 있게 하는 하나님의 능력이다. 신자들은 이 위대하고 풍성한 능력을 매일 매일 받아서 그 열매를 맺어야 한다.

그러므로 복음 받은 그리스도인의 최고의 과업은 기도하는 것이다. 기도 중의 최고의 기도 성령충만을 받도록 기도하는 것이다. 그리하여 성령의 권능으로 땅 끝까지 전도자의 축복을 누리며 사는 것이다. 즉시 성령충만을 받도록 기도하기 바란다. 전도자의 삶을 살기 바란다

15. 복음. 세상의 모든 신비를 초월한 경건의 비밀

크도다 경건의 비밀이여, 그렇지 않다 하는 이 없도다 그는 육신으로 나타난 바 되시고 영으로 의롭다 하심을 받으시고 천사들에게 보이시고 만국에서 전파되시고 세상에서 믿은 바 되시고 영광 가운데서 올려지셨느니라
(딤전 3:16).

기독교는 이성이나 인간 본성의 힘에 의해서 발견될 수 없고 이성으로 이해할 수 없는 하나의 비밀이다. 왜냐하면 그것은 이성과는 상반되지는 않을지라도 이성을 초월하기 때문이다. 기독교는 비밀인데 철학이나 사색의 비밀이 아니라 경건의 비밀이다. 그것이 경건의 비밀이라고 불리는 까닭은 기독교는 우리의 경배, 겸손, 그리고 하나님을 경외하는 마음을 자극하고 증진시키기 때문이다. 이런 까닭에 기독교, 구체적으로 예수 그리스도 복음진리는 모든 이방인들의 신비를 초월한다.

이런 신비는 닫혀 지거나 인봉된 비밀이 아니라 계시된 비밀이다. 그러나 이렇게 경건을 함양시키는 신적인 계시는 "모든 질문을 뛰어 넘어설 만큼 크다." "부인할 수 없이 위대한 것이다." **"세상의 모든 신비를 뛰어넘는 것이다."** 그래서 성경은 **"크도다 경건의 비밀이여 그렇지 않다 하는 이가 없도다"** 고 하였다.

우리가 사는 시대는 영의 시대이다. 최첨단 과학과 물질주의로 설명되면서도 다른 면으로는 이 모든 것을 뛰어넘는 **신비를 추구한다.** 그래서 **현대를 영성의 시대라고 한다.** 그러나 이러한 시대는 거짓 영도 함께 활개를 치게 마련이다. 기독교 이외의 다른 종교도 나름대로 영성을 갖고 있다. 모든 이데올로기에도 어떤 영성이 있다.

21세기 포스트모던시대의 사람들은 신비함을 추구한다. 그래서 미래학자들 가운데는 고대사회의 신비로 미래사회가 환원한다고 주장하기도 한다. 고대와 미래가 다른 것이 아니라 패러다임 자체가 일치 한다는 것이다. 그것은 곧 '**신비**'라는 것이다. 그래서 영성시대라고 불리는 포스트모던사회는 고대의 **신비적** 영성으로 다시 돌아간다고 한다.

이러한 때 세상의 신비를 초월하는 경건의 비밀, 기독교 복음진리는 이 시대의 진정한 해답이다. 기독교 복음진리는 폐쇄 되거나 인봉된 비밀이 아니라 계시된 비밀이다. 그러면 **경건의 비밀이란 무엇인가? 그것은 예수 그리스도이다.** 그것은 예수 그리스도의 인격과 사역에 초점을 맞춘다. 왜냐하면 '비밀'은 본질적으로 '그리스도의 비밀'이기 때문이다. **여섯 가지가** 경건의 비밀의 내용이 되고 있다.

1) **"그는 육신으로 나타난 바 되시고"** 그가 하나님이시며 육신을 입고 나타나신 영원한 말씀이신 것을 증명한다(요 1:14).

2) **"영으로 의롭다 하심을 입으시고"** 그는 성령에 의하여 그 본성이 의로우심을 입증 받으셨다. 그는 죄인과 같이 욕을 당하시고 악인처럼 죽임을 당하셨으나, 성령으로 말미암아 부활하셨고 그의 무죄하심(의로우심)이 증명되었다. 그는 우리의 범죄함을 위해 죽으셨으나 우리의 의롭다 하심을 위하여 살아나셨다(롬 4:25).

3) **"천사들에게 보이시고"** 천사들은 부활하신 그리스도를 경배하였다. 천사들은 그의 성육신과 시험받으심, 그의 고난과 죽으심과 부활, 그리고 승천 시에 그의 시중을 들었다. 그는 천사들의 주이셨다.

4) **"만국에서 전파되시고"** 그리스도께서 이방인들에게도 구속자요 구세주로서 제공되어지셨다는 사실은 경건의 비밀의 위대한 부분이다. 이전에는 구원이 유대인들의 것이었으나, 그러한 장벽이 제거되고, 이방인들도 그리스도 안으로 들어올 수 있게 된 것이다. 그리하여 그리스도 교회가 부활하신 주님의 지상명령에 순종하여 실행하는 세계선교를 담당하게 되었다.

5) **"세상에서 믿은바 되시고"** 그리스도는 헛되이 전파되지 아니하였다. 유대인들에게 배척당한 복음을 수많은 이방인들이 받아들였다. 죄악 가운데 묻혀 있었던 세상이 예루살렘에게 십자가에서 못 박혀 죽은 그리스도를 그들의 구세주로써 받아들이고, 또 하나님의 아들로 믿을 줄은 아무도 생각지 못한 일이었다. 하나님 아들 예수 그리스도의 복음, 십자가에 못 박힌 그리스도의 피의 복음은 성공적으로 전파되어 세계복음화의 비젼이 성취되어가고 있는 것이다.

6) **"영광 가운데 올려지셨느니라"** 이것은 그리스도의 승천을 가리킨다. 혹은 재림을 가리킬 수도 있다. 승천을 의미할 때는 이 세상에서 믿은바 되시기 이전의 일이다. 그러나 승천을 경건의 비밀 중 맨 마지막으로 제시한 이유는 승천이 그리스도께서 가장 영광스러운 면류관이 되

시기 때문이며, 또한 승천이라는 말은 그리스도의 하늘로 올려지심만을 의미하는 것이 아니라, 그의 하나님 우편에 앉으심을 의미하는 것이기 때문이었다. 즉 이 승천이라는 말에 그가 하늘나라에 영원히 거하시면서 우리를 중보하시며, 또 하늘과 땅의 모든 권세를 소유하신다는 것까지 포함된 것을 의미하는 것이다.

  미래학을 연구하는 기독교 미래학 연구자들은 기독교 역사를 살펴볼 때 모던시대와 포스트모던시대의 패러다임은 완전히 다른 반면 고대와 포스트모던시대의 패러다임은 서로 일치한다고 주장한다. 예컨대 고대(초대교회)에는 '신비, 공동체, 상징'이 강조되었는데, 포스트모던시대도 '신비, 공동체, 상징'이 강조된다고 한다. 영성도 고대에는 '세례, 성만찬, 예전적'이었는데, 포스트모던시대에는 '신비, 초자연적 세계관, 세례, 예전, 성만찬'이 다시 강조되고 있다고 한다.

  그리하여 고대 교회(초대교회)의 모습은 시대를 거쳐 변화하다가 다시 초대교회로 돌아가는 양상을 보인다고 결론을 내린다. 고대와 미래의 역사는 동일하신 하나님과 그의 아들 그리스도께서 이끌어 가시기에 조화를 이룬다고 긍정적 평가를 할 수 있다. 그렇다면 21세기 포스트모던시대의 핵심 주제인 "신비"는 오직 '경건의 비밀' 곧 '그리스도의 비밀'에서 찾아야 그 해답이 된다. **경건의 비밀, 그것은 한마디로 예수 그리스도이다. 예수 그리스도에 관한 여섯 가지 비밀이 진정한 신비인 것이다.** 사람들은 이 그리스도의 비밀의 6가지를 체험할 때 진정한 신비를 맛보며 인생의 존재 의미와 가치를 발견하고 거짓 신비를 배격하고 승리의 삶을 살 수 있는 것이다. 예수 그리스도는 **세상의 모든 신비를 초월 한다. 뛰어 넘는다.**

예수는 그리스도 하나님의 아들. 이 복음으로 우리 인생 모든 문제가 처리되고 해답을 얻는다. 이 복음으로 우리 모두는 깊이 뿌리내리기를 소원한다.

다원주의 시대인 오늘의 시대의 특징은 '신비' 추구의 시대이며, 또한 거짓 신비주의가 만연되고 있는 시대이다. 모든 종교의 귀결은 신비의 추구로 귀결된다. 그러나 그런 신비추구는 거짓된 신비추구로 떨어지게 되어 있으며, 그것은 심각한 영적 문제를 일으키게 되어 있다.

진정한 신비는 하나님이 인간이 되신 예수님이시다. 예수님은 육신으로 오신 하나님이시고 죽은 자 가운데서 부활 승천하여 그리스도로 통치하고 계신다. 이 예수님을 하나님의 아들 그리스도로 믿고 영접할 때 인간은 신적인 삶을 영위할 수 있다. 신자의 성령충만은 신적인 삶을 살기 위한 유일한 방법인 것이다.

그러므로 복음 받은 그리스도인의 최고의 과업은 기도하는 것이다. 기도 중의 최고의 기도 성령충만을 받도록 기도하는 것이다. 그리하여 성령의 권능으로 땅 끝까지 전도자의 축복을 누리며 사는 것이다. 즉시 성령충만을 받도록 기도하기 바란다.

제 6 장
복음의 중심인 예수 그리스도

체질을 만들어라
복음체질
기도체질
성령충만체질
전도체질

1. 예수 그리스도 복음의 시작: "회개의 복음"

¹그때에 세례 요한이 이르러 유대 광야에서 전파하여 말하되 ²회개하라 천국이 가까이 왔느니라 하였으니 ³그는 선지자 이사야를 통하여 말씀하신 자라 일렀으되 광야에 외치는 자의 소리가 있어 이르되 너희는 주의 길을 준비하라 그가 오실 길을 곧게 하라 하였느니라(마 3:1-3).

복음은 세례 요한에 관한 이야기에서 시작된다(막 1:1). 이것은 **"예수 그리스도의 복음의 시작"**이라고 할 수 있다. 베드로 역시 사도행전 1장 23절에서 세례 요한의 세례로부터 시작하고 있다(행 1:21 **"이러하므로 요한의 세례로부터 우리 가운데서 올려져 가신 날까지 주 예수님이 우리 가운에 출입하실 때에"**). 왜냐하면 그 때에 예수 그리스도는 먼저 그 자신 속에 나타나시고 그 후 세례 요한에게 나타나시며, 그를 통해 전 세계에 나타나셨기 때문이다.

세례 요한이 전파한 회개의 복음, **"회개하라 천국이 가까이 왔느니라"** 천국은 유대인의 오랜 대망의 초점이었던 메시아(그리스도) 왕국을 가리키고, 회개는 그 왕국의 주인공 되실 메시아에 대한 마음의 태도를 고치는 것이다. **"너희 왕이 군림하셨고, 그러므로 그의 지배하시는 왕국이 시작되었으니 마음을 청산하여 왕을 영접하라"**는 뜻이다. 여기서 **"회개"**란 "달리 생각함", 즉 **"생각을 고치라"**는 것이다. **마음의 변화다.** 그리고 그 **고치는 표적은 메시아(그리스도)**다. 메시아에 대한 그릇된 관념을 고치고(메시아가 아니라는), 그를 진정한 구주로 받아들이는 것을 뜻한다. 가령 오순절 때의 유대인의 회개(행 2:36-37), 다메섹 도상의 바울의 회개(행

9:1-9) 등은 좋은 모본이다. 그러므로 회개는 단순한 죄에의 슬픔이나(고후 7:10), 고백(요일 1:9)은 아니다. 이런 일은 회개의 원인일 수도, 결과일 수도 있으나, 회개는 더 근본적인 마음의 결정을 말한다. 그것은 엄격한 의미에서 일생에 한번만 할 수 있는 일이다.

보다 쉬운 의미로 **회개는 "우리의 마음을 주님께 바치는 것"이다.** 예수님은 우리에게 다만 한 가지를 요구하신다. **"내 아들아 네 마음을 내게 주며 …"**(잠 23:26). 이것이 진정한 회개의 의미다. 회개가 하나님과 예수 그리스도께 우리의 마음을 바친다는 것을 뜻함을 깨닫게 될 때 이 사람은 영적으로 각성된 사람이다. 회개는 마음의 변화를 의미한다는 것에 확신을 가질 때 그는 사람이 체험할 수 있는 가장 큰 싸움터에 투입된 사람이다.

세례 요한이 회개를 촉구한 것은 **"천국이 가까왔기"** 때문이었다. 이 말은 예수 그리스도의 죽음과 부활에 의한 은혜, 구약 언약의 복음적인 성취, 또는 믿는 자들에 대한 천국의 개방을 의미한다. 물론 이 '천국'의 주권자는 예수 그리스도시며, 우리는 기쁨으로 그의 충성된 백성이 되어야 한다. 이 왕국은 이 세상의 왕국이 아니라 하늘의 왕국이다. 영적인 왕국이다. 이 천국이 바로 그때 문 앞에 와 있었다. 그것은 예수 그리스도께서 무리들 가운데 서 계셨기 때문이었다.

세례 요한의 회개복음 선포는 구약성경에서 예언된 것이었다. 세례 요한은 구약성경 이사야서의 복음적인 부분(40장)의 첫 머리에 언급된 바로 그 사람이었다(사 40:3-4). 거기에서 세례 요한은 **"광야에서 외치는 자의 소리"**였다. 예수 그리스도는 '말씀'이었지만, 세례 요한은 단순한 "소리"였다. 세례 요한은 바벨론에서 돌아오는 백성을 배경하여 장차 오시는 그리스도에 대한 예언을 한 것이다. 즉 바벨론 포로 생활에서 이스라엘 백성이 돌아올 때 저희 하나님께서 같이 돌아오시고, 그의 선구자가 달려와서 오시는 하나님을 위해 예비하라고 외친 것처럼, 죄의 포로가 된 인류를 놓아주시기 위해 오신 메시아의 선구자 요한이 메시아를 맞이하기 위해 길을 예비하고 그 길을 평탄케 하라고 외친다는 것이다.

이제 세례 요한이 외쳤던 회개의 복음을 받도록 **자신의 죄를 발견하고 자신의 의로서는 불충분하다는 것을 깨달아야 한다. 편견은 제거하고, 교만한 생각은 낮추어야 하며, 그리스도께 복종시켜야 한다. 영광의 왕 그리스도가 들어오시기 위해 죄와 사탄의 요새는 깨뜨려져야 한다.**

예수는 그리스도 하나님의 아들. 이 복음으로 우리 인생 모든 문제가 처리되고 해답을 얻는다. 이 복음으로 깊이 뿌리를 내릴 것이다.

한 개인이 복음으로 참되게 뿌리를 내리려면 진정한 회개가 필요하다. 회개는 그리스도에 대한 마음의 태도를 고치는 것이다. 예수님을 그리스도로 믿고 예수님께 마음을 바치는 것이다. 그리스도께 복종하는 것이다. 이때 그리스도께 복종하는 최고의 방법은 그리스도의 영으로 충만을 받는 것이다.

그러므로 여러분 모두는 복음의 능력, 성령의 권능을 얻도록 성령충만을 위해 기도할 것이다. 성령충만의 권능으로 땅 끝까지 증인의 삶, 전도자로서의 축복의 삶을 살것이다. 즉시 기도하기 바란다. 성령충만을 받기 바란다. 더 많이 성령충만을 받도록 기도할 것이다.

2. 예수님의 삶(공생애 사역)·죽음·부활이 복음 구성

³⁶만유의 주되신 예수 그리스도로 말미암아 화평의 복음을 전하사 이스라엘 자손들에게 보내신 말씀 ³⁷곧 요한이 그 세례를 반포한 후에 갈릴리에서 시작하여 온 유대에 두루 전파된 그것을 너희도 알거니와 ³⁸하나님이 나사렛 예수에게 성령과 능력을 기름 붓듯 하셨으매 저가 두루 다니시며 선한 일을 행하시고 마귀에게 눌린 모든 사람을 고치셨으니 이는 하나님이 함께 하셨음이라(역사적 예수의 공생애 사역)

³⁹우리는 유대인의 땅과 예루살렘에서 그의 행하신 모든 일에 증인이라 그를 저희가 나무에 달아 죽였으나(예수님의 죽음)

⁴⁰하나님이 사흘만에 다시 살리사 나타내시되 ⁴¹모든 백성에 하신 것이 아니요 오직 미리 택하신 증인 곧 죽은 자 가운데서 부활하신 후 그를 모시고 음식을 먹은 우리에게 하신 것이라(예수님의 부활) (행 10:36-41).

(사도 베드로의 설교는 예수님의 삶(공생애 사역)과 죽음과 부활을 복음으로 구성하여 선포하였다.)

첫째로 베드로는 예수님의 생애와 사역에 대해, 하나님이 나사렛 예수에게 메시아로서의 그의 사역을 위해 이스라엘과 유다의 왕들처럼 기름으로가 아니라 성령과 능력, 즉 성령의 능력으로 부어 주셨다고 말한다. **예수님의 생애와 성품에 대한 기사가 초대교회의 복음전파, 특히 최초의**

복음 전도의 필수적인 부분을 형성했다.
  그러므로 초대교회가 역사적 예수가 아니라 부활하신 예수님에 대해서만 관심을 갖고 있다는 주장(예, 불트만)은 잘못된 것이다. 예수님의 생애와 성품은 초기의 전도 설교의 본질적인 부분이었다.

  둘째로 예수님의 죽음이 나온다. 관원들은 예수님을 십자가에 못 박아 죽였다. 그러나 베드로는 십자가를 "**나무에 달아 죽였**"다고 말했다.
  베드로는 고의로 그렇게 불렀다. 인간의 처형 배후에는 신적계획이 놓여 있음을 암시하고자 한 것이다. 신명기 21:23 "… 나무에 달린 자는 하나님께 저주를 받았음이니라". 갈 3:13 "그리스도께서 우리를 위하여 저주를 받은바 되사 율법의 저주에서 우리를 속량하셨으니 기록된바 나무에 달린 자마다 저주 아래 있는 자라 하였음이라". 벧전 2:24 "친히 나무에 달려 그 몸으로 우리 죄를 담당하셨으니 이는 우리로 죄에 대하여 죽고 의에 대하여 살게 하려 하심이라 …". 예수님이 우리의 죄로 인해 우리를 대신해서 하나님의 '저주' 또는 심판을 지셨다는 것을 나타내기 위해서였다.

  세 번째 사건은 예수님의 부활이었다. "하나님이 사흘만에 다시 살리사 나타내시되"(40절)라고 하여, 부활이 신적행위였음을 증거 하였다. 또 '사흘만'에 다시 살리신 것을 강조했다. 예수님의 부활은 물리적으로도 입증되었다. 왜냐하면 하나님은 의도적으로 예수님이 나타나게 하시되 모든 사람에게가 아니라 하나님이 미리 택하신 특별한 증인, 사도들에게 특히 나타나게 하셨기 때문이다.

사도들이 본 예수님의 부활체는 비록 놀랍게 형상이 바뀌고 영화된 것이긴 했지만, 그럼에도 불구하고 형체를 지니고 있는 것이었다. 그래서 예수님은 죽은 자들 가운데서 다시 살아나신 후에 사도들은 예수님과 함께 먹기도 하고 마시기도 하였다.

예수님의 삶과 죽음과 부활은 중요한 사건들 이상의 것이었다. 그것들은 사람들에게 선포하라고 명하신 그 복음을 구성했다. 예수님의 삶(메시아 공생애 사역)과 죽음과 부활은 인류 구원의 사건이었다. 곧 "그리스도의 사건"이었다.

예수는 그리스도 하나님의 아들. 예수님은 하나님의 아들 그리스도시라는 증거로 죽은 자 가운데서 부활하셨다. 부활하신 예수님은 하나님 보좌 우편에 앉아 그리스도로 통치하시면서 우리에게 성령을 보내주셨다. 예수님은 지금 성령을 통해서 우리와 함께 하신다. 그러므로 우리에게 성령충만을 받으라고 명령하신다. 성령충만 받아 성령의 권능으로 땅 끝까지 증인이 되라고 명하신다. 복음전도자로서 살라고 명하시는 것이다. 그러므로 우리 모두는 즉시 성령충만을 받도록 기도할 것이다. 때를 얻든지 못 얻든지 복음을 전할 것이다. 복음을 전하되 예수님의 삶과 죽음과 부활의 사건, 곧 역사적인 '그리스도의 사건'을 전할 것이다. 인간의 지혜로가 아니라 하나님의 능력인 복음진리를 전할 것이다. 기도하고 기도하기 바란다.

3. 그리스도의 죽음과 부활. 이 사실의 증인으로 사도들을 세움

[39]우리는 유대인의 땅과 예루살렘에서 그의 행하신 모든 일에 증인이라 그를 그들이 나무에 달아 죽였으나 [40]하나님이 사흘 만에 다시 살리사 나타내시되 [41]모든 백성에게 하신 것이 아니요 오직 미리 택하신 증인 곧 죽은 자 가운데서 부활하신 후 그를 모시고 음식을 먹은 우리에게 하신 것이라 (행 10:39-41).

기독교는 어떤 이상들을 가르치는 종교가 아니고 그리스도 사건(그리스도의 죽음과 부활의 사건)을 전파하는 종교이다. 그렇기 때문에 초대교회의 복음 전파자들이었던 **사도들은 그 사건들을 직접 목도함이 절대로 필요하였다. 그러나 다른 사람들은 사도들의 전도를 받아서 믿도록 되었다.** 사도들의 신앙과 같은 신앙은, 하나님의 말씀과 성령으로 말미암아 사람들에게 충분히 주어진다.

기독교 복음은 이렇게 **후대의 사람들에게도** 예수 그리스도의 역사적 사실만을 관계시켜 줌으로 그들로 하여금 **사도들의 전도내용(성경에 기록된 예수 그리스도 사건이 그 전도 내용임)대로만 믿도록 역사한다.** 우리는 어떤 환상보다도 성경과 성령에 의하여 역사적 예수, 곧 죽었다가 다시 사신 나사렛 예수 그리스도를 믿게 된다. 오늘날은 하나님께서 그의 종들을 세우셔서 말씀과 성령으로 복음(역사적 그리스도 사건)을 우리에게 (사도시대 이후 사람들에게) 전해 주신다.

"우리는 유대인의 땅과 예루살렘에서 그의 행하신 모든 일에 증인이라"(39절)

사도직의 사명은 예수를 증거함에 있다(행 1:22 "**항상 우리와 함께 다니던 사람 중에 하나를 세워 우리와 더불어 예수의 부활하심을 증언할 사람이 되게 하여야 하리라 하거늘**"). 복음의 주인공은 예수 그리스도요, 사도들은 그의 증인이었다. 베드로 이하 사도들은 주와 같이 3년간 살았고 또 그의 십자가와 부활을 목격하고 그 증인이 된 것이다.

"**그를 저희가 나무에 달아 죽였으나 하나님이 사흘 만에 다시 살리사 나타내시되**". 예수님의 십자가의 죽으심과 부활은 초대교회 복음 전도의 중심제목이요, 또 전부였다. 이는 베드로의 첫 번째 설교(행 2:14-36)나, 두 번째 설교(행 3:12-26)에서나, 공회 앞에서의 증언(행 4:10, 5:30)에도 일관된 말이었다. 그는 이방인 고넬료를 상대하는 설교에도 같은 말을 하고 있다.

예수님이 죽었다가 다시 살아나신 사실은 하나님 백성의 구원을 성립시키는 유일무이의 구원의 원천이다. 그가 죽으시지 않았더라면 우리의 받을 죄값인 저주가 그대로 존속할 뻔하였다. 또한 그가 죽으셨을지라도 다시 살아나지 못하셨더라면 우리를 생명세계로 영원히 인도할 목자가 없었을 뻔하였다. 이제 그가 다시 살으셨으므로 우리를 거듭나게 하시며 (벧전 1:3), 영원히 우리의 주와 그리스도가 되셨다(롬 14:9).

"**모든 백성에게 하신 것이 아니요 오직 미리 택하신 증인 곧 죽은 자 가운데서 부활하신 후 그를 모시고 음식을 먹은 우리에게 하신 것이라**"(41절)

사도시대 이후의 신자들은 사도들의 전도를 받아 믿게 되었다. 그래서 초대의 복음 전파자들이었던 사도들은 그리스도의 죽음과 부활의 사건을 직접 목도함이 절대로 필요하였다. 그러므로 그리스도의 부활은 모든 백성에게 나타내신 것이 아니고, 오직 미리 택하신 증인 곧 죽은 자 가운데서 일어나신 후 음식을 먹은 사도들에게 부활의 예수님은 나타내주신 것이다. 사도들은 그리스도 사건(그리스도의 죽었다가 다시 살아나신 사건)을 친히 본 것으로 사도의 자격을 이룬 것이다(고전 9:1; 행 1:22).

"모시고 음식을 먹은 우리". 예수님은 그의 부활 사실을 확증하시기 위하여 이렇게 제자들과 함께 음식을 잡수셨다(눅 24:30, 41-43; 요 21:12-13). 사도들은 예수님과 함께 음식을 먹었으니 만큼, 예수님의 몸의 부활의 확실함을 알게 된 참 증인들이 된 것이다.

그러면 오늘의 신자들은 어떻게 예수님의 죽음과 부활을 역사적 사실로 의심 없이 믿을 수 있는가? 그것은 **부활의 예수님을 직접 목도한 사도들의 전도를 받아서 믿도록 되었다.** 우리의 신앙은 언제든지 예수 그리스도와 사도적 전도내용을 표준으로 삼고, 거기서 안식해야 하는 것이다. 사도들의 신앙과 같은 신앙은, 하나님의 말씀과 성령으로 말미암아 사람들에게 충분히 주어진다. 우리는 어떤 환상보다도 성경과 성령에 의하여 역사적 예수, 곧 죽었다가 다시 사신 예수 그리스도를 믿게 된다.

예수는 그리스도 하나님의 아들. 예수님은 하나님의 아들 그리스도라는 증거로 죽은 자 가운데서 부활하셨다. 부활하신 예수님은 지금 성령으로 우리 가운데서 역사하신다.

우리는 이 복음진리를 어떻게 믿고 받아들일 수 있는가? 그것은 그리스도의 죽음과 부활을 목격하고 그 사건을 기록한 사도들의 전도를 통해 믿을 수 있다. 사도들의 신앙과 같은 신앙은 기록된 하나님의 말씀과 성령으로 말미암아 우리에게 주어진다. 때로 한 개인에게 주어진 특이한 체험은 복음신앙을 위한 접촉점이지 신앙의 근거는 아니다. 오직 그리스도의 복음진리만이 유일한 기초다.

이 복음진리를 믿는 것은 성령의 역사로 되어진다. 복음을 받은 자는 성령을 받은 자이다. 그리고 성령을 받은 그리스도인은 성령충만을 받으라는 명령을 받는다. 성령충만을 받도록 기도할 것이다. 성령충만은 믿음으로 받으며, 복음 받은 그리스도인의 특권이요, 의무다. 성령의 권능 받아 땅 끝까지 그리스도의 증인이 될 것이다. 전도자로 사는 것이다.

4. 하나님의 아들 그리스도의 표적. 죽음과 부활

[18]이에 유대인들이 대답하여 예수께 말하기를 네가 이런 일을 행하니 무슨 표적을 우리에게 보이겠느냐 [19]예수님이 대답하여 이르시되 너희가 이 성전을 헐라 내가 사흘 동안에 일으키리라 [20]유대인들이 이르되 이 성전은 사십육 년 동안에 지었거늘 네가 삼 일 동안에 일으키겠느냐 하더라 [21]그러나 예수는 성전된 자기 육체를 가리켜 말씀하신 것이라 [22]죽은 자 가운데서 살아나신 후에야 제자들이 이 말씀하신 것을 기억하고 성경과 및 예수의 하신 말씀을 믿었더라(요 2:18-22).

예수님은 사람들이 '그리스도'이신 표적을 구할 때마다 거절하시고, 대신 유일한 표적으로서 자신의 죽음과 부활을 말씀하셨다.

예수님은 유대인의 유월절에 예루살렘에 올라가셨더니 성전 안에서 소와 양과 비둘기 파는 사람들과 돈 바꾸는 사람들의 앉은 것을 보시고 노끈으로 채찍을 만드사 양이나 소를 다 성전에서 내어 쫓아내시고 돈 바꾸는 사람들의 돈을 쏟으시며 상을 엎으시고 비둘기 파는 사람들에게 이르시되 **"이것을 여기서 가져가라 내 아버지의 집으로 장사하는 집을 만들지 말라"**고 하셨다. 소위 성전청결을 하신 것이다. 유대인들은 예수님의 이런 행동이 사법권을 행사하는 것처럼 보였기 때문에 메시아(그리스도)로서의 표적을 요구하였다.

"네가 이런 일을 행하니 무슨 표적을 우리에게 보이겠느냐"하며 표적을 요구하였다. 성전을 청결케 하신 예수님이, 이런 행위를 하는 권리는 무엇인가라는 질문에 답하여 하나의 표적을 주었다. 그러나 사실은 예수님의 성전청결사건 자체가 예수님의 하나님의 아들 그리스도 되심의 충분한 표적이었다. 예수님의 성전청결사건은 아무 저항 없이 그렇게 많은 장사꾼들을 성전에서 몰아낼 수 있었다면, 그것은 신적 권위를 입증하고도 남을만한 일이었다. 그러한 신적 권위를 지니신 분이니, 신적 위임도 지니신 것이 당연한 것이다. 무엇이 이들 상인들과 고객들의 마음에 두려움을 일으켜 성전 밖으로 도망치도록 만들었는가? 틀림없이 그들 앞에 여호와의 두려운 임재가 있었을 것이다.

그러나 예수님은 유대인들의 요구에 대답하셨다. **"너희가 이 성전을 헐라 내가 사흘 동안에 일으키리라"** 예수님은 유대인들을 확신시키려고 즉시 기적을 행하지 않으시고, 장차 자신이 행하실 일을 표적으로 제시하셨다.

유대인들에게 준 표적은 그의 죽음과 부활이다. 이 표적은 예수님의 마지막 표적이 될 것을 제시하신 것이다. 만일 그들이 보고 들었던 것으로 확신되지 않는다면 기다리라는 뜻이다. 또한 이 표적은 예수님이 그리스도이심을 입증하는 큰 증거이었다. 구약성경은 그리스도에 관하여 그가 상함을 받으실 것과(사 53:5), 끊어지실 것과(단 9:26), 그런데도 썩음을 보지 않으실 것을 예언하고 있다(시 16:10). 이 예언들이 복되신 예수 안에서 이루어짐으로 진실로 **예수님은 "하나님의 아들"**이시며, 그의 아버지 집인 성전을 청결케 할 권리를 가지셨던 것이다.

예수님은 유대인들에게 자신의 죽음과 부활을 예언하시되, 제자들에게 하신대로 쉬운 말로 하시지 않고 비유적인 표현으로 말씀하고 계신다. 예수님은 후에 이 일에 관한 표적을 제시할 때 **"선지자 요나"**의 표적이라 부르셨듯이, 여기서는 **"너희가 이 성전을 헐라 내가 사흘 동안에 일으키리라"**고 말씀하셨다. 이처럼 의도적으로 무지한 자들에게는 들어도 깨닫지 못하도록 비유로 말씀하신 것이다.

예수님의 말씀, **"너희가 이 성전을 헐라"**는 말에서, 예수님은 자기가 유대인들의 적개심으로 인해 죽으실 것을 예언하셨다. 동시에 예수님은 자신의 권능에 의하여 부활을 예언한다. **"내가 사흘 동안에 일으키리라"** 예수님은 다른 사람들을 일으킨 일도 있지만, 여기서는 자기 자신이 죽은 가운데서 살아나 생명을 회복한다는 것이었다.

예수님께서 "성전을 헐고, 다시 세운다"는 표현을 하신 데는 이유가 있으셨다. 먼저는 유대인들이 더럽힌 성전을 청결하는 자신을 정당화하려 하셨기 때문이었다. 그러나 또 다른 중요한 이유가 있으셨다. 그리스도의 죽음이란 참으로 유대인 성전의 멸망을 의미하며, 그의 부활은 새로운 성전, 즉 복음적인 교회를 일으키는 것이었다. 유대 땅과 그 민족들의 멸망은 모든 이방인들에게 풍요를 주는 것이 되는 것이다. 따라서 예수님의 성전청결행위는 타락한 종교에 대한 선지자적 항거를 넘어서는 것이다. 그것은 종교의 종말을 뜻하는 표식이었다.

이런 예수님의 말씀과 뜻을 알지 못하는 유대인들은 트집을 잡았다. **"이 성전은 사십육 년 동안에 지었거늘 내가 삼일 동안에 일으키겠느냐"**라고 말하였다. 예수님의 말뜻과 전지전능에 대한 무지였다. 그들의 트집에 대한 예수님의 변호는, **"그러나 예수는 성전 된 자기 육체를 가리켜 말씀하신 것"**이었다. 성전의 표상은 그림자였으며, 예수님의 육체는 참된 성전이었다. 성전과 마찬가지로 그리스도의 육체도 하나님의 영광이 거하는 처소인 것이다. 그곳에 영원하신 말씀, 참된 로고스가 거하셨다.

예수님은 임마누엘, 곧 우리와 함께하시는 하나님이신 것이다.

성전은 하나님과 이스라엘이 사귐을 갖는 장소였다. 그곳에서 하나님은 이스라엘에게 자신을 나타내시고, 이스라엘은 하나님 앞에서 자신들을 드리고 경배를 드렸다. 이와 마찬가지로 하나님은 그리스도를 통하여 우리에게 말씀하시고, 우리는 하나님께 말씀드린다. 구약시대 예배자들은 성전을 바라보아야 했다. 신약시대 우리는 그리스도를 바라봄으로써 하나님께 예배를 드려야 한다. 이 사실을 제자들은 예수님이 죽은 자 가운데서 살아나신 후에야 기억하고 성경과 및 예수의 하신 말씀을 믿었다.

예수는 그리스도 하나님의 아들. 예수님은 그리스도란 증거로 죽은 자 가운데서 부활하셨다. 예수님은 그의 죽음과 부활로 모든 사람에게 믿을 만한 증거를 주셨다. 이 복음으로 깊이 뿌리를 내릴 것이다.

메시야, 그리스도의 표적은 구약성경에서 메시야(그리스도)의 죽음과 부활의 사건을 일으키는 것으로 예언되었다. 그러므로 예수님은 사람들이 '그리스도'이신 표적을 구할 때마다 거절하시고, 대신 유일한 표적으로서 자신의 죽음과 부활을 말씀하셨다. 우리 모두는 참되게 이 그리스도의 죽음과 부활의 역사적 사실을 믿을 것이다.

믿는 자에게는 그 증거로 하나님은 그의 성령을 부어주신다. 성령을 받은 신자는 예수님의 죽음과 부활이 자연스럽게 의심 없이 믿어진다. 그리고 기도하면 성령의 충만을 받게 된다. 물론 성령충만은 믿음으로 받는다. 성령충만을 받도록 기도하라. 믿음충만, 예수충만, 진리충만, 거룩충만, 사랑충만을 받으라. 그리스도의 증인으로 살아라. 복음 안에 모든 것이 다 있다. 복음의 증인으로 살기 바란다. 기도하고 기도하기 바란다.

5. 예수님이 그리스도 되심의 표적. 죽음과 부활

³⁸그 때에 서기관과 바리새인 중 몇 사람이 말하되 선생님이여 우리에게 표적 보여주시기를 원하나이다 ³⁹예수께서 대답하여 이르시되 악하고 음란한 세대가 표적을 구하나 선지자 요나의 표적 밖에는 보일 표적이 없느니라 ⁴⁰요나가 밤낮 사흘 동안 큰 물고기 뱃속에 있었던 것같이 인자도 밤낮 사흘 동안 땅 속에 있으리라(마 12:38-40).

"선지자 요나의 표적"은 "그 자신의 능력으로 말미암아 죽은 자 가운데서 살아나신 그리스도의 부활"이다. 예수님이 그리스도 되심을 증거하기 위해 의도되었다.

서기관과 바리새인들은 방금 전에 예수님이 귀신을 추방하는 기적을 보았다. 그들은 귀신 추방이 예수님의 신적 권위, 곧 그리스도 되심을 보증해주지 못한다고 여기고 더 확실한 표적을 요구한 것이다. 여기서 그들의 완고함과 불신앙이 나타난다.

"선생님이여 우리에게 표적을 보여주시기를 원하나이다" 예수님은 이미 "하나님의 보내심을 받은 자"임을 충분히 입증하는 많은 표적을 보여주셨다. 그럼에도 불구하고 그들이 지금 또 표적을 요구하는 것은 매우 불합리한 것이었다.

이러한 무례한 요구에 대한 예수님의 대답은 **"악하고 음란한 세대"**라는 말로 이 요청을 책망하셨다. 그들은 음란한 자식들이었다. 그들은 그들 조상들의 신앙과 순종으로부터 너무나 타락하였다. 그들은 언약에 의하여 맺어진 하나님을 떠난 자들이었다. 그들은 바벨론 포로 이전에 있었던 우상숭배의 음란죄를 범하지는 않았지만, 불신앙과 모든 불법을 자행하였으니, 이것도 역시 음란죄에 해당되는 것이었다. 그들은 자신들이 만든 신들을 추구하지는 않았지만, 그들 자신이 고안한 표적을 구하였다. 그것 역시 간음이었다.

그러나 예수님은 단편적인 이적만을 요구하는 서기관과 바리새인들의 헛된 요구에 부응하지 않고 가장 결정적이고 최종적인 이적, 즉 **"선지자 요나의 표적"**을 예언하셨다. **"악하고 음란한 세대가 표적을 구하나 선지자 요나의 표적 밖에는 보일 표적이 없느니라"** 그들은 그들이 구하는 표적들과는 다른 한 표적을 보게 될 것이다. 그것은 **"선지자 요나의 표적"**으로써 **"그 자신의 능력으로 말미암아 죽은 자 가운데서 살아나신 그리스도의 부활"**이다. **이 표적은 예수님이 그리스도 되심을 증거하기 위해 의도되었다.** 왜냐하면 이것에 의해 예수님은 **"능력으로 하나님의 아들로 선포"**되었기 때문이다(롬 1:4).

이 죽음과 부활의 표적은 그 밖의 모든 표적들을 능가하며, 또한 그것을 완성하고 성취시키는 표적이다. 만일 이 표적이 그들을 확신시키지 못한다면 아무 표적도 그들을 확신시키지 못할 것이다. 유대인들은 **"그의 제자들이 와서 그를 도적질해 갔다"**고 말함으로써 이러한 기적적인 사실들을 믿지 않으려고 하였다.

예수님은 선지자 요나의 표적에 대하여 자세히 설명하신다. **"요나가 밤낮 사흘 동안 큰 물고기 뱃속에 있었던 것 같이 인자도 밤낮 사흘 동안 땅속에 있으리라"** 예수님은 요나가 밤낮 삼일을 물고기 뱃속에 있었던 것처럼 무덤 속에 계셨다. 그러나 예수님은 장사한지 삼일 만에 다시 살아나셨다. 요나가 삼일 되던 날 그의 감옥에서 해방되어 "죽은 자의 소굴"로부터 산 자의 땅으로 온 것 같이, 예수님은 삼일 되던 날에 살아나셨으며, 이방인들에게 복음을 널리 전하시기 위해 다시 살아나셨다. 요나가 3일 동안 뱃속에 갇혀 있다 나왔는데, 이는 죽음의 세력 아래 예수님이 3일 동안 수난 당하실 것을 예표하신 것이었다.

그러므로 "요나의 표적"이란 말은 예수님이 죽었다가 다시 살아나실 것을 가리키는 것이다. 예수님이 죽었다가 다시 사신 것은, 그가 하나님의 아들이시며 그리스도이심을 증거하는 최고의 증거이다. 예수님의 죽음과 부활의 표적은 지금까지 예수님이 행하신 모든 표적들을 능가하며, 또한 그것을 완성하고 성취시키는 표적이었다. 이 죽음과 부활의 표적을 믿지 않으면 예수님의 그리스도 되심을 믿을 수가 없다.

예수는 그리스도 하나님의 아들. 예수님은 하나님의 아들 그리스도란 증거로 죽은 자 가운데서 부활하셨다. 이 복음으로 우리 인생 모든 문제가 처리되고 해답을 얻는다. 이 복음으로 깊이 뿌리를 내릴 것이다.

예수님께서 이 세상에 오셔서 하신 사역은 복음을 전파하는 것이었다. 다른 말로 하면 하나님 나라를 건설함에 있어서 예수님 자신이 하시는 일을 전파하는 것이었다. 예수님은 그 나라를 예언적으로 전파하셨다. 그 위대한 복음이 전파되기 전에 예수님에게는 십자가가 기다리고 있었다. 그래서 예수님은 그리스도 되심의 표적을 구하는 무리들에게 선지자 요나의 표적을 말씀하신 것이다.

예수님은 요나의 표적대로 죽은 자 가운데서 삼일 만에 부활하심으로 그리스도로 선포되셨다. 그리스도로 취임하신 예수님은 자신을 그리스도로 믿는 자들에게 성령을 선물로 주셨다. 그리고 모두가 성령의 충만을 받아서 땅 끝까지 그리스도 증인이 되라고 명령하신다. 기도하기 바란다. 성령충만을 받을 것이다. 성령의 권능 받아 복음전도자로 살 것이다.

6. 그리스도의 부활을 믿는 것(Ⅰ)

그리스도의 부활을 믿는 것은 그가 우리에게 나타나셨다는 사실 때문이 아니라 하나님의 말씀과 예수님의 말씀이 그것을 말하기 때문이다. 우리가 누가복음 24장에 계시된 예수님의 말씀과 구약에 있는 하나님의 말씀을 자주 언급하는 것은 그만큼 가치가 있는 일이다.

> ²⁵이르시되 미련하고 선지자들의 말한 모든 것을 마음에 더디 믿는 자들이여 ²⁶그리스도가 이런 고난을 받고 자기의 영광에 들어가야 할 것이 아니냐 하시고 ²⁷이에 모세와 모든 선지자의 글로 시작하여 모든 성경에 쓴바 자기에 관한 것을 자세히 설명하시니라(눅 24:25-27).

예수님이 엠마오로 가는 두 제자에게 하신 말씀이다. 그들은 예수가 나타나심을 보고도 그가 부활하신 것을 믿지 않았다. 그러나 그들은 하나님의 말씀을 믿어야만 했다. 그들은 하나님께서 부활소식을 말씀하셨다는 것을 인정해야 했다. 그러므로 하나님의 말씀은 우리가 부활을 믿는 확실성의 근거이다.

1) 예수님은 눅 24:25-27의 말씀을 하심으로 자신을 알리셨다. **"미련하고 더디 믿는 자들아"** 믿기를 더디 하는 것은 어리석은 것이다. 예수님이 그들을 책망하신 것은 여자들이나 천사의 말을 더디 믿는 것이 아니라, 보다 근본적으로 **"선지자들의 말한 것을 마음에 더디 믿는 것"**이었다. 구약 예언자들의 말씀을 귀하게 여기고 명심하였더라면 그 날 아침(그가

죽은 후 사흘째 되는 날) "태양이 떠오르는 것"을 확신하듯 그리스도가 "죽음에서 부활하심"을 확신하였을 것이다. 예언에 의하여 이루어진 사건들의 연속을 보았다면 이보다 더 확실한 "섭리"의 증거를 찾아 볼 수 없었을 것이기 때문이다.

2) 예수님은 그들에게 그리스도의 수난에 대해 설명해 주셨다. 그렇게도 그들에게 걸림돌이 되었으며 그의 영광을 믿지 못하게 하였던 그의 수난이 오히려 영광에 이르는 유일한 길이었으며 다른 길로는 그것을 이룰 수 없었다는 사실을 말씀해 주셨다(26절).

3) 예수님은 그리스도에 대해 말하고 있는 구약의 말씀을 자세히 설명해 주셨다. 예수님은 성경의 최고의 주석가시다. 특히 자신에 관한 말씀에 대해서는 더욱 그렇다. "**모세와 모든 선지자의 글**". 모세오경(**창 3:15, 신 18:15** 등), **사 7:14, 9:6-7, 53:1-12, 단 9:24-27, 미 5:2** 등 … (찾아 읽어보자). "이 구원에 대하여는 너희에게 임할 은혜를 예언하던 선지자들이 연구하고 부지런히 살펴서 자기 속에 계신 그리스도의 영이 그 받으실 고난과 후에 받으실 영광을 미리 증언하여 누구를 또는 어떠한 때를 지시하시는지 상고하니라"(벧전 1:10-11). 그리스도야 말로 구약이라는 "광야에 숨겨진 보물"이시다. 복음의 은혜라는 황금 실이 구약이라는 피복을 가로지르고 있다. 어디를 보나 진리를 꿰뚫어 볼 수 있는 실마리가 있다.

예수는 그리스도 하나님의 아들. 예수님은 하나님의 아들 그리스도시라는 증거로 죽은 자 가운데서 부활하셨다. 이 그리스도의 죽음과 부활은 우연히 일어난 것이 아니라 구약성경에 예언되어 있었다. 예수님은 자신이 죽은 자 가운데서 부활하신 후 제자들에게 구약의 말씀을 자세히 설명해 주셨다. 구약성경은 그리스도의 고난과 영광의 복음을 가득 담고 있는 책인 것이다.

예수님은 구약성경대로 죽은 자 가운데서 부활하신 그리스도이시다. 부활하신 예수님은 하나님 보좌 우편에 앉아 그리스도로 통치하시면서 우리에게 성령을 보내주셨다. 지금 예수님은 성령을 통해서 우리와 함께 하고 계신다. 그러므로 우리에게 성령충만을 받으라고 명령하신다. 성령충만 받아 성령의 권능으로 땅 끝까지 그리스도의 죽음과 부활의 증인이 되라고 명하신다. 복음전도자로서 살라고 명하시는 것이다. 우리 모두는 즉시 성령충만을 받도록 기도할 것이다. 때를 얻든지 못 얻든지 복음을 전할 것이다. 복음전도자로 사는 것이 예수 그리스도 제자의 삶의 목표요 방향이다.

세계역사는 구원역사에 수종들고 있다. 불신세계의 모든 사건들은 하나님의 택한 백성의 구원운동에 종속되어 움직인다. 복음 받은 우리는 기도와 복음증거로 이 세상에서 지도적 입장을 갖고 살아야 한다. 그리스도인의 긍지를 갖고 복음의 증인으로 살 것이다. 기도하고 기도하기 바란다.

7. 그리스도의 부활을 믿는 것(Ⅱ)

그리스도의 부활을 믿는 것은 그가 우리에게 나타나셨다는 사실 때문이 아니라 하나님과 예수님의 말씀이 그것을 말하고 계시기 때문이다. 우리는 신비주의로 부활을 믿고자 해서는 안 된다. 신비주의는 그리스도의 복음을 잘못 이해하고 있는 것이다. **신비주의**는 신자가 신앙의 확실성을 하나님의 예언적인 말씀에서 찾는 것이 아니라 영적인 체험에 대한 내면 의식 가운데서 찾으려 한다. 그리고 신비주의자들이 성경을 공부할 때, 그들은 이러한 내면의 종교적인 감각만을 더욱 강조하려고 한다.

그러나 성경은 상반되게 가르치고 있다. 베드로가 말하기를 "**이 소리는 우리가 저와 함께 거룩한 산에 있을 때에 하늘로부터 난 것을 들은 것이라 또 우리에게 더 확실한 예언이 있어 어두운 데를 비추는 등불과 같으니 날이 새어 샛별이 너희 마음에 떠오르기까지 너희가 이것을 주의하는 것이 옳으니라**"(벧후 1:19)라고 밝히고 있다. 여기서 영적인 경험이 부인되지는 않았으나 그 타당성에 대한 보증이 말씀의 성취와 확신으로서 예언의 말씀과 연관되어 있다는 것을 밝히 보여주고 있다. 베드로후서 1: 19 이하의 말씀은 우리로 하여금 말씀에 주의를 기울이라고 권고하고 있다.

더욱이 부활의 날에 예수님의 무덤에 갔던 여인들 역시 빈 무덤을 목격한 그들의 개인적인 경험을 예수님이 그의 고난과 죽음과 부활을 예언하셨던 징조인 갈릴리로 되돌아가시겠다고(막 16:1-7 ↔ 막 14:27-28) 과거에 하셨던 말씀과 연결시키고 있음을 성경을 통해 알 수 있다.

¹안식일이 지나매 막달라 마리아와 야고보의 어머니 마리아와 또 살로메가 가서 예수께 바르기 위하여 향품을 사다 두었다가…⁷가서 그의 제자들과 베드로에게 이르기를 예수님이 너희보다 먼저 갈릴리로 가시나니 전에 너희에게 말씀하신대로 너희가 거기서 뵈오리라 하라 하는지라(막 16:1-7).

²⁷…너희가 다 나를 버리리라 이는 기록된바 내가 목자를 치리니 양들이 흩어지리라 하였음이니라 ²⁸그러나 내가 살아난 후에 너희보다 먼저 갈릴리로 가리라(막 14:27-28).

앞장에서 읽었던 누가복음 24장의 예수님의 말씀과 구약에 있는 하나님의 말씀도 좋은 예이다(눅 24:25-27 ⇒ 모세와 모든 선지자의 글). 신앙의 근거는 체험이 기준이 아니고 하나님의 약속의 말씀이 기준이다. 성경은 영적인 환상이나 체험 후에 반드시 하나님의 말씀을 통해 확증시킨다. 이것이 성경의 원리이다. 예수님의 부활을 믿는 것은 하나님의 말씀과 예수님의 말씀이 그것을 말하기 때문이다. 하나님은 헤아릴 수 없는 하나님의 기쁘신 뜻대로 이 말씀으로써 역사하여 혹은 회개시키시며, 혹은 강퍅케 하시며, 혹은 일어나게 하시며, 혹은 넘어지게도 하신다. 하나님은 언제나 그 말씀과 함께 현림하여 계신다.

예수는 그리스도 하나님의 아들. 예수님은 하나님의 아들 그리스도라는 증거로 죽은 자 가운데서 부활하셨다. 우리가 그리스도의 부활을 믿는 것은 예수님이 오늘의 우리에게 나타나셨다는 사실 때문이 아니라 하나님의 말씀과 예수님의 말씀이 그것을 말하기 때문이다. 기준은 체험이 아니라 하나님의 말씀이 기준이다.

부활하신 예수님은 지금 성령으로 우리 가운데서 역사하고 계신다. 그러므로 성령충만을 받으라고 명령하셨다. 우리 모두가 성령충만을 받도록 기도하여 권능 받고 복음전도자로서 축복의 삶을 살아야 할 것이다. 물론 성령충만은 믿음으로 받는다. 모든 그리스도 제자는 성령충만을 받고 삶의 현장에서 자신의 삶의 지위와 신분에 합당한 전도자의 삶을 찾아내어 복음의 증인으로 살 것이다. 기도하기 바란다.

8. 그리스도의 부활을 믿는 것(Ⅲ)

그리스도의 부활을 믿는 것은 그가 우리에게 나타나셨다는 사실 때문이 아니라 하나님과 예수님의 말씀이 그것을 말씀하고 계시기 때문이다. 우리가 누가복음 24장에 계시된 그리스도의 말씀과 구약에 있는 하나님의 말씀을 자주 언급하는 것은 그만큼 가치 있는 일이다. 모세와 선지자들은 이러한 생명의 부활을 예언하였다. 물론 이 예언은 예수 그리스도의 죽음과 부활로 성취되었다.

신비주의는 과거에 예언의 말씀으로 계시된 하나님의 말씀을 간과한다. 이는 중보자와 그의 언약 안에서 자기를 계시하셨던 하나님의 역사적인 행위를 무시하며 하나님의 자기 계시와 언약공동체 및 언약적인 관계가 역사적으로 펼쳐져 왔다는 기독교의 기본적인 사실을 도외시 하고 있는 것이다. 그리스도의 부활의 믿음은 예수님이 우리 가운데 임재하시는 것에 의존할 뿐 아니라 하나님의 말씀--그리스도의 말씀--안에 있는 것이다.

> [44]또 이르시되 내가 너희와 함께 있을 때에 너희에게 말한바 곧 모세의 율법과 선지자의 글과 시편에 나를 가리켜 기록된 모든 것이 이루어져야 하리라 한 말이 이것이라 하시고 [45]이에 그들의 마음을 열어 성경을 깨닫게 하시고 [46]또 이르시되 이같이 그리스도가 고난을 받고 제 삼일에 죽은 자 가운데서 살아 날 것과 [47]또 그의 이름으로 죄 사함을 얻게 하는 회개가 예루살렘에서 시작하여 모든 족속에게 전파될 것이 기록되었으니 [48]너희는 이 모든 일의 증인이라 [49]볼지어다 내가 내 아버지께서 약속하신 것을 너

희에게 보내리니 너희는 위로부터 능력으로 입혀질 때까지 이성에 머물라 하시니라(눅 24:44-49).

1) 예수님은 구약의 그리스도와 관련된 말씀을 인용하셨다. 구약의 모든 선지자들은 그리스도의 증인이었다.
2) 사도들은 복음(그리스도의 죽음과 부활의 소식)을 전해야 한다.
3) 예루살렘으로부터 시작해서 모든 족속에게 전파되어야 한다.
4) 그들이 복음을 전할 때 도움, 그것은 '**위로부터 능력으로 입혀짐**'이다. 곧 초자연적인 권능이다. 성령의 권능이다.
5) '**그리스도의 오심**'이 구약의 위대한 약속이었듯이, 신약시대의 위대한 약속은 '**하늘로부터 내려오는 권능**' 곧 성령의 약속이다. 그것은 하나님 아버지의 약속이었다. **이 능력을 받기까지는 기다려야만 한다.**
6) 오순절 성령강림 후 그리스도인들은 성령의 능력을 받기까지 기다릴 필요가 없다. 이미 약속대로 권능으로 임하셨기 때문이다. 이제는 약속된 성령을 구해서 받아 누리는 시대가 되었다.
7) 성령을 구해서 받는다는 것은 성령의 위(位)가 아니라 은혜와 은사를 구해 받는다는 것이다. 성령충만은 이런 약속된 은혜. 은사를 충만하게 받는다는 의미다.
8) 성령충만은 구원 얻은 신자에게 특권이자 의무다. 구해야 한다. 구하면 당연히 받게 되어 있다.

예수는 그리스도 하나님의 아들. 이 복음으로 우리 인생 모든 문제가 처리되고 해답을 얻는다. 이 복음으로 우리 모두는 깊이 뿌리내리기를 소원한다.

　신자가 그리스도의 부활을 믿는 것은 구약성경의 예언대로 메시야(그리스도) 되신 예수님께서 성경대로 우리 죄를 위하여 죽으시고 성경대로 죽은 자 가운데서 살아 나셨기 때문이다. 한편 신약시대의 위대한 약속은 그리스도의 죽음과 부활 후에 성령을 보내신다는 약속이었다. 약속하신대로 예수님께서 부활 승천 후 오순절 날 성령이 강림하셨다. 이제 모든 그리스도의 죽음과 부활을 믿는 모든 신자는 당연히 성령을 받게 되었다. 우리 모두는 즉시 성령충만을 받도록 기도할 것이다. 기도하는 만큼 성령충만을 받는다. 성령충만 받아 성령의 권능으로 전도자의 삶을 살 것이다. 기도하고 기도하기 바란다.

9. 예수님은 부활과 심판의 주. 예수 천당 불신 지옥

²⁵진실로 진실로 너희에게 이르노니 죽은 자들이 하나님의 아들의 음성을 들을 때가 오나니 곧 이 때라 듣는 자는 살아나리라 ²⁶아버지께서 자기 속에 생명이 있음같이 아들에게도 생명을 주어 그 속에 있게 하셨고 ²⁷또 인자됨으로 말미암아 심판하는 권한을 주셨느니라 ²⁸이를 놀랍게 여기지 말라 무덤 속에 있는 자가 다 그의 음성을 들을 때가 오나니 ²⁹선한 일을 행한 자는 생명의 부활로, 악한 일을 행한 자는 심판의 부활로 나오리라(요 5:25-29).

우리를 명하사 백성에게 전도하되 하나님이 살아 있는 자와 죽은 자의 재판장으로 정하신 자가 곧 이 사람인 것을 증언하게 하셨고(행 10:42).

사도신경
"… 하늘에 오르시어 전능하신 하나님 우편에 앉아 계시다가 거기로부터 살아 있는 자와 죽은 자를 심판하러 오십니다. …"

예수님은 부활과 심판의 주이시다. 복음은 기독론적으로 말할 때, 예수는 하나님의 아들 예수는 그리스도, 예수는 주시다고 표현할 수 있다. 또한 구원론적으로 복음을 말할 때, 예수는 우리 죄를 위하여 죽으시고 부활하셨다고 표현할 수 있다. 만일 복음을 종말론적으로 말한다면, 예수는 부활과 심판의 주시다고 말할 수 있을 것이다. 물론 부활과 심판의 주는 예수님의 그리스도 되심(기독론적 복음)에 포함되는 내용일 수 있다. 그러나 예수님이 세상 끝날 재림시에 부활과 심판의 주가 되신다는 것은 신자에게는 복음이 틀림없다. 물론 불신자들에게는 회개의 복음이 될 것이다. 유대인들은 미래의 부활과 심판을 믿는 자들이었다. 그런데 지금 그들은 그들이 대면하고 있는 예수가 부활하여 심판의 주가 된다는 사실을 믿지 않았다. 그래서 예수님은 요한복음 5: 25 이하에서 자신이 '인자'로서, 곧 메시아로서 심판하는 권한을 가지셨음을 선언하셨다. 예수님은 **"인자됨을 인하여 심판하는 권한을 주셨느니라"**고 말씀하신 것이다.

신자와 불신자 모두가 장래에 심판을 받을 것이다. 신자의 경우에는 **"우리가 다 반드시 그리스도의 심판대 앞에 나타나게"**되며(고후 5:10), 또한 우리는 장차 있을 부활도 바라본다. 반면에 불신자는 소위 백보좌(계 20:12)심판을 받고 그들의 행위에 따라 심판을 받고 불못에 던져지게 될 것이다(계 20:15).

예수님의 부활과 심판은 예수님의 재림시에 이루어질 것이다. 공산주의자나 여호와증인은 이 땅 위에 천국을 건설한다는 허황된 꿈을 제시하지만, 이 세상은 잠망성에 불과하다. 그리스도인의 참된 소망은 예수님의 재림때에 이루어질 우리 육체의 부활, 그리고 영생과 신천신지가 이루어질 것이다.

그러므로 예수님은 말씀하셨다. **"이러므로 너희도 준비하고 있으라 생각지 않은 때에 인자가 오리라"**(마 24:44). 신자는 하루 하루를 마지막 날인 것처럼 살아야 한다. 물론 우리는 평상시와 다름없이 예산을 세우고 또 계획도 세우지만 항상 떠날 준비가 갖추어진 자세로 살아야 한다. 동시에 신자는 부활과 심판의 주가 되신 예수님을 전해야 한다. **"우리를 명하사 백성에게 전도하되 하나님이 살아 있는 자와 죽은 자의 재판장으**

로 정하신 자가 곧 이 사람인 것을 증언하게"하셨기 때문이다.
　예수님은 대심판날에 모든 인간의 자녀들의 영원한 상태를 결정하는 권한을 부여 받으신 분이다. 하나님은 **"정하신 사람(곧 예수님)으로 하여금 천하를 공의로 심판할 날을 작정하시고 이에 그를 죽은 자 가운데서 다시 살리신 것으로 모든 사람에게 믿을만한 증거를 주셨음이니라"** (행 17:31). 그러므로 모든 사람은 회개하고 예수님을 부활과 심판의 주로 믿고 예수님 안으로 피해야 한다. 예수님을 심판의 주로 믿어야 한다. **"예수천당 불신지옥!"**이라는 전도도 이런 복음 메시지에서 유래 되었다고 본다. 우리가 우리 자신을 지금 죄인으로 판정하면 후일에 심판을 면한다.

　예수는 그리스도 하나님의 아들. 예수님은 그리스도란 증거로 죽은 자 가운데서 부활하셨다. 부활하신 예수님이 두 번째로 오실 때는 심판주로 오신다. 그리스도 복음은 종말론적으로 말하면 부활과 심판의 주 예수다. 이 복음으로 깊이 뿌리를 내릴 것이다.
　복음 받은 그리스도인은 미래에 실현될 천국과 지옥의 실상 앞에 불신자들을 향한 복음전도자로 살아야 마땅하다. 복음의 능력, 성령의 권능을 얻도록 성령충만을 위해 기도할 것이다. 성령충만의 권능으로 땅 끝까지 증인의 삶, 전도자로서의 축복의 삶을 살 것이다. 즉시 기도하기 바란다. 성령충만을 받기 바란다. 더 많이 성령충만을 받도록 기도할 것이다.

10. 그리스도로 취임. 최초의 그리고 결정적인 통치조치로 성령을 부으심

³²이 예수를 하나님이 살리신지라 우리가 다 이 일에 증인이로다 ³³하나님이 오른손으로 예수를 높이시매 그가 약속하신 성령을 아버지께 받아서 너희 보고 듣는 이것을 부어 주셨느니라 ³⁴다윗은 하늘에 올라가지 못하였으나 친히 말하여 이르되 주께서 내주에게 말씀하시기를 ³⁵내가 네 원수로 네 발등상이 되게 하기까지 너는 내 우편에 앉아 있으라 하셨도다 하였으니 ³⁶그런즉 이스라엘 온 집은 확실히 알지니 너희가 십자가에 못 박은 이 예수를 하나님이 주와 그리스도가 되게 하셨느니라(행 2:32-36).

예수님은 죽음으로부터 부활을 통하여 결정적인 구원자임을 입증하셨다. 그는 우선 이스라엘에게 구원을 가져오시는 분이다. 그의 부활을 사도들이 본문에서 증언한다. 32절 **"이 예수를 하나님이 살리신지라 우리가 다 이일에 증인이로다"**. 그러나 그의 부활은 이미 구약 성경에 예언되어 있다. 34·35절. 그것은 다윗이 쓴 것이라 여겨지는 두개의 시구에서 의도적으로 인용되었다. 왜냐하면 다윗의 자손으로서의 메시아가 중요한 문제이며, 다윗의 아들됨에 대한 올바른 이해가 중요한 문제이기 때문이다. 다윗은 **시편 16편**에서 자기 자신에 관하여 말할 수 없었다. 왜냐하면 알려져 있는 대로 다윗은 죽었으며 그의 무덤이 현존해 있기 때문이다. 이에 반해 예수님의 무덤은 빈 무덤이었다. **시 110:1** 은 예수님의 높이 올리우심(승귀)의 의미를 해명하는데 이바지한다. **높이 올리우심에서 다윗의 자손 예수는 그의 통치권에 취임하신다.** 다윗 자신이 그분을 주라고 부른다. 교회는 요엘 2:31-32에 대한 이해에 근거하여 그분을 주님으로 고백한다. 예루살렘 사람들은 지금 막 성령 부으심의 사건을 목격하였다. **이 성령 부으심은 이제 주와 그리스도로 등극하신 이분의 최초의 그리고 결정적인 통치조치**이다.(36절)

예수님께서 마지막 날들 또는 메시아시대를 여셨으며, 이를 입증하는 최종적 증거는 성령의 부으심이라는 것이 온 신약저자들 모두의 일치된 확신이었다. 그것은 말세에 대한 구약의 약속들 중의 약속이었기 때문이다. 베드로 사도는 구약선지자 요엘의 예언을 이렇게 인용하였다.

"이는 곧 선지자 요엘을 통하여 말씀하신 것이니 일렀으되 하나님이 말씀하시기를 말세에 내가 내 영을 모든 육체에 부어 주리니 너희의 자녀들은 예언할 것이요 너희의 젊은이들은 환상을 보고 너희의 늙은이들은 꿈을 꾸리라…"(행 2:16-21).

그리스도의 초림과 재림 사이에 걸쳐있는 전체 메시아 시대는 성령의 사역이 활발한 성령의 시대이다. 여기서 '부어주다'라는 동사의 의미를 주목한다. 그것은 아마도 맹렬한 열대성 폭풍우가 쏟아지는 모습을 나타낼 것이며, 하나님이 주신 성령의 선물의 가득함(이슬비도, 심지어 소나기도 아닌 억수 같은비), 그것의 궁극성(이미 '쏟아 부어진'것은 다시 모을 수 없으므로), 그것의 보편성(서로 다른 인류의 집단들에게 광범위하게 분배되는)을 예증하는 것이다.

분명 구약에서 예상한 것은 새 언약의 시대에는 하나님을 아는 지식이 전 세계에 널리 퍼지라는 것이었으며, 신약 기자들은 이것이 그리스도를 통해 성취되었음을 선포하다. 이런 의미에서 신약시대 모든 하나님의 백성들은 이제 예언자이다. 모든 백성들이 또한 제사장이며 왕들인 것과 마찬가지다. **하나님의 성령이 한 인간의 마음을 사로잡을 때마다, 그 사람은 한 그리스도인, 즉 하나의 제사장, 하나의 왕, 그리고 또한 하나의 선지자가 된다.** 물론 그가 이 세 가지 직분을 떠맡으면서도 그는 본래의 직업을 그대로 가진다. 그는 가정주부, 회사사원, 기업가, 세일즈맨으로 그대로 남아 있는 것이다. 그럼에도 불구하고 그는 부가적인 소명을 받은 자인 것이다.

예수는 그리스도 하나님의 아들. 예수님은 하나님의 아들 그리스도시라는 증거로 죽은 자 가운데서 부활하셨다. 부활하신 예수님은 하나님 보좌 우편에 앉아 그리스도로 통치하시면서 우리에게 성령을 보내주셨다. 예수님은 지금 성령을 통해서 우리와 함께 하신다. 그러므로 우리에게 성령충만을 받으라고 명령하신다. 성령충만 받아 성령의 권능으로 땅 끝까지 증인이 되라고 명하신다. 복음전도자로서 살라고 명하시는 것이다. 그러므로 우리 모두는 즉시 성령충만을 받도록 기도할 것이다. 물론 성령충만은 믿음으로 받는다. 성령충만은 모든 복음 받은 그리스도인의 특권이요 의무다. 성령의 권능 받아 전도자로 살 것이다.

제 7 장
복음의 언약과 핵심인 대속

체질을 만들어라
복음체질
기도체질
성령충만체질
전도체질

1. 복음, 그 영원성. 영원 전부터 있었던 비밀의 경륜

영원부터 만물을 창조하신 하나님 속에 감추어졌던 비밀의 경륜이 어떠한 것을 드러내게 하려 하심이라(엡 3:9).

²⁶이 비밀은 만세와 만대로부터 감추어졌던 것인데 이제는 그의 성도들에게 나타났고 ²⁷하나님이 그들로 하여금 이 비밀의 영광이 이방인 가운데 어떻게 풍성한지를 알게 하려 하심이라 이 비밀은 너희 안에 계신 그리스도시니 곧 영광의 소망이니라(골 1:26-27).

복음 곧 '비밀의 경륜'은 영원 전부터 있었다. 그러나 예수 그리스도의 복음의 빛이 비취기 전에는 **"영원부터 만물을 창조하신 하나님 속에 감추었던 비밀의 경륜"**이었다. 만물을 창조하신 하나님께서 감추신 진리를 알 사람이 없을 것이다. 지금까지 교회에 대하여는 외인이었던 이방인들이 교회와의 사귐에 들어오게 되었으니, 이 진리는 영원부터 만물을 창조하신 하나님 속에 감추었던 비밀의 경륜이었던 것이다. 곧 **'이방인 가운데 계신 그리스도'**시다.

이 하나님에 대하여 요한복음 1:3은 다음과 같이 말한다. **"만물이 그로 말미암아 지은 바 되었으니 지은 것이 하나도 그가 없이는 된 것이 없느니라"**. 그러므로 하나님께서 유대인과 마찬가지로 이방인을 구원하신다는 것은 놀라운 일이 아니다. 왜냐하면 하나님은 유대인과 이방인 모두의 창조주이시기 때문이다. 우리는 하나님이 창조의 위대한 사업을 수행하신 것을 볼 때 그가 모든 인류의 구원의 사업도 이룰 수 있다는 것을 확신할 수 있게 된다. 하나님이 무에서 만물을 창조하신 첫 번째 창조나, 회개케 하는 은사로 말미암아 죄인들을 새로운 피조물로 창조한 새 창조의 역사, 둘 다 예수 그리스도를 통한 하나님의 창조라는 것은 진리인 것이다.

'너희 안에 계신 그리스도', 이 복음의 비밀은 만세와 만대로부터 옴으로 감취었던 것이다, 그것은 구약 교회의 여러 세대를 거쳐 숨겨져 있었다. 구약시대의 유대인들은 소수의 상태에 있었으며, 보다 완전한 시대를 대비하여 훈련을 받고 있었다. 그러나 그들은 정작 그 시대가 왔었어도 그것을 깨닫지 못하였다.

때가 찼으므로 이제 이 비밀이 성도들에게 나타나게 되었다. 다른 말로하면 그것이 명료하게 드러나고 분명하게 밝혀졌다. 이제 모세의 얼굴을 덮었던 베일이 그리스도 안에서 제거되었다(고후 3:14). 그리하여 복음아래 있는 가장 비천한 성도가 율법 아래 있는 가장 위대한 선지자들 보다 더 많은 것을 이해하게 되었다. 그리고 천국에서 가장 작은 자도 그들보다 더 크게 되었다. **"그것을 읽으면 내가 그리스도의 비밀을 깨달은 것을 너희가 알 수 있으리라 이제 그의 거룩한 사도들과 선지자들에게 성령으로 나타내신 것 같이 다른 세대에서는 사람의 아들들에게 알리지 아니하셨으니"**(엡 3:4-5). 그러면 이 비밀은 무엇인가?

그것은 **이방인들 가운데서의 하나님의 영광의 부요함이다.** 이 복음의 특별한 가르침은 이전에 숨겨졌던 비밀이었다. 그런데 이제 나타나서 알려지게 된 것이다. 곧 유대인과 이방인 사이의 장벽이 무너지고, 이방인 세계에 복음이 전파된 것이며, 그리고 이전에 무지와 우상숭배의 처지에 있던 자들이 복음의 특권에 참여하는 자로 만들어진 것이다.

이같이 알려진 비밀은 "**너희 안에 계신 그리스도 곧 영광의 소망**"인 것이다. 이는 **그리스도가 이방인 성도들 안에 계시는 것이 비밀**이라고 한다. 즉 믿음으로 구원받고 그리스도와 영적일치를 이룩하여 나는 그리스도 안에 그리스도는 내안에 계시는 신비로운 체험이 달성될 때(갈 2:20), 오는 바로 이 비밀을 체험한 것이다. 이것은 율법 준수란 의식적 종교생활에 살던 유대인에게도, 자아도취에 살던 이교의 신비주의에도 상상할 수 없었던 비밀이었다.

이런 그리스도와의 결합이 그대로 '**비밀의 영광의 풍성**'에 대한 소망이 된다. "이제 그리스도는 이 영광의 소망이 되신다. **영광은 잃어버렸으나 그리스도께서 이를 회복하셨다. 누구든지 믿음으로 구주를 받아들일 때 영광의 소망이 그 가슴 속에서 마치 사막의 소나무나, 잣나무처럼 솟아 오르는 것이다.**"

예수는 그리스도 하나님의 아들. 예수님은 하나님의 아들 그리스도라는 증거로 죽은 자 가운데서 부활하셨다. 부활하신 예수님은 그의 영으로 복음 받은 신자 속에 들어와 계신다. 이 사실은 만세와 만대로부터 감추어졌던 비밀이었다. 이제 이방인이었던 우리가 그 신비를 누리며 사는 자가 된 것이다.

그러므로 성령으로 우리 안에 들어와 함께 하신 예수님의 신비를 누리도록 성령충만을 구할 것이다. 성령충만은 복음의 신비를 갖고 사는 그리스도인의 특권이요 의무이다. 기도할 것이다. 우리 모두가 성령충만을 받도록 기도하여 권능 받고 복음전도자로서 축복의 삶을 살 것이다. 즉시 기도하기 바란다.

2. 하나님의 계획과 인간의 악함의 결과

²³그가 하나님의 정하신 뜻과 미리 아신 대로 내준바 되었거늘 너희가 법 없는 자들의 손을 빌어 못 박아 죽였으나 ²⁴하나님께서 그를 사망의 고통에서 풀어 살리셨으니 이는 그가 사망에 매여 있을 수 없었음이라(행 2:23-24).

우리는 그리스도의 십자가를 바라보는 두 눈을 가져야 십자가를 바르게 이해할 수 있다. 우리는 **십자가를 우리를 위한 것**으로(이는 우리를 신앙과 경배로 이끈다) 보기에 앞서, **십자가가 우리에 의해 벌어진 일로**(이는 우리를 회개로 인도한다) 보아야 한다.

십자가를 바라보는 이 두 가지의 상보적인 방법을 언제나 함께 유지하는 것이 중요하다. **인간의 차원**에서 보면, 유다가 예수님을 제사장에게 넘겨주었고, 제사장은 그들 다시 빌라도에게 넘겨주었고, 빌라도는 예수님을 군병들에게 넘겨주어서 군병들이 그를 십자가에 못 박았다. 그러나 **하나님의 차원**에서 보면 성부 하나님께서 예수님을 내주었고, 예수님은 자기 자신을 내주어서, 우리를 위하여 죽으신 것이다. 그러므로 십자가를 대할 때에 우리는 자신에게 **"내가 그 일을 했다. 내 죄가 그를 십자가로 보냈다"**라고 말할 수 있으면서 또한 **"그가 그 일을 하셨다. 그의 사랑이 그를 십자가로 보냈다"**라고도 말할 수 있는 것이다

사도 베드로는 오순절 날 설교에서, 이 두 가지 진리를 융화시켜서, **"그가 하나님의 정하신 뜻과 미리 아신 대로 내준바 되었거늘"**이라고 말하면서, 또한 "너희가 법 없는 자들의 손을 빌어 못 박아 죽였으나"라고 말했다. 이렇게 해서 베드로는 예수의 죽음을 동시에 **'하나님의 계획'**과

'**인간의 악함'의 결과**로 돌렸다. 십자가는 인간악의 폭로인 동시에, 그렇게 폭로된 인간의 악을 제압하려는 하나님의 목적의 계시인 것이다.

그러므로 예수 그리스도는 왜 죽으셨는가? 그는 죽으신 것이 아니라 죽임을 당하셨다. 그러나 그는 죽임을 당하시지 않았다. 그는 자기 아버지의 뜻을 행하기 위하여 자발적으로 자신을 내주심으로서 죽으신 것이다.

이런 십자가의 의미를 알아야 신자는 십자가 앞에 나와 그리스도의 십자가를 바라보며 회개하고, 그리스도의 피의 공로로 죄 사함을 얻을 것이다. 동시에 그리스도 십자가가 우리를 위한 하나님의 대속의 무한한 은총이기 때문에 때로는 감격하면서 박수치며 찬양할 수 있는 것이다.

그리스도의 십자가를 동정의 눈으로 보지 말 것이다. 그것은 그리스도의 십자가의 의미를 모르는 불신앙이다.

예수는 그리스도 하나님의 아들. 이 복음으로 우리 인생 모든 문제가 처리되고 해답을 얻는다. 이 복음으로 우리 모두는 깊이 뿌리내리기를 소원한다.

그리스도의 복음은 그리스도의 죽음과 부활로 완성되었다. 그 가운데서 그리스도의 죽음이 복음의 핵심이다. 이 그리스도의 죽음은 창세 전에 하나님의 계획 가운데 예정된 것이었다. 그러나 그 그리스도 죽음의 성취는 인간의 악함의 결과로 나타났다. 하나님의 계획과 인간의 악함의 결과로 인간을 죄에서 구원하시고자 하는 구원의 계획은 완성되었다. 그리스도의 죽음과 부활로 성취되었다.

그리고 이 그리스도의 죽음과 부활 이후에 부어지는 성령의 권능으로 타락한 인간은 회개하고 그리스도의 십자가 사건을 받아들여 구원을 얻게 되었다. 그러므로 우리는 겸손히 죄를 회개하고 십자가에 못 박힌 그리스도를 통해서 부어지는 성령의 권능을 충만히 받을 것이다. 권능을 받아 그리스도의 죽음과 부활의 증인이 될 것이다. 기도하기 바란다. 전도자로 살 것이다.

3. 복음은 은혜 언약이다

하나님과 타락한 인간 사이의 삶과 죽음의 언약이다. 언약을 어기면 생명을 내어 놓아야 한다. 예수 그리스도 복음 언약에 생명을 걸어야 한다.

[14]무리가 그들의 양식을 취하고는 어떻게 할지를 여호와께 묻지 아니하고 [15]여호수아가 곧 그들과 화친하여 그들을 살리리라는 조약을 맺고 회중 족장들이 그들에게 맹세하였더라 [16]그들과 조약을 맺은 후 사흘이 지나서야 그들이 이웃에서 자기들 중에 거주하는 자들이라 함을 들으니라 [17]이스라엘 자손이 행군하여 셋째 날에 그들의 여러 성읍들에 이르렀으니 그들의 성읍들은 기브온과 그비라와 브에롯과 기럇여아림이라 [18]그러나 회중 족장들이 이스라엘의 하나님 여호와로 그들에게 맹세했기 때문에 이스라엘 자손이 그들을 치지 못한지라 그러므로 회중이 다 족장들을 원망하니 [19]모든 족장이 온 회중에게 이르되 우리가 이스라엘의 하나님 여호와로 그들에게 맹세하였은즉 이제 그들을 건드리지 못하리라 [20]우리가 그들에게 맹세한 맹약으로 말미암아 진노가 우리에게 임할까 하노니 이렇게 행하여 그들을 살리리라 하고 [21]무리에게 이르되 그들을 살리라 하니 족장들이 그들에게 이른 대로 그들이 온 회중을 위하여 나무를 패며 물을 긷는 자가 되었더라(수 9:14-21).

[1]다윗의 시대에 해를 거듭하여 삼 년 기근이 있으므로 다윗이 여호와 앞에 간구하매 여호와께서 이르시되 이는 사울과 피를 흘린 그의 집으로 말미암음이니 그가 기브온 사람을 죽였음이니라 하시니라, [6]자손 일곱 사람을

우리에게 내주소서 여호와께서 택하신 사울의 고을 기브아에서 우리가 그들을 여호와 앞에서 목 매어 달겠나이다 하니 왕이 이르되 내가 내주리라 하니라(삼하 21:1,6).

이성적 또는 도덕적 실존들 가운데 모든 고차원적 생활은 계약(언약)의 형태로 맺어진다. 사랑과 우애와 혼인과 기타 모든 사회적 공동관계와 산업과 과학과 예술은 결국 계약의 근거 위에 성립되는 것이다. 다시 말하면, 그것들은 서로 신뢰를 가지고 도덕적 혹은 일반적으로 알려진 의무 관념에서 성립되는 것이다. 그러므로 인간의 가장 고상하고 가장 부요한 생활 이라 불리는 종교라는 것이 계약 성격을 가진다고 할 때에 그리 놀랄 일은 아니다.

그런데 기독교 이외의 다른 종교들을 엄격하게 따지면 모두 다 자연신론이거나 범신론에 불과하다. 오직 기독교의 성경만이 참되신 하나님께서 인간에게 맺어 주신 언약을 보여주고 계신다. 이 언약 관계 때문에 인간의 참된 구원이 성립된다. **"예수님은 그리스도"라는 언약**은 하나님과 타락한 인간 사이에 맺은 모든 언약의 완성이다.

이러한 하나님과의 언약을 맺고 사는 사람들은 예수 그리스도 언약과 관계되는 인간 사이의 언약에도 신실해야 한다. 오늘 읽은 본문의 말씀에서 보듯이 심지어 속임수로 맺은 언약도 여호와 이름과 관련된 언약은 파기될 수 없음을 가르쳐준다.

가나안 땅에 사는 기브온 사람들은 먼 나라에서 온 것 같이 위장한 사신들을 보내어 이스라엘과 동맹할 것을 제안했다. 그들의 속임수에 넘어간 여호수아가 동맹을 수락했으나 삼일 후에 속임수가 드러났다. 이

때 이스라엘은 "**어떻게 할 것을 여호와께 묻지 않고**" 언약을 체결하였다. 그리고 족장들은 여호와의 이름으로 그들에게 맹세하였다.

보통사람의 생각대로라면 기브온 사람들에게 속아서 맺은 언약임으로 파기해도 될 수 있을 법하였다. 그러나 이스라엘 백성의 족장들은 비록 속아서 맺은 약속이지만 지키려고 했다. 그들은 이 언약을 절대적으로 지켜야 하는 것으로 생각했다. 만일 그들이 이 언약을 파기하면 하나님의 진노가 자기들 위에 내려질 것으로 깨닫고 있었음이 분명하다.

족장들이 이 언약에 집착하는 것이 백성들이 보기에는 못마땅하였겠지만 하나님에게는 분명히 받으실 만한 것이었다. 왜냐하면 그들이 이 약속을 이행하기 위하여 기브온 족속들을 보호하는 책임을 맡았을 때에 하나님께서는 이들에게 이때까지 전쟁에서 가져본 일이 없는 가장 영광스러운 승리를 그들에게 주셨고(여호수아 10장: 태양이 멈추게 하기까지 승전하게 함), 오랜 세월이 지난 후에 사울왕이 기브온 족속들에게 이 약속을 파기하는 악행을 저질렀을 때 하나님은 혹독하게 복수하시었다.(삼하 21:1).

이 일에서 우리는 약속을 실행하고 또 계약을 성공시키는 일에 얼마나 경건해야 하며, 일단 말한 것이면 어떠한 양심으로 지켜야 하는가를 우리 자신에게 깨닫게 해야 할 것이다. **이렇게도 많은 거짓말과 속임수에 의해서 이루어진 계약도 파기할 수 없었다면 할 수 있는 모든 정직과 공정함으로 맺어진 계약들에 대한 책임을 피할 수 있다고 생각할 수 있겠는가?**

그러므로 우리는 하나님과 새로 창조된 인간 사이에 맺어진 삶과 죽음의 계약(창 2:15-17)이 반드시 지켜져야 한다는 것은 쉽게 판단할 수 있는 일이다. 하나님은 인간의 타락 이후에도 하나님과 인간 사이에 삶과 죽음의 약정을 세우신다. 하나님께서는 여자의 후손과 뱀의 후손이 원수가 되도록 주권적으로 자신이 책임을 떠맡으신다(창 3:15). 하나님은 이 언약을 지키시기 위해서 때가 차매 하나님의 아들을 여자의 후손의 대표로 보내사 대속의 죽음을 당하게 하심으로 삶과 죽음의 언약을 완성하시는 것이다.

진정한 종교는 언약 이외의 다른 것이 아니다. 진정한 종교는 하나님께서 자기를 낮추시고 인간에게 찾아오시는 은혜의 근원을 가진다. 그러므로 하나님의 아들이 인간이 되어 세상에 오셔서 우리의 대표로서 삶과 죽음의 언약을 하나님과 체결하신 그리스도의 피의 언약을 굳게 믿고, 우리 인생을 그 그리스도의 피의 언약에 온전히 의지하고 맡길 것이다.

예수는 그리스도 하나님의 아들. 예수님은 그리스도라는 증거로 죽은 자 가운데서 부활하셨다. 이 복음으로 우리 인생 모든 문제가 처리되고 해답을 얻는다. 이 복음으로 깊이 뿌리를 내릴 것이다.

"예수가 그리스도"라는 언약은 하나님과 타락한 인간 사이에 맺은 모든 언약의 완성이다. 진정한 종교는 언약이외의 다른 것이 아니다. 하나님의 아들이 되어 이 세상에 오셔서 우리의 대표로서 하나님과 삶과 죽음의 약정을 체결하신 그리스도의 피의 언약을 굳게 믿고 우리 인생을 이 그리스도의 피의 언약에 의지하고 맡길 것이다.

이 그리스도의 피의 언약을 믿는 모든 그리스도인은 이 복음언약에 약속된 성령충만을 구해 받을 것이다. 복음의 능력, 성령의 권능을 얻도록 성령충만을 위해 기도할 것이다. 성령충만의 권능으로 땅 끝까지 증인의 삶, 전도자로서의 축복의 삶을 살 것이다. 즉시 기도하기 바란다. 성령충만을 받기 바란다. 더 많이 성령충만을 받도록 기도할 것이다.

4. 복음의 핵심. 속죄의 본질은 "대속"

성경의 속죄의 복음은 우리를 위해 자신을 대신 희생시킴으로서 자신을 만족시키는 하나님에 관한 이야기이다. **'대속'의 개념**은 죄와 구원의 핵심이다. 왜냐면 죄의 본질은 자기 자신으로 하나님을 대신한 인간에게 있으며, 구원의 본질은 인간을 위해 인간을 대신하신 하나님께 있기 때문이다.

그러므로 구원(혹은 속죄)의 "이미지들"로 '화목'(성전에서 의식), '구속'(시장에서 상거래), '칭의'(법정에서 절차), '화해'(가정 혹은 가족 속에서의 경험의미)를 사용할 때에도, **이 모든 것들의 기초로서 '대속'**이 있어야 한다. 이것이 없이는 그 각각이 설득력을 결여하게 된다. 만약 하나님께서 그의 아들 그리스도 안에서 우리를 대신하여 죽지 않으셨다면 화해도 구속도 칭의도 화목도 있을 수 없는 것이다.

> **인자가 온 것은 섬김을 받으려 함이 아니라 도리어 섬기려 하고 자기 목숨을 많은 사람의 대속물로 주려 함이니라**(막 10:45).

여기서 '인자'는 다니엘 7:13에 나오는 그 '인자'를 지칭한다. "**내가 또 밤 환상 중에 보니 인자 같은 이가 하늘 구름을 타고 와서 옛적부터 항상 계신 이에게 나아와 그 앞에 인도되매**"(단 7:13). 이 '인자'는 물론 '하나님의 아들', 메시아(그리스도)'이시다. 예수님은 이 칭호를 자신에게 사용하신다. '하나님의 아들 ''메시아'가 이 세상에 오신 것은 섬기기 위한 '종'으로 오셨다. 그 섬기는 방법은 자기 목숨을 많은 사람의 대속물로 주기 위한 고난이었다. 이 고난은 이미 수천년 전부터 예언되었으며, 가장 극명하게는 주전 800년경에 선지자 이사야를 통해 **'주의 고난 받는 종의 노래'**로 예언되었다.

이사야 42~53장의 이른바 **"주의 고난 받는 종의 노래"**의 마지막 노래에서, 배역한 이스라엘을 위해 그 종이 그들을 대신하고 대표해서 자기 목숨을 버려 속죄하는 역할을 감당한다는 것이다. "…**이는 그가 자기 영혼을 버려 사망에 이르게하며 범죄자 중 하나로 헤아림을 받았음이니라 그러나 그가 많은 사람의 죄를 담당하며 범죄자를 위하여 기도하였느니라**" (사 53:12). 이것이 고난 받는 종의 역할이다. 이러한 고난 받는 종의 노래는 이사야에서 4회나 나타난다(사 42:1-7, 49:1-6, 50:4-9, 52:11-53:12).

마지막 고난 받는 종의 노래(사 52:11-53:12)에 이어 주의 고난 받는 종의 첫 노래 이사야 42장 6절에 보면 "**나 여호와가 의로 너를 불렀은즉 내가 네 손을 잡아 너를 보호하며 너를 세워 백성의 언약과 이방의 빛이 되게 하리니**"라고 한다. 주의 종이 새 언약을 세우는 분이라고 한다. 주의 종이 새 언약을 세우면 새로운 하나님의 백성이 탄생한다. 그래서 하나님은 이스라엘 조상들과 언약을 맺었듯이 이제 하나님은 하나님께 완전히 순종하고, 의존하는 주의 종을 통해서 새 언약을 이루시고, 그래서 새로운 백성을 창조하겠다는 뜻이다.

예수님께서는 이 두 예언을 따라 마가복음 10:45에서 자신의 오신 목적을 나타내신 것이다. 즉 이사야 53장에 예언된 마지막 노래대로 죄인들을 위해 대속의 죽음을 당하심으로 말미암아 이사야 42:6에 예언된 대로 새 언약을 세워서 하나님의 진정한 백성을 창조하시고자 하신 것이다.

그래서 예수님은 "**자기 목숨을 많은 사람의 대속물로 주려함이니라**"고 말씀하셨다. 그리고 예수님은 십자가에서 자기 목숨을 죄인들을 위한 대속물로 주기 전날 밤에 그의 제자들과의 최후 만찬에서 자기의 죽음을 새 언약을 세우기 위한 피흘림으로 해석하여 그들이 마시던 포도주로 하여금 상징하게 하였던 것이다. 마가복음 14:24 "**이르시되 이것은 많은 사람을 위하여 흘리는 나의 피 곧 언약의 피니라**"고 말씀하셨다.

이상의 내용을 종합하면 예수님의 이 세상에 오신 과업은 마가복음 10: 45이 가장 잘 요약된 부분이다. "**인자가 온 것은 섬김을 받으려 함이 아니라 도리어 섬기려 하고 자기 목숨을 많은 사람의 대속물로 주려 함이니라**" 이는 이사야에 의해 예언된 대로 죄인들을 위해 대속의 죽음을 당함으로 말미암아 그들의 죄사함을 이루어(사 53장), 새 언약을 세워 새로운 하나님의 백성을 창조하는(사 52:6, 49:8) "주의 고난 받는 종"의 역할을 감당하는 것이었다.

그러므로 **속죄의 본질은 '대속'**이다. 우리는 '**대속을 통한 만족**'의 원리(곧 하나님이 자기 대속을 통한 하나님의 자기만족)를 그 중심으로 삼는다. 오직 그리스도 안의 하나님만이, 인간이 되신 성부 하나님의 독생자이신 그분만이 우리를 대신 속죄할 수 있는 것이다.

형벌대속설은 종교개혁의 열매다. 우리나라 그리스도인들은 감사하게도 누구나 그리스도의 십자가와 관련하여 형벌대속설을 인정하고 의심하지 않는다. 우리는 형벌대속을 속죄의 다양한 하나의 이론으로 바꾸고자 하는 어떤 시도에도 반대한다.

예수는 그리스도 하나님의 아들. 예수님은 하나님의 아들 그리스도시라는 증거로 죽은 자 가운데서 부활하셨다. 그리스도의 죽음과 부활 사건 가운데 그리스도의 죽음이 복음의 핵심이다. 그리고 그리스도의 죽음의 본질은 대속이다. 그리스도의 대속이 죄인의 구원의 본질이다. 오늘날 그리스도의 대속의 죽음(형벌대속설)을 약화시키려는 복음 설명은 큰 잘못인 것이다.

우리 모두는 그리스도의 대속의 죽음을 굳게 믿고 죽은 자 가운데서 부활하신 예수님의 영, 성령을 충만히 받을 것이다. 부활하신 예수님은 하나님 보좌 우편에 앉아 그리스도로 통치하시면서 우리에게 성령을 보내주셨다. 예수님은 지금 성령을 통해서 우리와 함께 하신다. 그러므로 우리에게 성령충만을 받으라고 명령하신다. 성령충만 받아 성령의 권능으로 땅 끝까지 증인이 되라고 명하신다. 복음전도자로서 살라고 명하시는 것이다. 우리 모두는 즉시 성령충만을 받도록 기도할 것이다. 때를 얻든지 못 얻든지 복음을 전할 것이다.

5. 죄와 용서(Ⅰ): 원리와 실제의 문제

¹⁶내가 이르노니 너희는 성령을 따라 행하라 그리하면 육체의 욕심을 이루지 아니하리라 ¹⁷육체의 소욕은 성령을 거스르고 성령은 육체를 거스르나니 이 둘이 서로 대적함으로 너희가 원하는 것을 하지 못하게 하려 함이니라 ¹⁸너희가 만일 성령의 인도하시는 바가 되면 율법 아래에 있지 아니하리라 ¹⁹육체의 일은 분명하니 곧 음행과 더러운 것과 호색과 ²⁰우상 숭배와 주술과 원수 맺는 것과 분쟁과 시기와 분냄과 당 짓는 것과 분열함과 이단과 ²¹투기와 술 취함과 방탕함과 또 그와 같은 것들이라 전에 너희에게 경계한 것 같이 경계하노니 이런 일을 하는 자들은 하나님의 나라를 유업으로 받지 못할 것이요 ²²오직 성령의 열매는 사랑과 희락과 화평과 오래 참음과 자비와 양선과 충성과 ²³온유와 절제니 이같은 것을 금지할 법이 없느니라 ²⁴그리스도 예수의 사람들은 육체와 함께 그 정욕과 탐심을 십자가에 못 박았느니라 ²⁵만일 우리가 성령으로 살면 또한 성령으로 행할지니 ²⁶헛된 영광을 구하여 서로 노엽게 하거나 서로 투기하지 말지니라(갈 5:16-26).

하나님과 우리 주 예수 그리스도와의 끊임없는 동행을 하는 데 있어 걸림이 되는 것은 그리스도를 알고 난 이후에도 범하는 죄의 문제이다. 예수 그리스도의 십자가 밑에서 죄 짐을 풀어놓고 용서를 받았으나, 그래도 재림의 주를 맞기 전, 혹은 우리의 죽음이 오기 전 까지는 결코 완전해지지 않기 때문에 계속적인 죄의 자백과 돌이킴이 있어야 한다. 왜 그런가? 우리가 갈등을 느끼는 이유는, **그리스도께서 이미 이루신 것**(원리)**을 우리의 생활에서 이루어 가야 하는 것**(실제) 때문이다.

1) 거룩함

원리: "고린도에 있는 하나님의 교회 곧 그리스도 예수 안에서 거룩하여지고 성도라 부르심을 받은 자들과 또 각처에서 우리의 주 곧 그들과 우리의 주 되신 예수 그리스도의 이름을 부르는 모든 자들에게"(고전 1:2)

실제: "그런즉 사랑하는 자들아 이 약속을 가진 우리는 하나님을 두려워하는 가운데서 거룩함을 온전히 이루어 육과 영의 온갖 더러운 것에서 자신을 깨끗하게 하자"(고후 7:1)

2) 탐심

원리: "그리스도 예수의 사람들은 육체와 함께 그 정욕과 탐심을 십자가에 못 박았느니라"(갈 5:24)

실제: "내가 이르노니 너희는 성령을 따라 행하라 그리하면 육체의 욕심을 이루지 아니하리라"(갈 5:16)

3) 그리스도로 옷 입음

원리: "누구든지 그리스도와 합하기 위하여 세례를 받은 자는 그리스도로 옷 입었느니라"(갈 3:27)

실제: "오직 주 예수 그리스도로 옷 입고 정욕을 위하여 육신의 일을 도모하지 말라"(롬 13:14)

우리는 예수님을 그리스도로 믿을 때 우리의 모든 죄가 용서받았다는 것을 믿는다. 그러나 우리는 우리 안에 죄가 아직 잔존해 있다는 사실도 믿어야 한다. "만일 우리가 죄가 없다고 말하면 스스로 속이고 또 진리가 우리 속에 있지 아니할 것이요"(요일 1:8) "만일 우리가 범죄하지 아니하였다 하면 하나님을 거짓말하는 이로 만드는 것이니 또한 그의 말씀이 우리 속에 있지 아니하니라"(요일 1:10)

우리가 예수 그리스도를 믿은 이후 육신, 세상, 사탄은 우리를 시험하는데, 이에 굴복하면 죄를 짓는 것이다. 그래서 우리는 할 수 있는 한 죄에 빠지지 않도록 힘써야 하며, 죄와 싸워야 한다. 그러나 인간이 이 땅에 있는 동안 무죄할 수는 없다. 그래서 만일 범죄했다면 하나님의 사랑과 그리스도의 십자가를 바라보고 자백하고 돌아서야 한다. 이런 행동들은 우리 일생동안 계속되게 마련이다.

왜 그런가? 그것은 그리스도께서 이미 이루신 것(원리)을 우리 생활에서 이루어 가야 하는 것(실제) 때문이다. 그래서 그리스도인의 생활의 시작이나 과정에서 언제나 믿음이 필요하다 믿음에서 믿음이 필요하다. 언제나 예수 그리스도 복음을 듣고 성령충만 받을 이유가 있다. 성령충만, 곧 예수충만, 복음충만, 믿음충만, 진리충만, 거룩충만, 사랑충만을 항상 받아야 한다.

예수는 그리스도 하나님의 아들. 예수님은 하나님의 아들 그리스도라는 증거로 죽은 자 가운데서 부활하셨다. 부활하신 예수님은 지금 성령으로 우리 가운데서 역사하신다. 그러므로 성령충만을 받으라고 명령하셨다. 우리 모두가 성령충만을 받도록 기도할 것이다.

성령의 권능이 아니고는 우리는 우리 안에 있는 죄성을 정복할 수가 없다. 복음 받은 우리가 원리적으로는 죄 사함 받고 의인이나, 실제로는 여전히 죄가 잔존하는 죄인이기 때문이다. 우리 안에 있는 죄를 정복하는 유일한 길은 성령님의 역사로만 가능하다. 죄 죽임의 주체는 우리가 아니고 성령님이시다. 우리는 우리 의지를 성령께 드릴 뿐이다.

그래서 복음 받은 그리스도인은 성령충만을 받으라고 명령 받는 것이다. 기도할 것이다. 성령의 충만을 받을 것이다. 성령의 권능으로 거룩함을 유지하고 탐심을 정복하며 그리스도로 옷 입을 것이다. 기도하기 바란다. 나아가 성령의 권능 받고 그리스도 증인으로 세상 속에서 전도자로서 축복의 삶을 살 것이다. 기도하기 바란다.

6. 죄와 용서(II): 그리스도의 초림(이미, already)과 재림(아직 아니, not yet) 사이

하나님과의 끊임없는 동행을 하는데 있어서 걸림이 되는 것은 그리스도를 알고 난 이후에도 범하는 죄의 문제이다 예수 그리스도의 십자가 밑에서 죄 짐을 풀어 놓고 용서를 받았으나, 그래도 재림의 주를 맞기 전(혹은 목숨이 다 하기 전)에는 결코 완전해지지 않기 때문에 계속적인 자백과 돌이킴이 있어야 한다.

왜 그런가? 이러한 갈등의 가장 근본적인 원인은 그리스도의 오심이 두 번에 걸쳐서 따로 일어나는 것과 우리가 그 사이에 살고 있는 것 때문이다. 처음 오셔서 그리스도께서는 우리를 구속하셨고, 온전케 하셨으며 생명과 썩지 아니함을 주셨다(딤후 1:10; 히 9:12, 10:14). 두 번째 오셔서는 이런 축복들을 가지고 오셔서 경험적인 사실로 누리도록 하신다(고전 15:50-56; 엡 1:14; 골 3:4; 히 11:40; 요일 3:3).

초림은 시작된 종말이라 하는데 이는 그리스도 안에서 말세가 이미 시작되었기 때문이다. 재림은 완성된 종말이라고 하는데, 그 때가 되어서야 하나님께서는 그리스도께서 이미 행하신 바를 공공연히 드러내실 것이기 때문이다. 결정적인 승리는 이미 초림과 더불어 시작되었고, 그리스도께서는 하나님 우편에 앉으사 **"자기 원수들을 자기 발등상이 되게 하실 때까지"**(히 10:13) 기다리신다. 그때에는 모든 사람이 볼 수 있게끔 승리가 드러날 것이다.

이 중간의 시기를 우리는 믿음으로 살아야 한다. 즉 우리가 현재 의롭다는 것을 알면서도 그래도 의로워지고자 힘쓰고, 이미 사망이 멸해졌다는 것을 믿으면서도 또 사망이 사라지기를 기다리며, 우리가 죄가 이미 처리 되었다고 고백하면서도 더 이상 죄를 짓지 않기를 열망 하는 것이다.

1) 하나님의 아들 됨
- 초림: (롬 8:16) "성령이 친히 우리의 영으로 더불어 우리가 하나님의 자녀인 것을 증언하시나니"
- 재림: (롬 8:23) "그뿐 아니라 또한 우리 곧 성령의 처음 익은 열매를 받은 우리까지도 속으로 탄식하여 양자될 것 곧 우리 몸의 속량을 기다리느니라"

2) 구원
- 초림: (벧전 1:9) "믿음의 결국 곧 영혼의 구원을 받음이라"
- 재림: (벧전 2:2) "갓난 아기들 같이 순전하고 신령한 젖을 사모하라 이는 그로 말미암아 너희로 구원에 이르도록 자라게 …"

3) 영생
- 초림: (요 5:24) "내가 진실로 진실로 너희에게 이르노니 내 말을 듣고 또 나 보내신 이를 믿는 자는 영생을 얻었고 심판에 이르지 아니하나니 사망에서 생명으로 옮겼느니라"
- 재림: (마 25:46)"저희는 영벌에, 의인들은 영생에 들어가리라"

4) 하나님의 나라

- 초림: (마 12:28) "그러나 내가 하나님의 성령을 힘입어 귀신을 쫓아내는 것이면 하나님의 나라가 이미 너희에게 임하였느니라"
- 재림: (행 14:22) "제자들의 마음을 굳게 하여 이 믿음에 머물러 있으라 권하고 또 우리가 하나님 나라에 들어가려면 많은 환난을 겪어야 할 것이라 하고"

하나님의 나라는 예수님과 함께 왔다. 그러나 그것은 남김없이 온 것은 아니다. 그 나라의 완성은 확정되지 않은 미래에 이루어 질 것이다. 이 두 긴장은 서로 결합되어 있다. 왜냐하면 예수 그리스도, 그리고 그 분을 통해, '지금'과 '아직', 현재와 미래는 창조적인 관계에 돌입해 있기 때문이다. 그리스도인들은 현재에 살고 있다. 그러나 미래를 기대하면서 현재에 사는 것이다. 그래서 한쪽으로 치우치지 않고 **'균형'을 이루며 사는 것이 중요하다.**

우리는 예수님의 초림과 재림, 그 분이 하신 일과 이제 그 분이 하실 일에 똑같은 비중을 두기를 원한다. 우리는 예수님이 이미 하신 일 안에서 기뻐하며, 이제 하실 일을 열렬히 기다린다. 우리들은 그리스도를 영화롭게 하기를 원하면서 동시에 겸손한 죄인이 되기를 원한다. 한편으로 우리는 '이미' 하나님이 그리스도를 통해 말씀하시고 행하신 일에 큰 확신을 갖고 있으며, 그리스도의 인격과 사역의 부요함을 가능한 한 힘껏 탐구하고 체험하기로 단단히 결심한다. 다른 한편으로 우리는 '아직' 앞에서 진정한 겸손, 많은 무지와 죄성, 많은 육체적 연약성, 교회의 신실하지 못함, 그리고 사회적 부패가 남아 있다는 것—그리스도께서 초림

때 시작하신 일이 재림 때 완성될 때까지 세상은 타락하고 반쯤 구원 받은 증상을 지닌 채로 남아 있으리라는 것—을 고백하는 겸손을 보인다.

이것이 **균형 잡힌 성경적 기독교**를 나타내는 것이다. 우리는 진리의 한 측면만을 지나치게 강조하여, 다른 측면을 강조하지 않는 잘못을 범해서는 안 된다. 하나님은 우리에게 두개의 귀를 주사 이중적 귀 기울임을 할 수 있도록 하시며, 모든 문제의 양 측면에 주의를 똑바로 보게 하시며, 두개의 발을 주사 생을 사는 동안 견고하게 걸으며 절뚝거리지 않도록 하신다.

그리하여 **'이미'와 '아직', 시작된 하나님의 나라와 완성될 하나님의 나라, 그리스도인의 확신과 그리스도인의 겸손의 결합이라는 균형이 중요하다.**

예수는 그리스도 하나님의 아들. 이 복음으로 우리 인생 모든 문제가 처리되고 해답을 얻는다. 이 복음으로 우리 모두는 깊이 뿌리내리기를 소원한다.

예수님의 초림과 재림 사이에 중요한 것은 성령의 임재다. 예수님은 부활 승천하시면서 다시 오실 때까지 성령을 부으셔서 자기를 믿는 그리스도인을 통치하시고 보존하신다. 그래서 예수님은 부활 승천하신 후 그리스도로 취임하신 후 첫 통치조치로서 오순절 성령강림을 통해 성령을 신자에게 부어주셨다. 그러므로 예수님을 그리스도로 믿는 모든 신자는 성령충만을 특권으로 받게 되어 있으며, 또한 반드시 받아야 한다.

여러분 모두는 성령충만을 받도록 기도할 것이다. 기도한 만큼 성령충만을 받는다. 성령충만은 믿음으로 받는다. 성령의 권능 받고 전도자로서 축복의 삶을 살 것이다. 더 많이 기도하기 바란다.

7. 전 복음의 내용. 그것은 "그리스도 예수님이 죄인을 구원하시려고 세상에 오신 것"을 가리킨다

미쁘다 모든 사람이 받을만한 이 말이여 그리스도 예수께서 죄인을 구원하시려고 세상에 임하셨다 하였도다 죄인 중에 내가 괴수니라(딤전 1:15).

영국 종교개혁기의 토마스 빌니는 이 말씀을 통해 회심하였다. 그는 다음과 같이 쓰고 있다.

"나는 신약성경을 처음 읽었을 때(지금도 생생하게 기억한다) 디모데전서 1장에 나오는 사도 바울의 이 문장을 보게 되었다.
 (오, 내 영혼에 가장 달콤하고 위로를 주는 말이여!). **"미쁘다 모든 사람이 받을 만한 이 말이여 그리스도 예수께서 죄인을 구원하시려고 세상에 임하셨다 하였도다 죄인 중에 내가 괴수니라"**. 그 때까지 깨닫지 못했던 이 한 문장은, 하나님의 가르침과 내적인 역사로 말미암아, 죄책감으로 상처입고 거의 절망에 빠져있던 나의 마음을 기쁨으로 들뜨게 하였다. 나는 즉시, **"주께서 꺾으신 뼈들이 즐거워하는 것처럼"**(시 51편), 내적으로 놀라운 위로와 평정을 느꼈다. 그 후 성경은 내게 꿀과 송이 꿀보다 달게 느껴지기 시작했다."

전 복음의 내용은 "그리스도가 인류의 죄를 대속하시러 오신 것"을 가리킨다. 이 구절은 복음 전체를 한 마디로 표시한 것이라 볼 수 있다. 이 복음진리는 친히 예수님이 말씀하셨다.

- 마 10:45 "**인자가 온 것은 섬김을 받으려 함이 아니라 도리어 섬기려 하고 자기 목숨을 많은 사람의 대속물로 주려 함이니라**".
- 눅 5:32 "**내가 의인을 부르러 온 것이 아니요 죄인을 불러 회개시키려 왔노라**".
- 요 3:16 "**하나님이 세상을 이처럼 사랑하사 독생자를 주셨으니 이는 그를 믿는 자 마다 멸망치 않고 영생을 얻게 하려 하심이라**".
- 요 3:19 "**그 정죄는 이것이니 곧 빛이 세상에 왔으되 사람들이 자기 행위가 악하므로 빛보다 어둠을 더 사랑한 것이니라**".

복음의 핵심은 그리스도께서 죄인을 구하려고 오셨다는 것이다. 속죄의 본질은 '대속'인 것이다. 구원은 너무나 풍성하고도 다양하기 때문에 그 구원들을 묘사하기 위해서 성경은 다양하게 묘사된다. 그리스도의 구원을 '화목'으로, 혹은 '구속'으로, 혹은 '칭의'로, 혹은 '화해'로 묘사한다. 어떤 학자는 여기에 '대속'도 하나의 같은 요소로 열거하기도 한다. 그러나 **'대속'**은 다른 여러 가지 이미지들과 나란히 놓일 수 있는 것이 아니라, 그 모든 것들의 기초로서, 이것이 없이는 그 각각이 설득력을 결여하게 된다. 만약 하나님께서 그리스도 안에서 우리를 대신하여 죽지 않으셨다면, 화해도, 구속도, 칭의도, 화목도 있을 수 없는 것이다. '**형벌대속설**'은 속죄의 본질인 것이다. 그러므로 사도 바울은 본문 디모데전서 1:15에서 "**미쁘다 모든 사람이 받을만한 이 말이여 그리스도 예수께서 죄인을 구원하시려고 세상에 임하셨다 하였도다**"고 말하였다. 이 말씀은 전체 복음이 요약되어 표현된 말씀이다. 그것은 즉 "**그리스도 예수께서 세상에 임하셨다**"는 말씀이다.

그래서 바울사도는 "**미쁘다 모든 사람이 받을만한 이 말이여!**" 라고 하였다. 복음은 모든 사람들이 받을 만한 좋은 소식인 것이다. 또한 좋은 소식일 뿐만 아니라 진실한 소식이다(곧 미쁜 소식이다). 왜냐하면 복음은 틀림없는 말씀이기 때문이다. 그것은 신실한 말씀이므로 믿는 자의 가슴에 품을 만한 가치가 있는 것이다. 그러므로 거룩한 사랑으로 받아 들여야 한다.

또한 이 복음은 우주적 범위를 갖는다. "**모든 사람이 받을만한 이 말이여**"라고 하는 것이다. 모든 나라에 누구나 받아들여야 하는 복음이다. 물론 이 복음의 핵심은 "**그리스도께서 죄인을 구하려고**"고 오셨다는 것이다. 율법은 죄인을 정죄하기 위한 것이고, 복음은 그들을 구원하기 위한 것이다. "**그리스도께서 죄인을 구원하려고 오셨다**"는 말에는 예수님의 성육신과 속죄 그리고 분명하게 그분의 오시기전 하나님의 아들의 신성을 전제하는 것이다.

끝으로 이 복음의 적용은 개인적이다. "**죄인 중에 내가 괴수니라**". 복음은 우주적인 범위로 제공되지만, 개인적인 수용은 전혀 개인적이다. 사도 바울은 자신의 죄에 대해 너무나 생생하게 깨달았기 때문에 "**죄인 중에 내가 괴수니라**"고 고백한 그리스도인이 되었던 것이다. 하나님의 성령이 우리에게 임해 그리스도를 영접하게 될 때, 신자는 양심이 일깨워지므로 죄인 됨을 누구든지 공통적으로 자백하게 되는 것이다.

예수는 그리스도 하나님의 아들. 예수님은 그리스도라는 증거로 죽은 자 가운데서 부활하셨다. 이 복음으로 우리 인생 모든 문제가 처리되고 해답을 얻는다. 이 복음으로 깊이 뿌리를 내릴 것이다.

전 복음의 내용. 그것은 "그리스도께서 인류의 죄를 대속하시려고 세상에 오신 것"을 가리킨다. 속죄의 본질은 대속이다. 형벌대속은 속죄의 본질인 것이다. 죄 사함은 다른 모든 하나님의 축복과 은혜의 초석이다. 속죄는 축복의 장애물을 제거하는 작업과 같은 것이다. 만약 죄가 용서되면 모든 것이 형통할 것이요, 영원한 형통을 누릴 것이다. 우리는 죄 사함 없이는 아무 것도 할 수 없는 것이다.

그러므로 우리 모두는 예수님의 십자가 대속의 공로를 굳게 믿고, 죄 사함 이후에 부어지는 성령의 충만을 받을 것이다. 그리고 복음의 능력, 성령의 권능을 얻도록 성령충만을 위해 기도할 것이다. 성령충만의 권능으로 땅 끝까지 증인의 삶, 전도자로서의 축복의 삶을 살 것이다. 즉시 기도하기 바란다. 성령충만을 받기 바란다. 더 많이 성령충만을 받도록 기도할 것이다.

제 8 장
성령충만의 내용(1)

체질을 만들어라
복음체질
기도체질
성령충만체질
전도체질

1. 성령충만을 받자!

1) 하나님이신 성령(창 1:1-3, 26)

- 성령은 삼위일체의 제3위의 하나님이시다. 성령의 속성은 신적 속성들이다. (영원성: 히 9:14 / 전지성: 고전 2:10-11 / 무소부재성: 시 139:7 / 전능성: 눅 1:35)
- 성령은 분명히 하나님으로 불리고 있으며, 또 성령은 '여호와'로도 불리고 있다. (행 5:3-4, 28:25; 고후 13:13; 마 28:19-20)

2) 인격체이신 성령

- 성령은 힘이나 능력 혹은 영향력이 아니라 하나의 인격체이신 하나님이시다.
- 성령은 지성과 감정과 의지를 갖고 계신다.
(지성: 고전 2:10-11 / 감정: 롬 15:30; 엡 4:30 / 의지: 고전 12:11; 행 13:2, 16:6-7)

3) 신자의 삶 가운데서 역사하시는 성령

- 성령님은 '보혜사', 즉 우리를 돕기 위해 오신분이다(요 14:16-18).
- 그래서 성령님을 의지하라(요 14:26).
- 성령님의 인도를 받으라(요 16:13-14).
- 성령의 능력을 받아라(롬 8:1-4; 행 1:8).
- 그리스도인으로서의 삶은 쉽지 않다. 그것은 우리의 육신이 항상 우리와 대적하기 때문이다. 베드로에게서처럼 우리는 마음은 원이

로되 육신이 연약한 모습을 우리 자신에게서 발견한다. 그러나 하나님께서 우리를 도우신다면 우리는 기꺼이 무슨 일에나 대처할 수 있다. 하나님은 예수님을 하나님의 아들 그리스도로 믿는 자들에게 성령을 주셔서 신자의 삶 가운데서 역사하도록 하시는 것이다. 우리는 성령님이 하시는 참된 사역을 원한다.

4) '지금'과, '아직'

- 이미 온 하나님의 나라와 임하실 하나님의 나라의 사이에서 중요한 것은 하나님의 백성 가운데 계시는 성령님의 임재다. 한편으로 성령의 은사는 하나님 나라의 독특한 복이며, 새 시대가 밝았다는 두드러진 표시다. 다른 한편으로, 그분의 내주하심은 우리가 받는 하나님 나라의 유업의 시작일 뿐이기 때문에 그것은 또한 나머지도 언젠가 우리의 것이 되리라는 보증이다. 신약에서는 이것을 설명하기 위해서 성령님을 세 가지 비유로 설명한다. (① 처음 익은 열매: 롬 8:23 / ② 보증: 고후 5:5; 엡 1:14 / ③ 맛보기: 롬 8:23)

5) 세상 속에서의 성령님의 역사

성령께서 이 세상에서 하시는 일은 무엇인가? 예수님은 요한복음 16:8에서 "그가 와서 죄에 대하여, 의에 대하여, 심판에 대하여 세상을 책망하시리라"라고 말씀하셨다.

- 죄에 대한 책망: 요한복음 16:9 **"죄에 대하여라 함은 그들이 나를 믿지 아니함이요"** 예수님을 그리스도로 믿지 않음이 죄의 뿌리다.
- 의에 대한 책망: 요한복음 16:10 **"의에 대하여라 함은 내가 아버지**

께로 가니 너희가 다시 나를 보지 못함이요" 예수님이 부활과 승천하심으로 하나님 아버지께로 가시니 인류구원을 위한 의의 길이 마련되었다.

- 심판에 대한 책망: 요한복음 16:11 **"심판에 대하여라 함은 이 세상 임금이 심판을 받았음이라"** 이 세상 임금은 사탄을 말한다. 예수님이 십자가의 대속의 죽음으로 죄와 죽음, 지옥과 사탄의 권세는 정복되었다. 사탄과 흑암세력은 승리자 예수 그리스도 이름으로 쫓겨난다. 우리는 예수 그리스도 이름으로 영적인 전투에서 승리할 수 있게 되었다. (행 16:16-18; 약 4:7; 엡 6:10-20)

6) 충만히 넘쳐흐르는 성령

성령충만은 그리스도인의 삶에 사랑, 기쁨 그리고 만족이라는 새 차원들을 더해준다. 하나님께서는 우리의 삶이 단지 성령이 거하시거나 성령으로 충만하기만을 원하시지 않는다. 우리의 삶이 성령으로 넘쳐흐르기를 원하신다.

요 7:37-39 "명절 끝날 곧 큰 날에 예수님이 서서 외쳐 이르시되 누구든지 목마르거든 내게로 와서 마시라 나를 믿는 자는 성경에 이름과 같이 그 배에서 생수의 강이 흘러나오리라 하시니 이는 그를 믿는 자들이 받을 성령을 가리켜 말씀하신 것이라 (예수님이 아직 영광을 받지 않으셨으므로 성령이 아직 그들에게 계시지 아니하시더라)."

인간은 육체적인 것들로 감정적인 목마름을 채울 수 없다. 인간의 내면 깊은 것에는 하나님을 향한 심오한 영적 목마름이 있다. 이 영적 목마름을 성령께서 채우신다. 하나님께서는 우리의 삶 속에서 예수 그리스도로 말미암아 부어지는 성령이 생수의 강처럼 솟아나기를 원하신다.

7) 성령의 능력을 사모하라.

예수님을 그리스도로 믿어 성령을 받은 자는 성령의 능력을 사모해야 한다. 이는 성령의 은혜와 은사를 구하여 권능의 그리스도의 증인으로 살아야 한다는 말이다. 성령의 은혜와 은사는 믿음으로 받는다. 은혜와 은사를 구해야 한다. 구하면 당연히 그에게 필요한 은혜와 은사를 받게 되어 있다(눅 11:13; 엡 5:18; 롬 5:5). 무엇보다도 성령충만을 구하기 바란다(엡 5:18). 성령충만은 복음 받는 모든 그리스도인의 특권이요 의무다.

예수는 그리스도 하나님의 아들. 이 복음으로 우리 인생 모든 문제가 해결되고 해답을 얻는다. 이 복음으로 우리 모두는 깊이 뿌리내리기를 소원한다.

복음 받은 그리스도인은 성령을 선물로 받은 자들이다. 그래서 성경은 "성령으로 충만함을 받으라"(엡 5:18)고 명령한다. 받으라고 명령했으니 받아야 한다. 받지 않으면 명령불복종이요 불신이다. 성령충만을 받을 것이다. 성령의 권능 받아 그리스도의 증인으로 살 것이다. 모든 그리스도의 제자들은 그들 나름대로의 성령충만의 비밀을 가지고, 그들이 처한 환경에서 전도자의 삶을 살아야 한다. 기도하기 바란다.

2. 믿음으로 성령충만(갈 3:1-5)

²내가 너희에게서 다만 이것을 알려 하노니 너희가 성령을 받은 것이 율법의 행위로냐 혹은 듣고 믿음으로냐 ³너희가 이같이 어리석으냐 성령으로 시작하였다가 이제는 육체로 마치겠느냐(갈 3:2-3).

① 믿음과 관련되어 있는 성령
② 육체와 관련되어 있는 행위

언제든지 우리가 행위의 영역으로 들어가면 육체로 하는 것이고, 성령의 영역에 들어가면 믿음으로 하는 것이다. 행위와 육체가 연관되어 있는 것처럼 성령과 믿음이 서로 연관되어 있다.

만일 우리가 행위로 노력하고 있다면, 우리는 육체를 의지하고 있는 것이다. 그러나 **우리가 예수그리스와 함께 믿음으로 행하고 있다면 성령이 우리의 삶 가운데 열매를 만들어 내고 있는 것**이다. 열매는 열매를 맺어야 한다는 생각으로 애써서 열리는 것이 아니다. 열매는 관계로부터 저절로 오는 자연적인 결과인 것이다.

이 진리는 우리의 삶에 있어서도 마찬가지이다. 우리가 참으로 그리스도 안에 붙어 있으면 이것은 믿음의 생활인데 열매는 그 관계로부터 저절로 오는 것이다. 내 삶에 열매가 없다면 그리스도와의 관계부터 의문을 가지고 점검해 보아야 한다. 이것이 바울이 우리에게 이렇게 말한 이유이다. "너희는 믿음 안에 있는가 너희 자신을 시험하고 너희 자신을 확증하라 예수 그리스도께서 너희 안에 계신 줄을 너희가 스스로 알지 못하느냐 그렇지 않으면 너희는 버림 받은 자니라"(고후 13:5).

하나님은 열매를 찾으신다. 우리는 제품을 만들어 내려고 애쓴다. '당신은 주님을 위해 이런 일을 해야만 해. 또 당신은 하나님을 위해 저런 일을 해야만 해.' 불평하면서 하게 된다.('제품'과 '열매' 차이)

저절로 되는 것이 바로 '열매'의 영역이며, 억지로 하는 것이 바로 '행위'의 영역이다. 하나님은 우리가 부름 받은 일을 감당할 수 있도록 우리에게 필요한 것을 주시고 준비시켜 주신다. 그러므로 우리가 그 일을 맡으면 저절로 되는 것이다. 그리스도인의 삶의 열매는 예수 그리스도를 믿는 믿음으로 주님 안에 거할 때에 저절로 열리는 것이다.

요한복음 15장은 신자가 어떻게 과실을 맺는가에 대해 설명해주고 있다. "내 안에 거하라 나도 너희 안에 거하리라 가지가 포도나무에 붙어 있지 아니하면 스스로 열매를 맺을 수 없음 같이 너희도 내 안에 있지 아니하면 그러하리라"(요 15:4). 우리의 삶으로부터 나오는 것은 주님과의 관계로부터 오는 결과이다.

우리가 하고 싶은 일을 하면 그것은 일이 아니다. 우리가 하는 일은 관계로부터 오는 열매인 것이다. 하나님의 사랑이 우리 마음속에 가득하면 우리가 하고 싶은 일은 하나님에 관하여만 이야기하고 싶어질 것이다. 우리가 좋아하는 일을 하기 때문에 실적을 올리기 위해 억지로 돌아다니는 것과는 다르다. 상급을 바라고 하는 일이 아니기에 우리에게 너무나 자연스러운 일이 된다. 내가 원하기 때문에 하는 것이다. 하나님이 내 마음속에 하고 싶은 마음을 주셨기 때문에 하는 것이다. "그리스도의 사랑이 우리를 강권하시는도다"(고후 5:14)라고 성경은 말한다.

우리는 **성령으로 시작하였으므로 성령으로 계속해야 한다. 믿음으로 시작하였으므로 믿음으로 계속해야 한다.** 많은 사람들이 처음에는 주님을 믿고, 주님을 사랑하며, 주님을 섬기고, 주님과 함께 아름다운 시간을 즐긴다. 성령의 기쁨이 온통 그의 것이다. 그러나 어느 날 믿음은 사라지고 예수님 믿는 것이 고역이 된다. 주님이 주시는 기쁨도 사라지고, 더 이상 자유함을 누릴 수 없고, 기도는 안 되고, 성령이 주시는 기쁨과 은혜는 옛 이야기가 된다.

그러면 어떻게 이런 불신앙의 상태를 회복할 수 있는가? 그것은 참된 하나님의 아들 예수 그리스도 복음의 빛 속으로 들어가야 한다. 우리는 어떻게 복음의 빛을 받았는가? "내가 용서받고, 깨끗하게 되고, 받아들여지며, 의롭게 된 것이 나의 순복 때문인가? 아니다! 예수 그리스도께서 내게 해 주신 것 때문이다. 그리스도의 십자가의 믿음뿐이다. 하나님과 예수 그리스도의 무한한 용서와 사랑을 다시 한번 확인하고 받아들이라". 다시 새롭게 시작하라. 성령으로 시작하였으므로 성령으로 계속하라. 믿음으로 시작하였으므로 믿음으로 계속할 것이다.

예수는 그리스도 하나님의 아들. 이 복음으로 우리 인생 모든 문제가 처리되고 해답을 얻는다. 이 복음으로 깊이 뿌리를 내릴 것이다. 그리고 복음의 능력, 성령의 권능을 얻도록 성령충만을 위해 기도할 것이다.

성령으로 말미암아 하나님의 사랑이 우리 마음에 풍성하게 부어져야 한다. 그리하여 성령충만의 권능으로 땅 끝까지 증인의 삶, 전도자로서의 축복의 삶을 살 것이다. 즉시 기도하기 바란다. 성령충만을 받기 바란다. 더 많이 성령충만을 받도록 기도할 것이다. 성령으로 시작하였으므로 성령으로 계속해야 한다. 믿음으로 시작하였으므로 믿음으로 계속해야 한다.

3. 성령을 받은 증거

¹형제들아 신령한 것에 대하여 나는 너희의 알지 못하기를 원하지 아니하노니 ²너희도 알거니와 너희가 이방인으로 있을 때에 말 못하는 우상에게로 끄는 그대로 끌려 갔느니라 ³그러므로 내가 너희에게 알리노니 하나님의 영으로 말하는 자는 누구든지 예수를 저주할 지라 하지 아니하고 또 성령으로 아니하고는 누구든지 예수를 주시라 할 수 없느니라(고전 12:1-3).

'신령한 것'은 '성령에 관한' 또는 '성령적인 것'을 말한다. 당시 고린도인들은 방언을 말하고 환상을 보는 등 신비한 체험을 하는 것이 성령적으로 보았다. 오늘날도 많은 그리스도인들이 일상의 체험과는 다른 초자연적인 것 같이 보이는 체험을 하는 것을 그 증거로 생각한다. 그러나 바울은 우리가 성령받은 증거는 신비로운 황홀경을 체험 하는 것이 아니라고 말한다. 그런 체험은 고린도인들이 신자되기 전에도 우상에 휩쓸려 하지 않았느냐고 묻는다. 실제로 초자연적인 것 같이 보이는 신비스러운 체험은 이방종교에도 있다. 우리 한국의 무당굿에서와 같이 말이다. 그러므로 바울은 우리가 성령 받은 증거는 그런 것이 아니라 '예수가 주시다'라고 고백하는 것이라고 한다.

특히 고린도전서 12:3은 **성령의 은사를 식별하는 표준을 보여주는 요절이다.** 성령의 은사는 '예수를 주시라'는 신앙고백에서 요약되고 귀일되어야 하는 것이다. 성령의 은사란 그 자체의 황홀상태를 즐기는 것도, 그것을 받은 자신을 자랑하는 것도 아니다. 다만 이 은사를 통해 예수의 구주성을 알고 전파함에 있는 것이다. 동시에 별스러운 은사가 없다할지라도 '**예수를 주시라**' 믿는 믿음은 성령을 받은 가장 좋은 증거인 것도 명심해야한다.

초자연적이고 신비스럽게 보이는 체험은 성령에 의해서 뿐 아니라 악령에 의해서도 일어날 수 있다. 그 분별의 준거는 신비스러움이 아니라 예수 그리스도의 뜻에 합당한가 하는 것이다. 다시 말하면 '예수는 주시다', '예수는 그리스도시라'는 믿음에서 확증되는 것이다.

그러므로 성령충만은 결국 믿음충만이요, 예수충만이며, 진리충만이고, 말씀충만이고, 사랑충만이라고 할 수 있다. 이것들이 성령의 역사에 대한 확실하고 뚜렷한 성경적 증거요 표시이다.

예수는 그리스도 하나님의 아들. 예수님은 하나님의 아들 그리스도시라는 증거로 죽은 자 가운데서 부활하셨다. 부활하신 예수님은 하나님 보좌 우편에 앉아 그리스도로 통치하시면서 우리에게 성령을 보내주셨다. 예수님은 지금 성령을 통해서 우리와 함께 하신다.

그러므로 성령충만은 예수충만이요, 그리스도충만이요, 거룩충만이요, 진리충만이며, 사랑충만이다. 이것이 성령의 역사를 분별할 수 있는 본질적 표지다. 우리는 성령 받은 증거를 신비로운 황홀경을 체험하는 것으로 생각하지 말 것이다. 우리 모두는 예수 그리스도로 말미암아 성령을 풍성히 부어주시도록 하나님께 기도할 것이며, 이 성령의 권능을 받아 예수님이 그리스도이심을 증거하는 전도자로서의 축복의 삶을 살 것이다. 기도해야겠다.

4. 성령 강림의 약속

새 언약을 예고하고 실행하기 위해서 이루어진 성령의 공적인 강림은 주님의 성육신 다음으로 중요한 것으로 **옛 경륜**을 종식시키고 **새 경륜**의 기초를 세우기 위한 것이었다. 하나님은 그의 택하신 자들을 구원하시고자 계획하셨을 때 **두 가지 방법**을 채택하셨다. 즉 그들을 위해 **아들을 주시는 것**과, **그들에게 그의 영을 주시는 방법**이다. 그리고 그렇게 함으로서 성삼위 하나님이 각기 영광을 받으시는 것이다.

그러므로 하나님께서는 죄가 세상에 처음 들어올 때부터 그의 백성들에게 **두 가지 주된 약속**을 해주셨으니, 곧 **그의 아들을 보내사 죽게 하겠다는 것**과, 또한 **그 아들의 활동을 열매 맺도록 하시기 위해 그의 영을 보내시리라는 것**이었다.

그리스도의 강림과 성령의 강림은 모두 구약에서 예언된 주제였다. 지난 세기동안 메시아 예언에 대한 수많은 연구들이 있었으나, 성령강림에 대해서 하나님이 주신 약속은 일반적으로 무시당했었다.

그러나 **다음의 구약의 구절들**은 성령이 반드시 성도들에게 부어지리라는 하나님의 약속들이다. **잠언 1:23; 이사야 32:15; 에스겔 36:26-27; 요엘 2:27-28; 예레미야 31:31-33** 등. 예수님의 성육신이 이사야 7:14에 확실히 나타나 있듯이 위의 구절들에서는 성령 강림이 그에 못지않게 확실히 나타나고 있다.

그리스도 앞에 세례 요한이 나타나서 그의 성육신을 선포하며 그의 길을 예비했던 것과 마찬가지로, 성령강림에 앞서서는 그리스도께서 몸소 그의 오심을 예고하시고, 또한 그의 강림을 위해 마음의 준비를 하셨음을 볼 수 있다. 또 때가 차매 하나님께서 자기 아들을 세상에 보내신 것처럼(갈 4:4), 오순절 날이 이미 이르매 하나님께서 성령을 보내셨다. 하나님의 아들이 거룩한 땅 팔레스타인에서 성육신 하신 것처럼 성령님 역시 예루살렘에 강림하셨다.

그리고 하나님의 아들의 강림이 놀라운 이적과 표적들로 두드러졌던 것처럼, 성령 하나님의 강림 역시 신적인 권능이 크게 일어남으로 입증되었다. 각각의 강림에는 각기 초자연적인 현상들이 두드러지게 나타났음을 볼 수 있다. 또한 하나님의 아들의 강림은 곧 그 자신이 성육신하며 영원한 말씀이 육신이 되는 것이었다. 이와 마찬가지로 성령의 강림 또한 그 자신이 그리스도의 구속함을 받은 자들 속에 성육신하는 것이었다. 즉, 주님께서 그들에게 선언하신 바대로 진리의 영이 "너희 속에 계실 것이라"(요 14:17)는 것이다. 이것은 참으로 놀라운 약속이요 유사점이다.

예수는 그리스도 하나님의 아들. 예수님은 하나님의 아들 그리스도라는 증거로 죽은 자 가운데서 부활하셨다. 부활하신 예수님은 지금 성령으로 우리 가운데서 역사하신다. 그러므로 성령충만을 받으라고 명령하셨다.

하나님께서는 죄가 세상에 처음 들어 올 때부터 그의 백성들에게 두 가지 주된 약속을 해주셨다. 곧 그의 아들을 보내사 죽게 하겠다는 것과 그 아들의 활동을 열매 맺도록 하시기 위해 그의 성령을 보내시리라는 것이었다. 그러므로 예수님이 죽은 자 가운데서 부활 승천하시어 그리스도로 취임하셨을 때, 예수님을 그리스도로 믿는 모든 신자에게는 약속대로 성령충만을 받을 특권이 주어지게 되었다. 기도하라. 성령충만을 받도록 기도하라. 성령의 권능 받아 그리스도의 증인, 복음전도자로 승리의 삶을 살기 바란다. 모두가 나름대로 성령충만의 비밀을 가지고 기도하여, 현장에서 자신의 지위에 합당한 전도자의 삶을 살기 바란다.

5. 오순절 성령 강림의 의미

오순절 성령강림은 유례를 찾아볼 수 없는 놀라운 강림이었다. 세상의 새로운 기원을 이룩하며, 의(義)의 새로운 권능을 발휘케 하고, 새로운 교제의 기초를 이루는 그 무엇인가가 그 때에 뿜어 나왔다.

두려움에 떨던 베드로는 그 날부터 담대한 전도자로 변모했다. 그날에 **기독교라는 새 술이 유대주의라는 낡은 부대를 터뜨렸으며,** 말씀이 수많은 이방 방언으로 공포되었다(**행 2:1-4**).

1) 그것은 하나님의 약속의 성취였다.

(1) 성부자신의 약속의 성취(잠 1:23; 사 32:15; 욜 2:28)
(2) 세례 요한의 약속 성취(눅 3:15-16)
(3) 그리스도의 약속 성취(눅 24:29; 요 7:37-39, 14:16-19, 14:26, 15:26, 16:7; 행 1:5,8)

*행 2:33 (성령은 하나님께서 그리스도가 승천할 때 주신 선물이었으며, 그리스도는 그 성령을 자신의 승천에 대한 선물로서 주신 것이다. 성령은 아버지께서 약속하신 선물이었고, 또한 구주께서 그의 믿는 백성들에게 약속하신 선물이었다. 성령은 아들의 기도에 대한 아버지의 응답이었으며, 아들은 그 선물을 머리가 되시는 그의 신비한 몸에게로 전가시키신 것이다.)

2) 구약에 나타난 한 가지 예표의 성취였다.

레위기 23:24 '여호와의 절기는 이러하니라' 그 절기 중 첫째는 유월절(5절)이요. 둘째는 무교절(6절)이다. 이 두 절기는 자기 백성들의 죄를 위하여 자기 몸을 바치는 죄 없는 그리스도에 대한 것이다. 셋째 절기는 '곡물의 첫 이삭'(10절)의 '한 단을 흔드는'(10절) 것으로서 '유대의 안식일 이튿날에'(11절) 드렸는데, 그리스도의 부활을 예표하는 것이다(고전 15:23). 넷째의 절기는 칠칠절(출 34:22)로 불린 오순절이다(16절). 이 오십일 되는 날 이스라엘 백성은 떡 두 개를 흔들어서 하나님께 드리도록 되어 있었고, 그 떡 두 개는 여호와께 드리는 첫 열매로 지칭되기도 했다(17절). 첫째 떡은 유대인들 가운데 구원 얻은 자. 둘째 떡은 미래를 가리키는 것으로 이방인 구원자.

3) 새 세대의 시작을 의미하는 것이었다.

(1) 히브리 백성 출애굽 오십일 후 시내산 언약 = **모세 경륜이 시작**
(2) 그리스도 부활(그의 백성을 지옥으로부터 구원해낸 때)하신 때부터
 50 일 = 그리스도 경륜 시작

이스라엘 백성이 시내산에서 공식적으로 여호와 하나님과의 언약관계에 들어가고 난 후에야 비로소 모세의 경륜이 시작 되었다는 사실이 새 세대의 시작을 예표하는 것이다. 그런데 히브리 백성이 애굽에서 나온 때부터 그들이 모세의 입을 통하여 율법을 받을 때까지 오십일이 경

과했다는 사실은 놀라운 일이 아닐 수 없다. 한편 이스라엘 백성을 애굽에서 구원해 내신 때부터 모세의 경륜이 시작되기까지 오십일의 기간이 소요된 것처럼, 그리스도께서 부활하신 때(곧 그의 백성을 지옥으로부터 구원해 내신 때)부터 그리스도의 경륜이 시작되기까지도 똑같은 기간이 소요 되었던 것이다. 오순절에 새 세대가 시작되었다.

예수는 그리스도 하나님의 아들. 이 복음으로 우리 인생 모든 문제가 처리되고 해답을 얻는다. 이 복음으로 우리 모두는 깊이 뿌리내리기를 소원한다.

오순절 성령강림은 하나님의 약속의 성취였고, 구약에 나타난 절기의 성취였다. 또한 새 세대의 시작을 의미하는 것이었다. 새 세대의 축복은 권능 받아 그리스도의 증인으로 사는 것이다. 그러므로 복음 받은 그리스도인은 당연히 성령의 권능 받아 증인으로 살도록 성령충만을 받도록 기도해야 한다. 기도하기 바란다. 약속된 성령은 구하면 충만히 임하게 되어있다. 물론 성령의 위(位)가 아니라 은혜와 은사가 임하게 되어있다. 기도하고 기도하기 바란다. 복음전도자로서의 축복의 삶을 살기 바란다. 가정주부는 가정주부다운 전도자의 삶을, 회사원은 회사원다운 전도자의 삶을, 정치가는 정치가다운 전도자의 삶을, 기업인은 기업인다운 전도자의 삶을 찾아내어 살아야 한다. 기도하고 기도하기 바란다.

6. 오순절 성령 강림의 목적(행 2:1-4)

1) 찬미 받으시는 그리스도를 증거하기 위함이다. 오순절 성령강림은 예수님의 메시아 되심을 보증하시는 하나님의 인치심이었다. 아들의 희생적인 사역을 기뻐 받으심을 증거하시기 위하여, 하나님은 그를 죽은 자 가운데서 살리시고, 그의 우편에 앉히시며, 또한 그에게 성령을 주셔서 교회에 성령을 보내도록 하셨다(행 2:33). cf) (출 28:33-34)

2) 그리스도를 대신하기 위함이다. 이 사실은 예수님이 제자들에게 하신 말씀에서 분명히 드러난다. **"내가 아버지께 구하겠으니 그가 또 다른 보혜사를 너희에게 주사 영원토록 너희와 함께 있게 하리니"**(요 14:16). 성령님은 지상에 계시지 않는 주님의 자리를 대신 채우시는 것이다. 이것이 예수님보다 유익이다(요 14:18).

3) 그리스도의 목적을 이루기 위함이다. 이 부분은 보혜사에 대한 예수님의 선포에서 볼 수 있다. **"그가 내 영광을 나타내리니…"**(요 16:14). 성령이 임하신 것은 곧 그리스도를 해석하고, 그를 변호하며, 또한 그의 교회와 그의 나라에서 그리스도를 위하여 경영하시기 위함이다. 그는 세상에 그리스도의 구속의 목적을 이루기 위해 오신 것이다. 성령의 사역은 그리스도의 사역을 이어받아 그것을 완성시키는 목적이 있다(눅 12:49-50 참조). 부활승천 후 성령께서 충만한 권능과 함께 그의 백성들에게 임했다.

4) 그리스도의 종들에게 능력으로 입히시기 위함이다.

"…너희는 위로부터 능력으로 입혀질 때까지 이 성에 머물라"(눅 24:49). 이 말씀은 그리스도께서 제자들에게 하신 말씀이다. 다시 사신 그리스도께서는 자신이 택하여 세우신 제자들에게 "예루살렘을 떠나지 말고 내게서 들은 바 아버지께서 약속하신 것을 기다리라"(행 1:4)고 분부하시면서 "오직 성령이 너희에게 임하시면 너희가 권능을 받고 예루살렘과 온 유대와 사마리아와 땅 끝까지 이르러 내 증인이 되리라"(행 1:8)는 말씀으로 확신을 주셨다. 그리하여 그들은 "오순절 날이 이미 이르매 그들이 다같이 한 곳에 모였다"(행 2:1). 그들은 마음을 합하여 주의 명령과 약속을 생각했고, 그것이 실현되리라는 사실을 믿고 기도하며 기다렸다. 그리고 약속대로 성령이 강림하셨다(행 2:2-4).

성령강림은 그리스도께서 높임을 받으신 후 뒤따라 일어났다. 그렇다면 우리가 성령의 권능과 축복을 더욱 누리기 위해서는 반드시 **그리스도께 우리 마음의 보좌를 드려야 하며, 또한 그리스도를 우리 삶의 주님으로 모셔야 할 것이다.**

예수는 그리스도 하나님의 아들. 복음으로 우리 인생 모든 문제가 해결되고 해답을 얻는다. 이 복음으로 깊이 뿌리를 내릴 것이다.

복음 받은 그리스도인은 성령을 특권으로, 그리고 선물로 받게 되어있다. 그것은 오순절 성령강림의 목적이 그리스도를 증거하기 위함이요, 그리스도를 대신하기 위함이요, 그리스도의 목적을 이루기 위함이며, 그리스도의 종들에게 능력으로 입히시기 위함이기 때문이다. 그러므로 약속된 성령으로 옷을 입어야 할 것이다. 성령을 받지 못한 성도는 옷을 입지 않은 벌거벗은 것과 같다. 성령을 충만히 받도록 기도할 것이다. 권능 받아 그리스도 증인으로 살 것이다. 즉시 기도하기 바란다. 현장에서 자신의 지위에 합당한 전도자의 삶을 찾아내어 전도자로서 축복의 삶을 살 것이다. 기도하기 바란다.

7. 성령충만을 구하는 가장 좋은 기도

우리 구주 예수 그리스도로 말미암아 우리에게 그 성령을 풍성히 부어 주사
(딛 3:6).

이렇게 기도해야 한다. **특별한 방법으로 하는 것이 아니라, 평상시 우리가 기도하는 것처럼 기도하면 된다. 기도하는 것만큼 성령충만이 온다.** 1분하면 1분만큼 성령충만, 10분하면 10분만큼 성령충만 한다.

이것이 너희의 간구와 예수 그리스도의 성령의 도우심으로 나를 구원에 이르게 할줄 아는 고로(빌 1:19).

여기서 '도우심'이란 예수 그리스도의 성령의 추가적인 공급을 의미한다. 이 말은 당신의 "믿음에 덕을 더하는 것"처럼 동일한 것끼리 더하거나 다른 종류의 것을 더하는데 사용되었다. 성령을 받은 **사람들은 매일 더 많은 성령의 공급이 필요하다.** 이럴 때에 "**하나님은 신자들에게 성령이 공급되도록 성령을 다스리신다.**" 성령이 없이는 모든 것이 죽음이고 어둠이고 죄다. 모든 빛과 생명과 능력은 오직 성령으로부터만 나오는 것이다.

*하나님은 성령을 신자들에게 부어 주신다.
1) 구약시대에는 하나님께서 **성령을 조금 주셨지만, 복음시대에는 성령을 부어주셨다.**

2) **붓는다**는 뜻은 **성령의 은사와 은혜에** 대하여 하는 말이다. 그러나 이 말이 **성령의 위(位)와**는 무관하다. 성령을 부어주실 때에는 풍성하게 부어주신다. 그리고 그의 은혜와 은사는 여러 사람이 아니고 한 사람이라 할지라도 풍성하게 부어주신다. 동일한 사람에게 수차례에 걸쳐 주시는 것이 아니라, 단 한번만으로 풍성하게 주신다.

3) 또 이 표현은 성령이 정결케 하시고, 거룩케 하시고, 위로하시고, 새롭게 하시는 사역과 관계가 있다. 성령은 종종 물로 비유되었다(겔 36:35; 사 32:2). 성령을 붓는다는 것은 성령께서 부은바 된 사람을 위로하시고 새롭게 하시는 것과 관계가 있다. 성령은 '비'로도 비유된다. "나는 목마른 자에게 물을 주며 마른 땅에 시내가 흐르게 하며 나의 영을 네 자손에게, 나의 복을 네 후손에게 부어 주리니"(사 44:3)라고 말한다. **성령은 메마르고 열매를 맺지 못하고 타서 갈라진 땅과 같은 인간의 심령에 부어주셔서 사람의 심령이 샘이 되게 하시며 거룩하고 의로운 열매를 맺게 하신다는 것이다**(히 6:7). 선하신 주님은 우리들에게 이러한 물들과 새롭게 하시는 소낙비를 항상 주신다.

예수는 그리스도 하나님의 아들. 예수님은 하나님의 아들 그리스도라는 증거로 죽은 자 가운데서 부활하셨다. 부활하신 예수님은 지금 성령으로 우리 가운데서 역사하신다. 그러므로 성령충만을 받으라고 명령하신다.
"우리 구주 예수 그리스도로 말미암아 우리에게 성령을 풍성히 부어 주시옵소서!"라고 기도할 것이다. 기도하는 것만큼 성령충만이 온다. 기도해야 한다. 성경에서 약속을 주신 것은 기도하라고 주신 것이다. 성령충만을 주시도록 기도할 것이다.

성령을 받은 사람들은 매일 더 많은 성령의 공급이 필요하다. 구약시대와 달리 신약의 복음시대에는 성령을 강물처럼 부으시겠다고 약속되었다. 성령의 권능을 받고 그리스도 증인으로 살도록 기도하기 바란다. 성령의 충만을 받기 바란다. 성령충만 받는 것은 특권이자 의무이다.

8. 하나님은 신자들에게 성령이 공급되도록 성령을 다스리신다.

너희에게 성령을 주시고 너희 가운데서 능력을 행하시는 이의 일이 율법의 행위에서냐 혹은 듣고 믿음에서냐(갈 3:5).

성령충만은 믿음으로 받는다. 그러므로 성경은 "너희에게 성령을 주시고 너희 가운데서 능력을 행하시는 이의 일이 율법의 행위에서냐 혹은 듣고 믿음에서냐"고 말하는 것이다.

하나님은 사람들에게 성령을 계속적으로 부어주시고 또한 풍성하게 공급하신다(빌 1:19 참조. "도우심" = 예수 그리스도의 성령의 추가적인 공급). 성령을 받은 사람들은 매일 더 많은 성령의 공급이 필요하다. 이럴 때에 하나님께서는 신자들에게 성령이 공급되도록 성령을 다스리신다.

그러므로 성령충만을 위한 간청의 기도를 드려야 할 것이다.
1) "**내가 너희에게 말하노니 비록 벗됨으로 인하여서는 일어나서 주지 아니할지라도 그 간청함을 인하여 일어나 그 요구대로 주리라 내가 또 너희에게 이르노니 구하라 그러면 너희에게 주실 것이요…너희 하늘 아버지께서 구하는 자에게 성령을 주시지 않겠느냐 하시니라**"(눅 11:8-13).

2) "**술 취하지 말라 이는 방탕한 것이니 오직 성령으로 충만함을 받으라 시와 찬송과 신령한 노래들로 서로 화답하며 너희의 마음으로 주께 노래하며 찬송하며…아내들이여…남편들아…**"(엡 5:18-25).

- 알콜작용: 고등중추기관들을 마비시키고 뇌에 있어서 보다 하등한 요소들이 일어나 주도권을 잡는다. 분별력 잃고 판단하는 능력 상실한다.
- 성령의 작용: 그 반대다. 성령의 작용은 진정으로 각성시켜 준다. 성령은 각성제다. 마음과 지성을 고무시킨다. 환희와 벅찬 감격을 느끼게 한다.
- '충만하다'는 것은 "…의 기운으로(감화로) 산다"는 것을 뜻한다. 우리는 술기운으로 살지 말고 성령의 기운(감화)으로 살아야 한다.

3) "**그리스도의 말씀이 너희 속에 풍성히 거하여 모든 지혜로 피차 가르치며 권면하고 시와 찬송과 신령한 노래를 부르며 감사하는 마음으로 하나님을 찬양하고…아내들아…남편들아…무슨 일을 하든지 마음을 다하여 주께 하듯 하고 사람에게 하듯 하지 말라 이는 기업의 상을 주께 받을 줄 아나니 너희는 주 그리스도를 섬기느니라**"(골 3:16-24).

그리스도의 말씀충만은 곧 성령충만과 같다. 성령충만은 그리스도 복음충만이요 예수충만이요 믿음충만이요 진리 충만이다.

예수는 그리스도 하나님의 아들. 예수님은 하나님의 아들 그리스도시라는 증거로 죽은 자 가운데서 부활하셨다. 부활하신 예수님은 하나님 보좌 우편에 앉아 그리스도로 통치하시면서 우리에게 성령을 보내주셨다. 예수님은 지금 성령을 통해서 우리와 함께 하신다. 그러므로 우리에게 성령충만을 받으라고 명령하신다. 성령충만 받아 성령의 권능으로 땅 끝까지 증인이 되라고 명하신다. 복음전도자로서 살라고 명하시는 것이다. 그러므로 우리 모두는 즉시 성령충만을 받도록 기도할 것이다.

하나님과 그리스도께서는 우리에게 성령이 공급되도록 성령을 다스리고 계신다. 그러므로 우리가 성령을 구하는 만큼 성령을 풍성하게 부어주신다. 구하고 구해야 한다. 물론 여기서 성령을 우리에게 부어주신다는 것은 그의 위(位)가 아니라 성령님의 은혜와 은사다. 그리하여 성령의 권능 받아 전도자로서의 축복의 삶을 살 것이다.

9. 바울의 기도

1) ^{17}우리 주 예수 그리스도의 하나님, 영광의 아버지께서 지혜와 계시의 영을 너희에게 주사 하나님을 알게 하시고 ^{18}…(엡 1:17-23).

지혜와 계시의 '영'은 '성령'이시다. 사람이 하나님을 알게 되는 것은 어떤 증명에 의한 지식으로 성립되는 것이 아니고 성령의 은혜로만 되는 것이다. 누가 신자에게 묻기를 "너는 왜 믿느냐?"라고 한다면 신자는 "하나님이 말씀하셨기 때문이다"고 할 것이다. 또 묻기를 "어떻게 성경을 하나님의 말씀이라고 믿게 되는가?"하면 "하나님께서 마음속에 그렇게 믿도록 역사하여 주시기 때문이다"고 할 것이다.

"교회는 그의 몸이니 만물 안에서 만물을 충만하게 하시는 이의 충만함이니라"(23절). 교회는 만물 안에(세계 안에) 내재하여 만물에 모든 은혜로 채워주시는 그리스도의 충만함이라는 의미다. 교회는 그리스도의 충만하게 하시는 은혜를 전달하는 기관이 되기 위하여 그리스도의 은혜들을 충만히 보유한 그릇이라는 의미다. 그래서 교회사역은 구약시대 성전사역과 다르다. 구약시대 성전에서 이루어진 사역은 하나님께로 나아가 바치는 행사였으나, 신약시대 교회의 사역은 신자들이 하나님과 함께 세상으로 나아가서 그리스도의 은혜와 구원을 나누어주는 운동이다.

그러므로 교회는 그리스도로 충만해야 한다. 모든 설교, 모든 성경공부 및 모든 교제는 그리스도 중심으로 이루어 져야 하며, 그리스도의 복음이 선포되어야 한다. 그리스도의 복음은 우리의 칭의의 기초일 뿐만 아니라, 성화의 복음이기도 하다. 복음은 우리를 회개시키는데 쓰이는 하나님의 능력만이 아니라, 우리를 성화에 이르게 하는 복음인 것을 알것이다. 그리스도의 교회는 그리스도의 복음으로 가득차야 한다.

2) **[14] 이러므로 내가 하늘과 땅에 있는 각 족속에게 [15]이름을 주신 아버지 앞에 무릎을 꿇고 비노니 [16]그의 영광의 풍성함을 따라 그의 성령으로 말미암아 너희 속사람을 능력으로 강건하게 하시오며 [17]믿음으로 말미암아 그리스도께서 너희 마음에 계시게 하옵시고 …(엡 3:14-21).**

1)과 2)의 바울의 기도는 모두 예수 그리스도 복음에 대한 완전한 이해를(깊이 뿌리내리기를) 기원하고 있다. '속사람'이란 말은 영혼의 거듭난 생명을 가리킨다. '겉사람'(고후 4:16)과 대조된다. 속사람은 성령으로 말미암아 하나님의 영광의 속성을 계속적으로 공급받아야 한다. 신령한 지식, 사랑, 평화, 거룩 등이 속사람의 양식이다. '겉사람'이 지상의 음식으로 공급되는 것처럼 속사람도 신령한 하늘의 영광으로 공급되어야 한다.

바울의 기도 "그의 성령으로 말미암아 너희 속사람을 능력으로 강건하게 하시오며 믿음으로 말미암아 그리스도께서 너희 마음에 계시게 하시옵고"(16-17절)라고 하는데, 이 두 간구는 서로 결합되어 있다. 성령의 강건함과 그리스도의 내주하심은 같은 경험을 말한다. 바울은 성령과 그리스도를 분리시키지 않고 있다. 그리스도가 우리 안에 내주하게 하시고 성령이 우리 안에 내주하시는 것은 같은 일이다. 실제로 그리스도가 우리 마음에 내주하는 것은 바로 성령에 의한 것이다.

바울의 기도에서 바로 알아야할 것이 있다. 그리스도인은 그리스도께서 성령으로 모든 신자 안에 내주하시는데, 왜 신자의 마음속에 내주해

달라고 구해야 하는가? 물론 모든 그리스도인 안에 그리스도가 내주하시고, 그리스도인은 성령이 거주하시는 성전이다. 그러나 "**그리스도의 내주하심은 정도의 문제다**". 성령이 속사람에게 힘을 주시는 것도 마찬가지다. 신자는 그들이 더욱 "튼튼해지고 활기차게 되도록" 성령의 역사를 더욱더 확고하게 구해야 한다.

예수는 그리스도 하나님의 아들. 이 복음으로 우리 인생 모든 문제가 처리되고 해답을 얻는다. 이 복음으로 우리 모두는 깊이 뿌리내리기를 소원한다.

대전도자 바울의 기도가 에베소교회에 보낸 편지에 두 번 기록되면서, 각 기도마다 성령의 은혜와 역사를 언급하고 있다. 복음 받은 그리스도인의 최고의 과업은 기도하는 것이다. 기도 중의 최고의 기도 성령충만을 받도록 기도하는 것이다. 그리하여 성령의 권능으로 땅 끝까지 전도자의 축복을 누리며 사는 것이다. 즉시 성령충만을 받도록 기도하기 바란다. 모든 그리스도인은 삶의 현장에서 각인의 지위와 신분에 걸 맞는 전도자의 삶을 찾아내어, 복음전도자로 살 것이다. 기도하기 바란다.

10. 성령의 능력으로 소망 충만

소망의 하나님이 모든 기쁨과 평강을 믿음 안에서 너희에게 충만하게 하사 성령의 능력으로 소망이 넘치게 하시기를 원하노라(롬 15:13).

하나님은 소망의 근원이시며 소망을 몸소 일으켜 세우는 건축자시다. 하나님께서 우리 속에서 일하지 않는 소망은 환상에 불과한 것으로 우리를 속일뿐이다. 이 소망은 그리스도 안에 있다. 세상에는 소망이 없다(엡 2:12).

이 소망은 하나님께로서 출발하며, 성령의 능력에서 점점 견고해지고, 풍부해져서 넘치게 된다. 성령의 능력을 통해서 가능하다. 그러므로 이 소망이 있고 또 그 소망이 풍성한 곳에 복된 성령의 능력이 있다.

*성령의 능력의 역사 3가지. '성령충만' 기도할 때 나타난다.
1) 성령의 인격적 사역
(성령의 열매) "오직 성령의 열매는 사랑과 희락과 화평과 오래 참음과 자비와 양선과 충성과 온유와 절제니 이같은 것을 금지할 법이 없느니라"
(갈 5:22-23)

2) 성령의 능력(에너지) 사역(은사의 나타남)
"오직 성령이 너희에게 임하시면 너희가 권능을 받고 예루살렘과 온 유대와 사마리아와 땅 끝까지 이르러 내 증인이 되리라 하시니라"(행 1:8)
고전 12장(9가지 은사), 13장(사랑은 모든 은사들의 목표), 14장(은사 사용)

3) 성령의 능력으로 소망 충만

"소망의 하나님이 모든 기쁨과 평강을 믿음 안에서 너희에게 충만하게 하사 성령의 능력으로 소망이 넘치게 하시기를 원하노라"(롬 15:13)

(성령충만 소망충만 성령충만 소망충만 성령충만 소망충만 하라 기도해서 성령으로 충만 받고 소망으로 충만하라.)

예수는 그리스도 하나님의 아들. 이 복음으로 우리 인생 모든 문제가 처리되고 해답을 얻는다. 이 복음으로 깊이 뿌리를 내릴 것이다.

복음 받은 그리스도인의 소망은 예수 그리스도와 하늘나라이다. 구약의 족장들이 가진 메시아와 가나안 땅에 대한 소망의 약속이 신약시대 예수 그리스도께서 이 세상에 오심으로 성취되었다. 예수님은 하나님 나라 자체이셨다. 그러나 그 나라의 완전한 실현은 미래에 성취되게 되어있다. 지금은 그 나라를 맛보며 살고, 그리스도의 재림시에는 그 나라를 누리며 살 것이다. 그리스도의 초림기와 재림기의 중간기에 중요한 것은 성령님의 임재다. 모든 복음 받은 그리스도인은 성령의 충만을 받으므로 예수 그리스도와 하늘나라의 소망이 충만해지게 되어있다.

성령의 맛은 영생의 맛이다. 다시 살아나 하늘에 계신 예수 그리스도와 생명나무 열매의 맛이다. "그뿐 아니라 또한 우리 곧 성령의 처음 익은 열매를 받은 우리까지도 속으로 탄식하여 …"(롬 8:23)라고 하였다.

기도할 것이다. 복음의 능력, 성령의 권능을 얻도록 성령충만을 위해 기도할 것이다. 성령충만의 권능으로 땅 끝까지 증인의 삶, 전도자로서의 축복의 삶을 살 것이다. 즉시 기도하기 바란다. 성령충만을 받기 바란다. 더 많이 성령충만을 받도록 기도할 것이다. 성령의 능력으로 소망이 충만할 것이다.

11. 성령충만 받기 위해 계속해서 주 예수께 나오라

¹³예수께서 대답하여 이르시되 이 물을 먹는 자마다 다시 목마르려니와 ¹⁴ 내가 주는 물을 마시는 자는 영원히 목마르지 아니하리니 내가 주는 물은 그 속에서 영생하도록 솟아나는 샘물이 되리라(요 4:13-14).

육적 생수는 당장의 목마름을 갈아 앉히지만, 다시 목마르게 한다. 우리의 생명은 하나의 등불 같아서 계속적인 기름의 공급이 없으면 곧 꺼지고 만다. 이 세상에서 우리의 만족은 불완전하다. 이 세상의 모든 재물, 명예, 권력, 지식 등이 인간에게 만족을 못 줄 뿐 더러 더 큰 불만으로 이끈다.

그러나 그리스도께서 주는 물은 결코 목마르지 않는다. 그리스도가 그의 마음속에 거하시기 때문에 자기 자신에게 만족하는 사람이다. 그는 기름부음 받은 사람이다. **그리스도가 주는 물은 "그가 보내신 성령"이시다.** 성령을 받고도 그냥 목마름을 느낀다면 그것은 물 때문이 아니고 우리 편에 무슨 결함이 있기 때문이다. 그의 마음속에서 성령의 역사와 증거가 그에게 확고한 소망의 근원이 되고 넘치는 기쁨의 샘이 된다.

³⁷명절 끝날 곧 큰 날에 예수께서 서서 외쳐 이르시되 누구든지 목마르거든 내게로 와서 마시라 ³⁸나를 믿는 자는 성경에 이름과 같이 그 배에서 생수의 강이 흘러나오리라 하시니 ³⁹이는 그를 믿는 자들이 받을 성령을 가리켜 말씀하신 것이라 (예수께서 아직 영광을 받지 않으셨으므로 성령이 아직 그들에게 계시지 아니하시더라) (요 7:37-39).

예수님만이 인류의 갈증을 멈추어 주실 분이다. 여기서 생수는 성령님을 비유한다. 성령의 은사는 그리스도의 피(죽음)의 대가로 획득되었다. 이러한 피의 대가가 지불될 때까지 성령은 주어지지 않았다. 구약시대는 성령이 아직 완전히 지배적인 권위로 임하시지 않은 상태임을 의미한다(요 7:39). 모든 시대의 신자들이 성령에 의하여 성화되었고 위로를 받았었으나, 그 당시 "영의 직분(고후 3:8)은 완전히 나타나지 않은 상태였다. 수많은 **이적적인 은사와 함께 성령을 부어주시는 역사가 일어나지 않은** 상태였다는 것이다. **요한복음 7:37-39 본문은 성령충만 구하는데 이보다 더 중요한 구절이 없는 가장 중요한 구절**이다. **우리가 계속해서 성령으로 충만하기 위해서는 계속해서 주 예수께 나와야 한다.**

혹자는 "성경에는 금박으로 인쇄해야 할 본문들이 있다고 말하는 사람들이 있다. 우리 앞에 있는 요한복음 7:37-39 이야말로 그런 본문 중의 하나다"고 말한다. 복음 받은 신자는 당연히 그리스도께 나와 성령의 충만을 구할 것이며, 또한 당연히 받게 되어 있다. 그리스도인은 언제나 목마르고 언제나 마셔야하는 영적 갈급함을 가진 갈증환자다. 우리는 계속해서 성령으로 충만하기 위해서 계속하여 주 예수께 나와야 한다.

우리가 마시는 물은 이제 흐르는 물이 된다. 우리가 받은 성령을 우리 안에서만 담아둘 수는 없다. 어느 누구도 하나님의 성령을 소유하면서, 그 성령을 자기에게만 제한할 수 없다. 성령은 그 계신 곳에서 흘러나가신다. 만일 성령이 흘러나가지 않는다면, 그 분이 거기 계시지 않은 것이다. 우리는 전도의 열망과 활동으로 이어지지 않는 성령충만에 대해서는 그 어떤 주장도 경계해야 한다.

예수는 그리스도 하나님의 아들. 예수님은 하나님의 아들 그리스도시라는 증거로 죽은 자 가운데서 부활하셨다. 부활하신 예수님은 하나님 보좌 우편에 앉아 그리스도로 통치하시면서 우리에게 성령을 보내주셨다. 예수님은 지금 성령을 통해서 우리와 함께 하신다. 그러므로 우리에게 성령충만을 받으라고 명령하신다. 성령충만 받아 성령의 권능으로 땅 끝까지 증인이 되라고 명하신다. 복음전도자로서 살라고 명하시는 것이다. 그러므로 우리 모두는 즉시 성령충만을 받도록 기도할 것이다.

우리는 근거 없이 성령충만을 받도록 기도하는 것이 아니다. 어떤 신비주의자들은 산 기도 가서 나무뿌리가 뽑힐 때까지 힘을 다해 기도하라고 한다. 그래야 성령충만을 받는다고 한다. 아니다. 예수님은 약속하셨다. "누구든지 목마르거든 내게로 와서 마시라"고 약속하셨다. 우리는 계속해서 성령으로 충만 받기 위해서 계속하여 오직 주 예수께 나와 구하면 된다. 약속된 성령충만은 믿음으로 받는다. 속지 말라. 즉시 성령충만을 받도록 기도하여 권능 받아 그리스도 증인으로 현장에서 승리할 것이다. 복음전도자로 살고자 성령충만을 구하여 살 때, 하나님은 환경을 변화시키고 돕는 자를 보내신다. 기도하기 바란다.

12. 성령으로 기도, 성령으로 봉사

²⁰사랑하는 자들아 너희는 너희의 지극히 거룩한 믿음 위에 자기를 세우며 성령으로 기도하며 ²¹하나님의 사랑 안에서 자신을 지키며 영생에 이르도록 우리 주 예수 그리스도의 긍휼을 기다리라(유 1:20-21).

" 성령으로 기도하며"(유 1:20)

영적 생활의 방도를 살펴보면 ① 이 생활의 기초는 신앙이요 ② 이 생활의 노력은 기도요 ③ 이 생활의 수호자는 하나님의 사랑이요 ④ 이 생활의 목표는 예수 그리스도의 긍휼로 말미암아 완성될 내세의 구원이다.

"하나님의 성령으로 봉사하며…"(빌 3:3)
"…누가 봉사하려면 하나님이 공급하시는 힘으로 하는 것 같이 하라…" (벧전 4:11)

우리는 자신의 힘이 아니라 성령으로 봉사하며, 하나님이 공급하시는 힘으로 봉사하는 것이다. 그러므로 믿음과 기도 없이는 바른 봉사가 이루어질 수 없다.

"성령님은 신자의 동역자"

우리는 이 일에 증인이요 하나님이 자기에게 순종하는 사람들에게 주신 성령도 그러하니라 하더라(행 5:32).

예수님이 그리스도이신 사실에 대하여 사도들과 성령님이 함께 증인이다. 이것이야 말로 교회의 최후의 능력이다. **만일 우리가 성령님과 함께 동역하지 않으며 성령님을 동반자로 삼아 우리의 사업을 해나가지 않는다면** 우리는 우리가 속한 지역이나 직장에서 아무런 영향력도 발휘할 수 없다. 만일 설교자가 보이지 않는 일에 무지하며 교회가 이 세상에서 무한한 세계에서 비치는 신비로운 빛을 포착하여 비치지 못한다면(이러한 일은 학교에서 배울 수 없는 것이다.), 설교자와 교회는 겉보기는 화려하나 속은 보잘것 없는 형식주의가 되고 말 것이다.

우리가 세상에서 진정한 승리자가 되려면 **우리는 성령님을 동역자로 모셔야 한다. 우리는 성령님의 동역자가 되어야 한다. 우리는 성령으로 기도하고 성령으로 봉사하며 성령으로 전도한다.**

예수는 그리스도 하나님의 아들. 예수님은 하나님의 아들 그리스도라는 증거로 죽은 자 가운데서 부활하셨다. 부활하신 예수님은 지금 성령으로 우리 가운데서 역사하신다.

우리는 이 성령의 권능을 받아서 봉사하고, 사랑하고, 일하고 섬긴다. 또한 복음을 전한다. 만일 우리가 이렇게 성령님과 함께 동역하지 않고 성령님을 동반자로 삼아 우리의 사업을 해나가지 않으면 우리는 우리가 속한 지역이나 직장에서 아무런 영향력도 발휘할 수 없다. 우리는 성령으로 기도하며, 성령으로 봉사하며, 성령님께서 우리의 동역자이심을 굳게 믿고 전도해야 한다. 그러므로 우리 모두는 성령충만을 받으라고 명령 받고 있다. 우리 모두가 성령충만을 받도록 기도하여 권능의 증인이요 복음전도자로서 축복의 삶을 살 것이다. 기도하기 바란다.

13. 성령의 인도

⁶성령이 아시아에서 말씀을 전하지 못하게 하시거늘 그들이 브루기아와 갈라디아 땅으로 다녀가 ⁷무시아 앞에 이르러 비두니아로 가고자 애쓰되 예수의 영이 허락지 아니하시는지라 ⁸무시아를 지나 드로아로 내려갔는데 ⁹밤에 환상이 바울에게 보이니 마게도냐 사람 하나가 서서 그에게 청하여 이르되 마게도냐로 건너와서 우리를 도우라 하거늘 ¹⁰바울이 이 환상을 보았을 때 우리가 곧 마게도냐로 떠나기를 힘쓰니 이는 하나님이 저 사람들에게 복음을 전하라고 우리를 부르신 줄로 인정함이러라(행 16:6-10).

'성령이 아시아에서 말씀을 전하지 못하게 하시거늘', '예수의 영이 허락지 아니하시는지라' 성령님이 이 두 경우에 어떻게 그 막는 일을 하셨는지에 대해서는 여러 가지 추측이 있다. 그것은 그 선교사들에게 강하고 일치된 내적 감동을 주는 것을 통해서일 수도 있고, 아니면 질병이나 유대인들의 반대 혹은 법적인 금지 같은 상황을 통해서일 수도 있고, 아니면 그리스도인 예언자 — 아마도 실제 자신(15:32) 말을 통한 것이었을 수도 있다.

그러나 **성령께서 사람의 영을 억압하시고 직접 통제하시는 일의 좋은 예로 볼 수도 있다. 성령의 인도 교리 전체를 이해하는데 이보다 더 중요한 것은 없다.**

어떤 사람이 어떠한 일을 하려할 때 어떻게 결정을 내리는가? 하나님께서 우리에게 생각을 주신다. 이해를 주신다. 그러면 우리는 그러한 것들을 사용해야 한다. 이성과 상식과 이해를 사용한다. 또 다른 자료들을 참고할 수 있다. 또 다른 사람들의 의견을 참고할 수 있다. 그 모든 일은 다 합법적이다. 그런 다음에 우리는 "하나님께서 문을 열어주실지 아니면 닫으실지" 하나님께서 바로 그 일을 하신다. 하나님께서 우리로 하여금 어떤 일을 하도록 원하시면 환경들을 조성하신다. 우리가 문을 억지로 열려고 해서는 결코 안 된다.

그럼에도 불구하고 훨씬 더 중요한 아니 모든 것 가운데서 가장 중요하고 사활적인 것은 우리 영 안에서 증거 하시는 "성령의 증거"이다. 어떤 행동 진로에 대하여 우리의 생각으로 만족할 수 있고, 심지어 생각으로 결정한 것과 환경들이 보편적인 관점에서 볼 때 맞아 들어갈지라도, "**마음 속에**" **무언가 불안하고 불확실한 느낌이 있으면 움직이지 말고 행동하지 않아야 한다는 점이다. 성령의 금함이 바로 여기에 있는 것이다.**

"성령이 아시아에서 말씀을 전하지 못하게 하시거늘". 말씀을 전하는 일은 옳았다. 아시아가 말씀을 전하는데 문을 열어놓고 있었다. 그러나 성령께서 그렇게 하지 못하게 하셨다.

좋은 예화가 있다. 정거장에 기차가 떠날 준비를 하고 있다. 승객들도 좌석에 앉고 모든 것이 준비되어 있다. 그러나 기차는 움직이지 않는다. 신호가 떨어지지 않았기 때문이다. 출발하라는 최종적인 신호가 있기 전에는 기차는 역을 떠날 수 없는 것이다.

성령의 인도하심은 내적인 확정을 통하여 인도된다. 우리가 받은 이 확신이 바로 그것이다. 확신 없이는 행동하지 말아야 하는 것이다. 불확실하면 기다려야 한다. 성령님은 어떤 일을 최종적으로 '금하실' 수 있다.

성령은 우리가 하나님의 뜻에 부합하지 않은 계획을 세울 때면 '**마음의 평화**'를 잠시 거두어 가심으로서 우리의 길을 인도하신다. **즉 하나님**

은 마음의 평화를 잠시 거두심으로써 "그 일을 해서는 안 된다. 그것은 나의 뜻이 아니다."라는 메시지를 전달하시는 것이다.

그러나 중요한 사실은 성령이 인도하시는 사람이란 그의 인도를 받기에 합당한 상태에 있는 사람이라는 것이다. 이런 사람은 그리스도께 충성하고 성령의 인도에 순종했고 늘 깨어있는 사람이다. 그러나 우리는 종종 이러한 것들이 실패함으로서 성령의 인도를 깨닫지 못한다. 자신의 실망과 역경이 성령의 인도아래 있다는 것을 깨달을 수 있는 것은 우리가 **예수님과 교제를 나눌 때**이다. 하나님께서 우리를 인도하시는 방법이 불꽃같은 환상이나 천둥과 같은 큰 소리나 선명한 음성이나 엑스터시의 상태라고 생각하는 사람은 결코 성령의 인도를 받을 수 없는 것이다. 그러나 주님을 기다리며 그를 가까이 할 때 우리는 그가 역경과 실망과 어두움의 때에도 우리를 인도하고 계시다는 것을 발견할 것이다. 축복이 사라지고 역경에 처할 때도 성령의 인도의 손길을 느낄 수 있는 것은 바로 예수님과 교제를 나눔으로서 가능하다. 우리에게 필요한 것은 아무 음성도 들리지 않고 아무 환상도 보이지 않는 때에라도 성령의 인도에 순종하는 것이다. 언젠가는 우리의 순종이 참된 성령의 인도에 따른 것이었음이 밝혀지고 환상이 보이고 마게도냐 사람이 우리 앞에 나타날 날이 올 것이다.

(참고로 어떤 주석가는 사도 바울의 아시아 전도 여행을 막으시고 그 주위에서 방황하게 성령께서 역사하시므로 '누가'와의 만남이 이루어졌다고 하기도 한다. 하나님은 마게도냐 사람인 누가를 오게 하셔서 바울의 전도여행에 가담케 하심으로 헬라에 들어가서 전도하는데 유력한 동

반자가 되도록 하기 위함이었다고 말한다. 만일 아시아에서 방황하는 시간이 없이 그냥 갔으면 누가와 접촉이 안 될 뻔했다. 행 16:10 "바울이 이 환상을 보았을 때 우리가 곧 마게도냐로 떠나기를 힘쓰니…"라고 하여 여기서 비로소 **'우리가'라고 하여** 누가와의 만남이 시작되고 있는 것이다. 누가를 드로아로 오게 하고 바울은 방황하다가 시간을 얻어가지고 거기에서 만나게 하신 것이다. 그리하여 바울이 전도 여행 중에 돌아다니면서 모든 일을 일일이 다 기록할 시간이 없을 때 누가는 면밀하게 그 여행을 기록했다.

과학자답게 치밀하게 보아가면서 여행기를 기록한 것을 볼 때 하나님이 이 큰 사실을 계시로 후세에게 남기기 위해서는 누가라는 사람의 가담이 그 때 필요했다는 말이다. 누가가 가담해서 사도행전의 그 모든 것을 기록했다는 사실은 우리에게 있어서 바꿀 수 없이 중요한 일이다. 바울이 그곳에 교회를 세웠다는 그것보다 우리에게는 지금 더 중요한 사실인 것이다.)

예수는 그리스도 하나님의 아들. 이 복음으로 우리 인생 모든 문제가 처리되고 해답을 얻는다. 이 복음으로 우리 모두는 깊이 뿌리내리기를 소원한다.

복음 받은 그리스도인이 복음의 능력으로 살기 위해서는 기도해서 성령의 충만을 받고 성령의 인도를 받고 사는 것이다. 그리스도인은 성령의 사람이기 때문에 성령의 인도가 없으면 한 발자국도 움직여서는 안 되는 존재이다. 아무리 외적인 조건이 100% 갖추어 있다고 해도 내적인 성령의 인도가 있을 때까지는 기다려야 한다. 우리는 불확실하면 반드시 기다려야 하는 것이다. 여기에 실패한 그리스도인은 큰 실패의 대가를 치르게 되어 있다.

   기도하기 바란다. 기도 중의 최고의 기도 성령충만을 받도록 기도하는 것이다. 그리하여 성령의 권능으로 땅 끝까지 전도자의 축복을 누리며 사는 것이다. 즉시 성령충만을 받도록 기도하기 바란다. 성령의 인도가 없이는 한 발자국도 움직이지 말기 바란다

14. "성령충만"이란 정상적인 그리스도인의 생활을 말한다

³형제들아 너희 가운데서 성령과 지혜가 충만하여 칭찬 받는 사람 일곱을 택하라 우리가 이 일을 그들에게 맡기고 ⁴우리는 오로지 기도하는 일과 말씀 사역에 힘쓰리라 하니 ⁵온 무리가 이 말을 기뻐하여 믿음과 성령이 충만한 사람 스데반과 또 빌립과 브로고로와 니가노르와 디몬과 바메나와 유대교에 입교했던 안디옥 사람 니골라를 택하여 ⁶사도들 앞에 세우니 사도들이 기도하고 그들에게 안수하니라(행 6:3-6).

직분을 맡은 자들은 '성령이 충만해야 한다'. 곧 그리스도인의 능력과 목적을 삶 속에서 완전히 실현시키는 사람들이어야 한다는 것이다. 그리스도인들 중에는 성령충만과 관계없이 그들의 삶을 영위하고자 하는 사람들이 많다. 그런 그리스도인은 정상적인 그리스도인의 삶을 살고 있지 않는 것이다. 정상적인 그리스도인의 삶을 살고 있는 사람들은 모두 성령이 충만한 사람들인 것이다.

성령충만이란 소수의 사도들과 선지자들에게나 주어졌던 영적인 특권을 가진 상태를 의미하지 않는다. 그리스도인의 성령충만하지 못하면 그의 영적인 생활은 병든 것이며 생명력이 약화되고 만다. **성령충만이란 비정상적인 것이 아니라 매일 정상적인 그리스도인의 생활을 말한다.** 성령의 작용은 우리를 진정으로 각성시켜 준다. 성령의 은사는 우리의 이성적인 지식을 무시하는 것이 아니라 오히려 성령충만 받으면 우리가 가진 지식이 더욱 정상적이 되는 것이다.

성령충만이란 세상 일에 대한 관심을 모두 버리는 것을 결코 뜻하지 않

는다. 오히려 성령충만한 상태는 자신이 하고 있는 이 세상의 일들(곧, 가정·직장·사업을 비롯한 모든 생활)에 그리스도의 인도하심을 따라 행하는 것이며, 그리스도의 다스림을 받으며, 몸과 마음과 뜻을 다하여 수행하는 것을 뜻한다. 바로 그러한 사람, 곧 믿음과 헌신의 사람, 그리스도인의 정상적인 삶을 살고 있는 사람이 교회 안에서 직분을 맡아야 한다.

그러므로 초대교회는 형제들 가운데서 지혜가 충만하여 칭찬 듣는 사람, 믿음과 성령이 충만한 사람을 선택하여 교회사역을 맡겼다. 그들 가운데는 12사도들 보다 뛰어난 믿음과 성령이 충만하고 지혜가 충만하여 칭찬받는 자들이 있었다.

오늘날 잘못된 거짓 신비주의자들은 성령충만을 생활과 분리시키고 은혜와 은사만 강조한다. 그들은 자신들이 받은 은사의 황홀상태를 즐기고 또 자신이 받은 그 은사를 자랑하고 과시한다. 그들에게는 객관적인 삶은 중요하지 않고, 그들의 주관적인 감정만 추구한다. 이들의 신앙상태를 들여다보면 복음에 뿌리를 내리지 않고 성령을 예수 그리스도 복음과 분리시켜 취급한 것을 볼 수 있다. 거짓된 신비주의는 예수 그리스도를 중심하여 내세우는 것보다 성령을 중심한다. 성령님은 사실은 예수 그리스도를 전파하기 위하여 사역하시는 것인 만큼, 성령의 모든 사역은 언제나 예수 그리스도를 중심해야 하는 것이다(요 15:26). 예수 그리스도 복음이 전부인 것이다.

예수는 그리스도 하나님의 아들. 이 복음으로 우리 인생 모든 문제가 처리되고 해답을 얻는다. 이 복음으로 깊이 뿌리를 내릴 것이다. 그리고 복음의 능력, 성령의 권능을 얻도록 성령충만을 위해 기도할 것이다. 이 권능으로 현장의 삶에서 세상을 이기고 또한 세상을 섬기고, 사랑하고, 봉사할 것이다. 이 성령의 권능으로 영감을 얻고, 지혜를 얻고 봉사하며 고난에 처하더라도 인내의 능력을 얻는 것이다. 그리고 성령충만의 권능으로 땅 끝까지 증인의 삶, 전도자로서의 축복의 삶을 살 것이다. 예수님의 훈련된 제자는 그 나름대로 성령충만의 비밀을 갖고 기도해야 한다. 즉시 기도하기 바란다. 성령충만을 받기 바란다. 더 많이 성령충만을 받도록 기도할 것이다.

15. 성령충만 받음으로 신자는 "성화" 되어간다. 죄를 이긴다: "성화"의 주체는 "성령", 인간의 의지는 "협력"

너희가 육신대로 살면 반드시 죽을 것이로되 영으로써 몸의 행실을 죽이면 살리니(롬 8:13).

¹⁶내가 이르노니 너희는 성령을 따라 행하라 그리하면 육체의 욕심을 이루지 아니하리라 ¹⁷육체의 소욕은 성령을 거스리고 성령은 육체를 거스르나니 이 둘이 서로 대적함으로 너희가 원하는 것을 하지 못하게 하려 함이니라(갈 5:16-17).

신자 안에 내재하는 죄를 죽이는 일의 주인공은 성령님 자신이시며, 의무에 대한 인간의 순종은 도구이다. 인간은 타락함으로 잃어버린 하나님의 형상을 성화의 과정을 통해 회복하게 되는데, 죄와의 끊임없는 싸움과 성화에서의 진전은 바로 인간으로 하여금, 하나님이 본래 창조하셨던 자리로 돌아가게 하고 인간 본연의 존재의 목적과 기능을 수행하게 한다. **구원받은 인간은 여전히 죄의 영향을 받는다.** 그는 끊임없는 성화를 통해 하나님의 형상으로 변화될 수 있으며 이것이 참된 신자가 되어가는 과정이다. 이러한 성화의 목적은 성령을 통해 신자 안에서 성취된다. 그러므로 죄를 죽이고 은혜를 살려 이 성화 목적에 이르게 하는 주도권은 처음부터 끝까지 성령이 가지고 계신다. **로마서 8: 13을 보면 오직 죄가 성령에 의해서만 죽임을 당하는 것이다.** 신자의 성화에 있어서 성령님의 역할은 단지 죄를 죽이는 일에만 관여하지 않는다. 오히려 죄를 발견하고 또 하나님의 용서를 확신하게 하고 죄와 싸울 수 있는 복음적인 동기를 제공하는 주체로 활동한다.

신자의 성화는 중생(거듭남)과 함께 시작된다. 중생은 인간의 의지와 상관없이 하나님에 의해 독립적으로 일어나는 역사이지만 회심은 인간의 협력을 통해 결실하며, 성화에서도 이러한 성령님의 주도권에 협력하는 인간의 의지가 강조된다. 신자의 성화에 있어 작용의 시작은 성령이 하시고, 신자의 의지는 도구로 순종함으로 이루어진다. 비록 구원받은 신자일지라도 오직 그 안에서 역사하시는 성령의 은혜로서만 영적인 선을 행할 수 있다. 그리고 이 성령의 은혜는 그리스도의 구속사역을 시초로 우리의 믿음을 통해 오는 것이다.

넓은 의미에서 보면 인간이 죄 죽임의 실천을 택하는 것도 성령의 은혜의 영향이지만, 좁은 의미에서 보면 **인간은 자신의 의지 안에서 죄 죽임을 선택한다. 그러나 신자라 할지라도 그는 죄 죽임을 선택할 뿐이지 자신의 의지로서 죄를 죽이지는 못한다.** 도덕적으로 올바른 삶을 실천하려고 노력한다 할지라도 그것으로는 죄를 죽일 수 없다. 그가 만약 믿음 안에서 성령을 의지하는 가운데 죄 죽임의 실천이 없이 도덕적으로 행동하려고 한다면, 그것은 성공하지 못할 것이다. 그러나 만약 성공한다면, 그것은 여전히 내재하는 죄를 남겨둔 채 '자기의'에 빠지게 될 것이다.

죄 죽임 없는 신자의 신앙생활은 실패하면 배교에 가까운 삶이고, 성공하면 외식하는 삶이 된다. **죄 죽임의 주체는 오직 성령뿐이시다.** 오직 성령만이 그 은혜 작용으로서 하나님의 은혜언약 안에서 죄 죽임을 선택하는 신자들을 위하여 그의 의지적 협력 안에서 죄 죽임을 실행하신다. **그러나 성령께서 이 일을 행하심에 있어 인간 의지를 사용한다는 사실**

을 잊으면 안 된다. 은혜언약이 본질적으로 인간 의지를 초월해서 역사하는 것이 아니라는 확신 아래 신자를 성화의 의무로 부른다. 무한한 은혜의 공급이 약속되어 있는 신자들이지만 그가 의지를 가지고 죄를 죽이시는 주체이신 성령님께 화합하지 않는다면 결코 성화에 이를 수 없는 것이다. 그러므로 복음 받은 신자가 간절히 기도할 이유가 있는 것이다. 성령의 권능을 의지할 이유가 있는 것이다.

예수는 그리스도 하나님의 아들. 예수님은 하나님의 아들 그리스도시라는 증거로 죽은 자 가운데서 부활하셨다. 부활하신 예수님은 하나님 보좌 우편에 앉아 그리스도로 통치하시면서 우리에게 성령을 보내주셨다. 예수님은 지금 성령을 통해서 우리와 함께 하신다. 그러므로 우리에게 성령충만을 받으라고 명령하신다.

이 성령의 충만함을 받아야 우리는 죄를 이기고 하나님의 형상을 이루어가며 하나님 사랑과 이웃 사랑의 삶을 살아갈 수가 있다. 자기중심에서 하나님 중심, 그리스도 중심, 성령 중심으로 삶의 태도가 바뀔 수 있다. 성령의 권능이 없는 단순한 의지적 노력은 위선적 삶이될 수밖에 없다. 우리의 의지로 협력이 필요하나 성화의 주체, 죄 죽임의 주체는 성령님이시다. 기도해서 우리의 의지를 성령님께 드려야 한다. 이것이 성령충만인 것이다.

이렇게 성령충만을 받아 권능의 그리스도의 증인이 되어 사랑을 실천하며, 섬기며 종으로서 봉사하는 가운데 예수 그리스도를 자신의 생활 속에 나타내기를 기원한다. 우리 모두는 지금 즉시 성령충만을 받도록 기도할 것이다. 때를 얻든지 못 얻든지 복음을 전할 것이다.

16. 성령의 인도 받으려고 몸부림치면!

문제가 왔을 때 성령의 인도 받으려고 몸부림치면 굉장한 답이 나온다. 고민거리가 있으면 성령의 인도 받으려고 몸부림치면 반드시 승리하게 되어있다. 고민하려면 이 고민을 할 것이다.

> 너희는 너희가 하나님의 성전인 것과 하나님의 성령이 너희 안에 계시는 것을 알지 못하느냐(고전 3:16).

> 하나님의 성령을 근심하게 하지 말라 그 안에서 너희가 구원의 날까지 인치심을 받았느니라(엡 4:30).

> 성령을 소멸하지 말며(살전 5:19).

신앙생활 잘하려고 하는데 어떻게 하면 되겠느냐? 나는 지금 실패했는데 어떻게 하면 되느냐? 또 내가 능력이 없다. 무능하다. 잘하면 되는데 어떻게 하면 되는가? 우리 신자는 이 답을 꼭 얻어야 된다. 성공하는 길이 있다. 고린도전서 3:16 약속이 있다. **"너희는 너희가 하나님의 성전인 것과 하나님의 성령이 너희 안에 계시는 것을 알지 못하느냐"** 불안해하면 사탄의 공격을 받는다(벧전 5:7-8). 영적 싸움이다. 성령께서 내 안에 계신다. 이 사실을 굳게 믿어야 한다. 성령께서 나와 함께 하시므로 절대 망할 수 없다. 그런데 왜 안 되나? 우리가 성령의 인도 받으면 반드시 승리한다. 그러나 많은 **신자들이 성령의 인도를 안 받는다.** 그래서 잠시 실패한다. 하나님의 자녀는 망하지 않는다. 성령의 인도를 안 받으니까 계속 실패가 온다.

지금부터 **성령의 인도 받으려고 고민하면** 그 자체가 어마어마한 역사로 바뀐다. 이 부분이 아주 중요하다. **문제 왔을 때도 성령인도 받으려고 몸부림치면 굉장한 답이 나온다.** 성령인도 받으면 반드시 시간 지나면 지날수록 답이 된다. 성령인도 못 받으면 시간이 지나면 지날수록 안 된다.

신자들이 성령의 인도를 안 받는다. 왜 안 받는가? "하나님의 성령을 근심하게 하지 말라…"(엡 4:30). 자꾸만 조급한 것이다. 성령을 근심시킨다. 응답이 정확하게 오고 있는데 조급하게 달려간다. 또 "성령을 소멸하지 말며"(살전 5:19) 응답이 와 있는데 불신앙하고 겁먹고 안한다. 이것은 반대다. 성령을 소멸하는 것이다. 성령이 분명 나와 함께 계시기 때문에 성령의 인도를 받아야 된다. 지금부터 고민거리가 있으면 성령의 인도받으려고 몸부림치면 반드시 승리한다. **우리의 방법은 "성령충만"이다. 개개인 나름대로 성령충만의 방법**만 찾아내면 권능 받아 승리한다. 정시기도 무시기도하면 성령 인도받고 승리한다.

예수는 그리스도 하나님의 아들. 예수님은 하나님의 아들 그리스도라는 증거로 죽은 자 가운데서 부활하셨다. 부활하신 예수님은 지금 성령으로 우리 가운데서 역사하신다. 그러므로 복음 받은 신자는 성령의 인도를 받으려고 힘을 다해 노력하고 애쓰며 기다려야 한다. 또한 성령의 인도와 역사를 소멸해서는 안 된다. 의심스러울 때는 기다려야 하고, 성령의 강권이 확실할 때는 그 인도에 따라야 한다.

우리 모두는 특별한 경우에만 성령을 구하고 성령의 인도를 받으려고 하지 말고 언제나 성령충만을 구해서 성령의 인도를 받는 성령의 체질을 가진 신자가 되어야 한다. 이 시간 우리 모두는 성령의 충만을 받도록 기도할 것이다. 성령의 권능 받아 그리스도 증인으로 살고자 삶의 목표와 방향을 정할 것이다. 그러면 성령의 인도를 범사에 받고 사는 성령의 사람이 될 것이다. 기도하기 바란다. 복음전도자로서 축복의 삶을 살기 바란다.

17. "성령을 받으라."

이 말씀을 하시고 그들을 향하사 숨을 내쉬며 이르시되 성령을 받으라 (요 20:22).

"성령을 받으라" 이 체험은 하나님의 자녀가 살아가는 역할을 제대로 할 수 있는 유일한 길이다. 이 체험이 안 되면 어려운 것이다. 교회에서 우선적으로 해야 될 일은 봉사나 일이 아니다. 건축도 아니다. 회의도 아니다. **"성령충만을 받으라." "성령을 받으라."** 우리가 이 체험을 하게 되면 굉장해지는 것이다. 신자가 달라진다. 사람이 무엇을 가지느냐에 따라서 그것이 그 사람에게서 나온다. 생각이 마음에서 의식 속으로 들어간다. 영혼 속으로 들어간다. 하나님의 말씀이 영혼 속으로 들어가면 굉장한 역사가 일어난다. "내가 죽어야겠다." 이런 생각이 내 영혼을 사로잡을 때 자살한다. "밉다!" 이것이 내 영혼을 사로잡을 때 사람을 죽인다. **"성령을 받으라."** 대단히 중요한 말이다. 굉장한 말이다.

신자가 **"성령충만"**을 받을 때부터 예수제자가 되는 것이다. 가지고 있는 사람은 줄 수가 있다. **성령충만을 받고 살면 굉장한 것을 보게 된다.** 이때부터 무엇인가 달라진다. 말이 달라지고 행동도 달라진다. **"베드로가 이르되 은과 금은 내게 없거니와 내게 있는 이것을 네게 주노니 나사렛 예수 그리스도의 이름으로 일어나 걸으라"**(행 3:6).

어떤 문제도 해결할 수 있으니까 '성령을 받아라' 예수님의 약속이다. 세계 정복(세계복음화)할 수 있으니 '성령충만을 받으라' 응답이 오게 되어 있다. 우리는 이 힘을 얻고 사는 것이다. 성령충만을 받으면 하나님의 능력을 보게 된다.

성령께서 함께 하고 내주, 인도, 역사하는 자를 사용하여 하나님은 세계복음화를 이루신다. 이 비밀을 가진 사람이 한 명 애굽에 있으면, 하나님은 모든 것을 애굽으로 동원시켰다. 요셉이다. 우리가 이 성령충만의 약속을 갖고 누리며 산다면, 우리 있는 곳에 하나님은 모든 것을 동원시킬 것이다. 그러므로 우리는 **우리 나름대로 성령충만의 방법을 찾아서** 항상 성령충만 받아 권능의 그리스도 중인으로 살 것이다.

예수는 그리스도 하나님의 아들. 이 복음으로 우리 인생 모든 문제가 처리되고 해답을 얻는다. 이 복음으로 우리 모두는 깊이 뿌리내리기를 소원한다. 복음 받은 그리스도인의 최고의 과업은 기도하는 것이다. 기도 중의 최고의 기도 성령충만을 받도록 기도하는 것이다. 그리하여 성령의 권능으로 땅 끝까지 전도자의 축복을 누리며 사는 것이다. 즉시 성령충만을 받도록 기도하기 바란다.

성령의 충만을 받은 사람은 자신의 상태를 잘 알 수 있다. 성령충만을 받은 자에게는 자기를 지배하는 창조적인 하나님의 능력이 있는 것을 안다. 그런 능력이 없을 때는 하나님과 그리스도와 성령께서 자신을 지배하고 있지 않다는 증거인 것이다. 성령께서 나를 지배하고 있는 동안에는 막연하거나 게으르거나 아무래도 좋다거나, 혹은 잠자는 것같이 안일하게 지내려 하지 않는다. 어떻게 해서든지 복음을 전하고 하나님의 뜻을 이루어야겠다고 열정을 갖고 전진한다. 참되게 성령충만을 받을 것이다. 기도하기 바란다. 복음전도자로서의 삶을 살기 바란다.

18. 성령의 보증 그리고 확신

²¹우리를 너희와 함께 그리스도 안에서 굳건하게 하시고 우리에게 기름을 부으신 이는 하나님이시니 ²²그가 또한 우리에게 인치시고 보증으로 우리 마음에 성령을 주셨느니라(고후 1:21-22)

1) **"우리에게 기름 부으신 이는 하나님이시니"** 하나님은 예수님을 그리스도로 믿음을 가지는 순간 믿는 자 개개인 위에 성령을 부으셔서, 마치 그리스도(기름부음 받은 자)처럼 믿는 자도 기름부음 받은 자가 되게 하신다. 구약에서 기름부음은 선지자에게(왕상 19:16), 제사장에게(출 29:7), 왕에게(삼상 10:1) 행해졌다. 그들은 **'부분적' 메시아**(기름부음 받은 자)로 **'온전한' 메시아**를 예표한 것이다. 때가 차매 예언대로 '온전한' 메시아가 왔으니, 예수님이시다. 하나님은 예수님을 온전한 메시아(그리스도)로 믿는 자에게 성령 곧 기름부음을 부으셔서 그리스도인이 되게 하시고, 예수님처럼 선지자 제사장 왕의 직분을 수행하여 하나님께 영광을 돌리게 하신다. 신자는 성령충만을 받아 이 세 직분을 수행하여 그리스도의 증인으로 사는 것이다.

2) **"우리에게 인치시고"** 신자는 믿음을 갖는 순간 성령의 인침을 받는다. 고대 사회에서 "인"이란 어떤 서류의 소유권을 나타내기 위해 특별한 도구로 밀랍에 각인을 하는 것이었다. 우리는 지금도 중요한 법적 서류들에는 회사 인을 첨부한다. **성령님이 우리 안에 계시는 것은 소유권을 나타내는 '인'이다.** 우리 자신이 아니라 하나님께 속해있다는 것이다.

즉 성령님이 우리들에게 주어져서 우리들이 **하나님께 속한 자들**이란 사실이 확정되었다.

하나님은 성령님을 통해 우리를 새롭게 하시고 거룩케 하신다. 하나님은 **신자들의 마음에 하나님이 기뻐하시는 그런 기분과 생각, 소망, 바램을 만드신다.** 이는 성령께서 우리 마음에 소망과 기쁨, 믿음, 회개하는 **마음, 하나님에 대한 사랑, 기도하는 마음, 찬양할 마음을 일으키심으로 분명하게 우리에게 알려진다.** 그리스도인들이 갖는 모든 좋은 덕목들은 바로 이 성령님으로 말미암아 된다. 이 모든 것들은 성령께서 사람의 마음을 새롭게 하신다는 증거요. 구속의 날에 구원을 받도록 인침을 받았다는 증거가 된다. **이것이 성령님이 우리 마음에 거하신다는 증거이다.** 가정에서 자녀는 자기 부모에게 속해 있음을 느낀다. 그들은 부모와 같은 성을 사용할 뿐 아니라 자신이 그들의 자녀이며 그들이 아버지와 어머니임을 인식하고 있다. 마찬가지로 성령님을 통해 하나님이 우리의 아버지이시며, 우리가 그분의 자녀라는 인식이 우리에게 전달된다 "**무릇 하나님의 영으로 인도함을 받는 사람은 곧 하나님의 아들이라 너희는 다시 무서워하는 종의 영을 받지 아니하고 양자의 영을 받았으므로 우리가 아빠 아버지라 부르짖느니라 성령이 친히 우리의 영과 더불어 우리가 하나님의 자녀인 것을 증언하시나니**" (롬 8:14-16) 성령님을 통해서만 우리는 친자의식과 확신을 가지게 된다. 하나님이 나의 아버지라는 것을 아는가? 그렇다면 그것은 성령님이 내 삶에 임재하고 계시다는 증거다.

3) "**보증으로 성령을 우리 마음에 주셨느니라.**" '보증으로'란 말은 계약을 체결하기 위하여 보증으로 주어진 것 즉 '계약금' 또는 '선금'을 뜻한

다. 매매대금이 전부 주어지기 전에 보증으로 주어지는 '보증금'을 가리킨다. 성령님은 영생의 보증금으로 미리 주신 것이다. 그러므로 성령을 받은 그리스도인은 성령님을 통해 영생의 일부를 벌써 체험한다. 천국의 맛을 보게 하는 것이다.

이 보증은 **"우리의 마음에"** 주셨다. **"보증으로 성령을 우리 마음에 주셨느니라."** 유대인은 선민의 표시로 몸에 할례를 받았고, 이방종교에서는 그 종교의 기호를 이마에 표하였다(계 13:16). **그러나 그리스도인의 성령의 보증은 보이지 않는 마음에 받는다. 우리의 마음은 성령의 은사가 나타나시는 영역이다.**

'기름부음'·'인치심'·'보증', 이들 세 가지는 신자들이 성령으로 말미암아 그리스도께서 이루신 진실한 복된 나라에 참예하게 된 것을 가리킨다. 신자들은 이렇게 **주관적(主觀的)으로** 저 천국의 진실한 사실들과 연합되어 있다.

예수는 그리스도 하나님의 아들. 예수님은 그리스도란 증거로 죽은 자 가운데서 부활하셨다. 부활하신 예수님은 지금 성령으로 우리 가운데서 역사하신다. 그러므로 성령충만을 받으라고 명령하신다.

그리스도인의 성령의 보증은 보이지 않는 마음에 받는다. 우리의 마음은 성령의 은사가 나타나시는 영역이다. 그래서 우리는 성령의 충만을 구해 우리 마음 속에서 역사하시는 성령의 권능을 체험하며 사는 것이다. 성령을 받은 그리스도인은 성령님을 통해 영생의 맛을 체험하며 산다. 곧 천국의 맛을 보게 하는 것이다. 그리고 이 위대한 영생의 비밀을 전하는 전도자로 소명 받았다.

　우리 모두는 예수 그리스도로 말미암아 성령을 풍성히 부어 달라고 기도할 것이다. 성령의 권능 받아 그리스도 증인으로 현장에서 승리하는 삶을 살도록 기도할 것이다. 모든 복음 받은 그리스도인은 자기 나름대로의 성령충만의 방법을 가지고 기도하여 전도자로서 축복의 삶을 살아야 한다.

　현장에서 자신의 지위와 책임과 환경에 맞는 전도자로서의 삶을 찾아내서 전도자로서의 삶을 살아야 한다. 가정주부는 가정주부다운 전도자의 삶을, 학생은 학생다운 전도자의 삶을, 의료인은 의료인다운 전도자의 삶을, 회사원은 회사원 다운 전도자의 삶을, 영화배우는 영화배우다운 전도자의 삶을 찾아내어 빛나는 전도자의 삶을 각인의 방법대로 살아야 한다. 기도하기 바란다.

19. 성령의 직무는 복음. 복음은 영의 직분

⁶그가 또한 우리를 새 언약의 일꾼 되기에 만족하게 하셨으니 율법 조문으로 하지 아니하고 오직 영으로 함이니 율법 조문은 죽이는 것이요 영은 살리는 것이니라 ⁷돌에 써서 새긴 죽게 하는 율법 조문의 직분도 영광이 있어 이스라엘 자손들은 모세의 얼굴의 없어질 영광 때문에도 그 얼굴을 주목하지 못하였거든 ⁸하물며 영의 직분은 더욱 영광이 있지 아니하겠느냐
(고후 3:6-8)

복음을 전파하는 일이나 성령의 위대한 사역은 그 목적에 있어서는 동일하다. 그렇기 때문에 복음 자체를 '영의 직분' 곧 '성령의 직무'라고 한다. '성령의 직무'는 복음이란 말이다.

성령의 사역은 율법과 반대된다. 그리고 **"율법 조문은 죽이는 것이요, 영은 살리는 것이니라"**(6절)고 한 것이다. '성령의 사역'이란 성령의 효과적인 직무이며 은사와 은혜를 사람들에게 나누어 주어 성령과 사람이 교통하게 하는 것을 말한다. 이것은 복음에 영광을 돌리는 일이며 복음을 유익하고 효과 있게 하는 일이다. 복음에서 만일 영이 떠나면 그것은 '죽은 문서'에 지나지 않는다. 그러나 복음에서 영이 떠날 수 있는가? 복음에서 영이 떠난다는 생각은 무지와 불신의 소치에서 나온 생각이다. 하나님은 말씀하신다. **"여호와께서 이르시되 내가 그들과 세운 나의 언약이 이러하니 곧 네 위에 있는 나의 영과 네 입에 둔 나의 말이 이제부터 영원하도록 네 입에서와 네 후손의 입에서와 네 후손의 입에서 떠나지**

아니하리라 하시니라 여호와의 말씀이니라"(사 59:21). 그러므로 우리가 복음을 전할 때는 성령의 연합적인 약속을 기억하여야 한다.

복음은 성령께서 세상에서 역사하시는 지반이다. 복음은 영의 직분인 것이다. 복음으로 말미암아 성령님의 역사가 사람들에게 나타난다. 복음을 배척하는 일은 성령님을 배척하는 일이다. 성령님은 오로지 복음을 통해서만 사람들에게 역사하신다. 그러므로 성령님의 역사를 입고자 한다면 그 사람은 복음을 들어야 한다. 복음을 믿어야 한다.

성령의 직무는 복음이다. 곧 그리스도다. 성령을 그리스도에게서 독립시켜 취급하면 불건전 신비주의가 된다. 성령의 사역은 언제나 그리스도를 중심한다.

예수는 그리스도 하나님의 아들. 예수님은 하나님의 아들 그리스도라는 증거로 죽은 자 가운데서 부활하셨다. 부활하신 예수님은 지금 성령으로 우리 가운데서 역사하신다. 그러므로 성령충만을 받으라고 명령하셨다.

하나님의 아들 예수 그리스도 복음은 성령께서 세상에서 역사하시는 지반이다. 복음은 영의 직분인 것이다. 복음으로 말미암아 성령님의 역사가 사람들에게 나타난다. 성령님은 오로지 복음을 통해서만 사람들에게 역사한다.

그러므로 하나님의 아들 예수 그리스도 복음 받은 여러분이 복음전도자로 살기 위해서는 성령의 충만을 받아야 한다. 성령의 직무가 복음이기 때문에 복음에서 만약 성령이 떠난다면 복음은 죽은 문서에 지나지 않게 된다. 기도하라. 성령충만을 받도록 기도하라. 더 많이 기도하고 기도할 것이다. 각인이 소명 받은 현장에서 복음전도자로서의 삶을 찾아낼 것이다. 예수제자의 삶의 목적은 예수 그리스도와 복음전도에 있다. 기도하기 바란다.

20. 피 위의 기름. 그리스도의 보혈에 힘입은 성령의 역사

¹여호와께서 모세에게 말씀하여 이르시되 ²나병 환자가 정결하게 되는 날의 규례는 이러하니 곧 그 사람을 제사장에게로 데려갈 것이요 ³제사장은 진영에서 나가 진찰할지니 그 환자에게 있던 나병 환부가 나았으면 ⁴제사장은 그 정결함을 받을 자를 위하여 명령하여 살아 있는 정결한 새 두 마리와 백향목과 홍색 실과 우슬초를 가져오게 하고 ⁵제사장은 또 명령하여 그 새 하나는 흐르는 물 위 질그릇 안에서 잡게 하고 ⁶다른 새는 산 채로 가져다가 백향목과 홍색 실과 우슬초와 함께 가져다가 흐르는 물 위에서 잡은 새의 피를 찍어 ⁷나병에서 정결함을 받을 자에게 일곱 번 뿌려 정하다 하고 그 살아 있는 새는 들에 놓을지며 ⁸정결함을 받는 자는 그의 옷을 빨고 모든 털을 밀고 물로 몸을 씻을 것이라 그리하면 정하리니 그 후에 진영에 들어올 것이나 자기 장막 밖에 이레를 머물 것이요 ⁹일곱째 날에 그는 모든 털을 밀되 머리털과 수염과 눈썹을 다 밀고 그의 옷을 빨고 몸을 물에 씻을 것이라 그리하면 정하리라 ¹⁰여덟째 날에 그는 흠 없는 어린 숫양 두 마리와 일 년 된 흠 없는 어린 암양 한 마리와 또 고운 가루 십분의 삼 에바에 기름 섞은 소제물과 기름 한 록을 취할 것이요 ¹¹정결하게 하는 제사장은 정결함을 받을 자와 그 물건들을 회막 문 여호와 앞에 두고 ¹²어린 숫양 한 마리를 가져다가 기름 한 록과 아울러 속건제로 드리되 여호와 앞에 흔들어 요제를 삼고 ¹³그 어린 숫양은 거룩한 장소 곧 속죄제와 번제물 잡는 곳에서 잡을 것이며 속건제물은 속죄제물과 마찬가지로 제사장에게 돌릴지니 이는 지극히 거룩한 것이니라 ¹⁴제사장은 그 속건제물의

피를 취하여 정결함을 받을 자의 오른쪽 귓부리와 오른쪽 엄지 손가락과 오른쪽 엄지 발가락에 바를 것이요 ¹⁵제사장은 또 그 한 록의 기름을 취하여 자기 왼쪽 손바닥에 따르고 ¹⁶오른쪽 손가락으로 왼쪽 손의 기름을 찍어 그 손가락으로 그것을 여호와 앞에 일곱 번 뿌릴 것이요 ¹⁷손에 남은 기름은 제사장이 정결함을 받을 자의 오른쪽 귓부리와 오른쪽 엄지 손가락과 오른쪽 엄지 발가락 곧 속건제물의 피 위에 바를 것이며 ¹⁸아직도 그 손에 남은 기름은 제사장이 그 정결함을 받는 자의 머리에 바르고 제사장은 여호와 앞에서 그를 위하여 속죄하고 ¹⁹또 제사장은 속죄제를 드려 그 부정함으로 말미암아 정결함을 받을 자를 위하여 속죄하고 그 후에 번제물을 잡을 것이요 ²⁰제사장은 그 번제와 소제를 제단에 드려 그를 위하여 속죄할 것이라 그리하면 그가 정결하리라(레 14:1-20)

그리스도의 피가 의롭게 하는 능력을 나타내는 그 곳에, 성령의 기름이 성결케 하는 역사를 나타낸다. 이 두 가지는 분리할 수 없으며, 두 가지가 모두 우리들이 하나님께 열납 되는 데 필요하다.

나병에 관한 레위기 율법은 레위기13장과 14장에 걸쳐 기록되어 있다. 그 어떠한 레위기 율법도 이 나병의 부정과 정결의식에 관한 법만큼 많은 지면을 할애 받은 것은 없다.

나병은 질병이라기보다는 부정결이었다. 그러므로 나병에는 의사가 아니라 제사장과 관계되었다. 그리스도께서 나병 환자를 치료해주실 때 깨끗케 하셨다고 하셨다. 나병 여부의 판단과 정결의식은 제사장이 맡았다. 나병은 하나님의 정의의 심판을 받은 것으로 간주되었다.

나병은 **죄로 물든 인간 마음의 도덕적 오염의 상징이었다. 죄는 양심을 더럽게 하는 영혼의 나병이다.** 우리는 그리스도에 의해서만 이 나병에서 깨끗케 될 수 있다. 제사장은 나병 환자라고 선언할 수 있을 뿐이지만, 그리스도는 죄를 제거시킬 능력을 가지고 계시므로 그 나병 환자를 고쳐 주실 수 있다.

또한 나병이란 것은 죄 일반을 의미할 뿐 아니라 죄의 상태와 죄의 치욕을 말해주기도 한다. 즉 죄로 인하여 인간들은 하나님과 분리되며, 또 죄 때문에 인간들은 신실한 자들과의 교제에서 차단되기 때문이다. "**나병 환자는 옷을 찢고 머리를 풀며 윗입술을 가리고 외치기를 부정하다 부정하다 할 것이요 병 있는 날 동안은 늘 부정할 것이라 그가 부정한즉 혼자 살되 진영 밖에서 살지니라**"(레 13:45-46)고 하였다. 이처럼 나병은 죄의 상태와 치욕을 말해주는 것이다.

우리도 자기 이름을 부르면서 "**부정하다, 부정하다**"고 스스로 말하고 가슴을 찢어 우리의 수치를 스스로 감당해야 한다. 우리는 마음이 부정하며, 생활이 부정하고, 원죄로 인하여 부정하며 실제적 자범죄로 인하여 부정하다. 그러므로 영원토록 하나님의 교제에서 배제되어야 마땅하며, 하나님이 주시는 행복이란 조금도 희망할 수 없음이 마땅한 것이다. "**무릇 우리는 다 부정한 자 같아서 우리의 의는 다 더러운 옷 같으며 우리는 다 잎사귀 같이 시들므로 우리의 죄악이 바람같이 우리를 몰아가나이다**"(사 64:6). 우리는 모두 이런 부정한 자다. 그러나 복음은 그리스도 안에서 부정한 우리에게 정결함을 제공해 준다.

나병 환자의 정결의식과 정결케 하는 레위기 제사법은 우리 주 그리스도의 보혈로 의롭다 하심과 그 후에 부어지는 성령의 역사를 상징한다.

깨끗해진 나병 환자는 **"어린 숫양 하나를 취하여 기름 한 록과 아울러 속건제를 드리되…(12절)"**라고 한다. 또 속건제를 드리는 보통 의식 외에도, 그 외의 일부를 깨끗해진 나병 환자의 귀와 엄지손가락, 엄지발가락에 바르라고 했다(14절). 이 절차는 제사장들 성별식에서 사용되었었다(레 8:23-24). 나병을 깨끗게 하는 정결의식에서 제사장들과 똑같은 의식을 본다는 것은 제사장으로서는 굴욕적인 일이었다. 그러나 하나님은 신약시대 나병 같은 영혼의 질병인 죄를 가진 인생들을 염두에 두신 것이다.

이렇게 피를 바른 자리에 제사장은 기름을 바르도록 명을 받는다(레 14:17). 이 사실은 그리스도의 피가 의롭게 하는 능력을 나타내는 그 곳에, 성령의 기름이 성결케 하는 역사를 나타내는 것을 상징한다. 그리스도의 피와 성령은 분리할 수 없으며, 이 두 가지로 인하여 인간들은 하나님께 나아갈 수 있는 것이다.

깨끗해진 나병 환자들이 성별된 제사장들과 마찬가지로 그 피와 기름에 영접된다는 것은 신약시대 그리스도의 보혈과 성령의 역사의 상징이었다(5절 참조). 또 기름부음을 받았을 때도 기름 밑에 피가 있었다(17절).

피위에 있는 기름은, 성령의 은총과 정결케 하고 존귀케 하는 성령의 모든 역사가 그리스도의 죽음에 힘입는다는 사실을 상징해 주는 것이다. 우리가 성화되는 것은 그리스도의 피 때문이다. 따라서 **우리의 성화를 가능하게 하는 중요한 근거는 바로 그리스도의 피인 것이며, 이것은 성령에 의해 우리 영혼에 특별하게 적용되게 되는 것이다.**

그리스도의 보혈과 성령은 분리할 수 없다. 성령은 십자가의 보혈을 통해서만 역사한다. 그리스도의 보혈은 우리의 죄를 정결케 하는 동시에 우리를 성령의 기름으로 충만케 한다. 우리는 그리스도의 피로 죄 사함을 받은 후 영적 공백 상태에 있는 것이 아니라 성령으로 충만해진다. **오직 십자가만이 성령충만을 가능케 한다.**

예수는 그리스도 하나님의 아들. 예수님은 하나님의 아들 그리스도시라는 증거로 죽은 자 가운데서 부활하셨다. 부활하신 예수님은 하나님 보좌 우편에 앉아 그리스도로 통치하시면서 우리에게 성령을 보내주셨다. 예수님은 지금 성령을 통해서 우리와 함께 하신다. 그러므로 우리에게 성령충만을 받으라고 명령하신다.

성령충만은 오직 예수님의 십자가에서 흘리신 피만이 성령충만을 가능케 한다. 모든 전제조건이 그리스도의 십자가에서 충족되었기에 성령충만은 십자가에서 흘리신 피의 공로에 근거해서 값없이 주어진다. 우리를 성령으로 충만케 하기 위해서 예수님은 십자가 대속의 피를 흘리는 큰 고난을 받으셨다. 예수님의 보혈은 우리의 죄를 정결케 하는 동시에 우리를 성령의 기름으로 충만케 한다. 우리는 죄 씻음을 받은 후 영적 공백상태에 있는 것이 아니라 성령으로 충만해진다.

그러므로 우리 모두는 "우리 구주 예수 그리스도로 말미암아 우리에게 그 성령을 풍성히 부어 주소서"(딛 3:6)라고 기도할 것이다. 성령충만을 받아 성령의 권능으로 그리스도 증인으로 살 것이다. 복음전도자로서 축복의 삶을 살 것이다. 기도하기 바란다. 예수제자는 복음, 기도, 성령충만, 전도로 체질이 만들어진 자들이다. 기도할 것이다.

제 9 장
결 론

체질을 만들어라
복음체질
기도체질
성령충만체질
전도체질

1) 인간은 예수님이 그리스도이심을 알고 믿을 때에 구원을 얻는다.
인간이 예수님을 알지 못하면 예수님이 하신 일의 역사는 그 사람에게 효과를 내지 못한다. 그래서 인간이 구원을 얻기 위해서는 "예수, 그는 누구신가?"와 "예수, 그는 무엇을 하셨는가?"에 대한 참된 인식과 믿음을 가져야 한다. 이 두 가지 질문에 대한 답을 복음이라고 한다. **"예수, 그는 누구신가?"** 예수는 하나님의 아들이시다. 예수는 그리스도시다. 예수는 주님이시다. **"예수, 그는 무엇을 하셨는가?"** 예수는 우리 죄를 대신하여 죽으시고 부활하셨다. 예수님의 죽음과 부활이 예수님이 하신 일의 결론이다. 이 예수님의 죽음과 부활을 **"그리스도의 사건"**이라고 한다.

구약성경에서 그리스도는 고난(죽음)과 영광(부활)의 사건을 일으키는 자로 예언되어 있었다. 그래서 누구든지 죽음과 부활의 사건을 일으키는 자는 그리스도가 되는 것이다. 바꾸어 말하면, 죽음과 부활이라는 사건은 곧 **"그리스도의 사건"**이 되는 것이다. 어떤 인물이 자신이 그리스도라는 것을 입증하려면 그는 구약성경대로 우리 죄를 위해 죽으시고 장사 지낸 바 되었다가 사흘 만에 다시 살아나야(고전 15:3-4) 그리스도로 인정될 수 있다. 지금까지 인류 역사상 오직 한 분, 예수님만이 죽음과 부활을 예언하시고, 구약성경의 예언 그대로 죽음과 부활을 성취하심으로 예수님은 하나님의 아들 그리스도로 선포되셨다. 예수님은 그리스도시요 살아계신 하나님의 아들이신 것이다. 이 말씀을 믿고 마음속에 받아들이면 구원을 얻는다. 영생을 얻는다. 하나님의 자녀가 된다.

2) 우리가 예수 그리스도를 믿는다고 할 때, 이 말은 풀어서 말하면 예수님을 그리스도로 믿는다는 말이다. 그리스도는 인생문제 해결의 직분

이고 직함이다. 죄와 죽음, 율법과 재앙, 지옥과 사탄의 권세에서 해방시키는 직분이다. 하나님을 떠난 인생들에게 하나님께 나아가 하나님을 만나 뵈옵게 하는 중보자의 직함이다. 창세기 3장에서 인간이 **하나님께 범죄하여(①) 하나님을 떠나고(②) 마귀의 자녀가 되어(③)**버린 인생의 근본문제(3가지)를 해결하는 직함이 그리스도다.

이 그리스도의 직함을 설명하기 위하여 하나님은 이스라엘 민족을 택하시고, 그들에게 그리스도의 모형을 보내어 이 인생문제 세 가지를 해결해 주는 구원을 이루어 주셨다. 그러므로 그리스도의 모형도 세 가지 모습을 띠고 나타났다. 하나님을 떠난 인생들에게 하나님을 보여주고 하나님의 뜻을 알려주는 선지자 직함, 하나님께 범죄하여 죽음과 저주에 빠진 인생들을 구원해 주는 제사장 직함, 이 세상 임금 마귀의 자녀로 마귀의 종살이 하는 인생들을 구원해주는 왕의 직함이 그리스도의 모형으로 필요했다. 그러나 이 세 가지 직분은 부분적 그리스도로 온전한 그리스도를 예표한 것이었다.

때가 차매 예언대로 온전한 그리스도가 오셨으니 곧 예수님이시다. 예수님은 그 자신으로 하나님을 우리에게 보여 주시고(선지자), 그 자신이 제물과 제사장이 되어 주심으로 하나님과 우리 사이에 죄악의 장벽을 없애 버리고 하나님께 나아가게 하셨으며(제사장), 또 십자가 죽음으로 죽음의 세력 잡은 자 마귀를 정복하셨으며, 죄와 사망과 세상을 정복하셨다(왕). 예수님은 한 몸에 선지자·제사장·왕의 사역을 완성하신 것이다. 그래서 예수님을 그리스도라고 부른다.

이렇게 복음은 인류의 역사 속에서 역사적인 사건으로 완성되었다. 하나님께서는 인류의 역사 속에 직접 개입하셔서 "역사적인 그리스도의 사건"을 일으켜 복음진리를 확증하셨다. "역사적인 그리스도의 사건" (그리스도 죽음과 부활의 사건)은 우리의 유일한 구원의 근거요 복음진리의 핵심이다.

   3) 이 복음을 바로 알고 믿어 마음 중심에 받아들이면 구원을 얻는다. 이 복음은 모든 믿는 자에게 구원을 주시는 하나님의 능력이 된다. 그리하여 복음을 받은 그리스도인이 기도하면 하나님의 능력이 나타나게 되어 있다. 복음의 언약은 기도하기 위해 주어진 것이다. 기도하지 않으면 복음의 능력과 효과가 그 개인에게 나타나지 않는다. 기도가 없으면 복음은 하나의 문서에 불과하게 된다.
   예수님은 자신이 인생문제 해결의 직함을 가지신 그리스도에 취임하시고자 할 때, 예수 그리스도의 이름으로 기도하면 응답하시겠다고 약속하셨다(요 14:14, 16:24). 그러므로 모든 복음 받은 그리스도인은 반드시 기도해서 응답을 받으며 살아야 한다. 기도는 믿음의 실천이이기 때문에 기도하지 않는 그리스도인이란 스스로 믿음 없는 불신자임을 천명하는 것이다. 따라서 그리스도인은 기도해야 한다. 무시로, 정시로 기도해야 한다. 쉬지 말고 기도해야 한다. 24시간 기도하며 살아야 한다.

   4) 기도 중에 최고의 기도는 성령충만의 기도다. 모든 그리스도인은 반드시 성령충만을 받도록 기도해야 한다. 성령충만 받는 것은 모든 그리스도인에게 주어진 특권이요 의무다. 하나님의 명령이기 때문에 반드시 성령충만을 받아야 한다. 성령충만은 그리스도 안에서 모든 신자에게 값없이 주어지는 은혜며, 성령충만을 받기 위해 신자가 선취해야 할

전제조건은 오직 예수 그리스도 복음신앙 뿐이다. 모든 복음 받은 신자는 기도하면 당연히 성령충만을 받는다. 성령충만은 믿음으로 받는다. 성령님의 역사는 복음으로 말미암아 신자들에게 나타난다. 누구나 성령님의 역사를 입고자 한다면 복음을 들어야 하고 복음을 믿어야 한다.

　동시에 **신자가 성령으로 충만하기 위해서는 계속해서 주 예수께 와야 한다.** 신자는 언제나 "예수 그리스도로 말미암아 우리에게 그 성령을 풍성히 부어주소서"(딛 3:6)라고 기도해야 한다. 성령충만은 오직 예수님의 보혈을 통해서만 성도에게 부어지는 것이다. **그러므로 예수 그리스도와 성령은 분리 되어서는 안 된다. 복음과 성령충만은 불가분리의 일체다. 성령충만은 곧 복음충만이요 예수충만인 것이다. 또한 진리충만이요 말씀충만이며, 거룩충만이요 사랑충만이다.**

　하나님은 그의 택하신 자들을 구원하시고자 계획하셨을 때 두 가지 방법을 채택하셨다. 즉, 그들을 위해 자기 아들을 주시는 것과 그들에게 그의 영을 주시는 방법이다. 그렇게 하심으로써 성삼위 하나님이 각기 영광을 받으시는 것이다. 그러므로 하나님께서 죄가 세상에 처음 들어올 때부터 그의 백성들에게 두 가지 주된 약속을 해주셨으니, 곧 그의 아들을 보내사 죽게 하시겠다는 것과 또한 그 아들의 활동을 열매 맺도록 하시기 위해 그의 성령을 보내시리라는 것이었다. 그러므로 우리의 구원은 성부·성자·성령 삼위일체 하나님의 사역이며, 결코 나누어서는 안 된다. 복음과 성령충만을 분리해서는 안 된다. 복음 받은 그리스도인은 이 복음으로 반드시 성령충만을 받아야 한다.

　그런데 신자들이 성령충만을 구하는데 힘쓰지 않는 이유는 그들이 거룩한 삶을 살기를 원하지 않는데도 있지만(사실은 성별된 삶이 성령 안에서 천국을 이루는 행복의 삶이다.) 성령의 체험 유무와도 무관하지 않다고 보인다. 잘못된 성령충만의 체험, 즉 열광적인 황홀경이나 방언 등의 신비체험을 동반하는 것으로 가르치는 비성경적인 무리들이 있기 때문이었다. **성령충만은 믿음으로 받는다.** 성령충만으로 어떤 체험이 올 수도 있고 안 올 수도 있다. 오히려 안 오는 것이 더 정상이다. 그러나 성령충만이 오면 믿음이 생긴다. 믿음충만이다. **성령의 역사를 분별할 수 있게 하는 가장 중요한 표지는 예수충만, 거룩충만, 성경충만, 진리충만, 사랑충만이다.** 성령충만 받은 신자에게 특이한 체험이 나타날 수 있으나, 그것은 성령에 의해서 나타난 것일 수 있지만, 사탄의 역사에서도 나타날 수 있다는 것을 알아야 한다. 그러므로 그런 체험은 성령의 역사의 본질적 표지가 아니다.

5) **복음과 성령충만.** **계속해서 복음을 듣고, 반복해서 복음을 듣고 무시로 정시로 성령충만을 구해야 한다.** 그리스도 교회와 하나님의 백성에게는 항상 복음진리를 저버리고 타락하는 경향이 있다. 오랫동안 지속되는 전통과 반복되는 습관이 진리의 자리를 빼앗는 것이다. 죄의 현존과 시간의 흐름이라는 두 가지 요인 때문에 어떤 인격적인 관계나 영적인 체험도 자율적 영속성을 지닐 수 없다. 각각은 계속해서 영양분을 공급하고, 유지하고, 부채질을 해주어야 불꽃을 보존할 수 있지 그렇지 않으면 사라지고 말게 되어있다.

더구나 복음 받은 그리스도인도 여전히 그 안에 죄가 잔존해 있기 때문에, 인간은 완전 죄인인 것을 잊어서는 안 된다. 그러므로 우리는 스스로 구원을 얻을 수 없고 오직 믿음을 통한 성령의 은혜로 말미암아 구원을 얻는다. 365일, 아니 10년 아니라 100년간을 예수 그리스도 복음을 주제로 날마다 나누어도 언제나 새로우며, 날마다 순간마다 성령충만을 구해도 목마른 자의 삶이 복음과 성령충만으로 답이 나온 제자의 모습이다.

6) 성령충만 받은 그리스도인은 불건전 신비주의자들과는 달리 오직 복음을 위해, 오직 전도를 위해 그 능력을 발휘한다. 주님의 지상명령 "오직 성령이 너희에게 임하시면 너희가 권능을 받고 예루살렘과 온 유대와 사마리아와 땅 끝까지 이르러 내 증인이 되리라"(행 1:8)고 하신대로 복음전도에 삶의 목적을 두고 살아간다. 복음 받은 그리스도인의 **삶의 방식은 성령충만이고 삶의 목적은 복음전도다.**

그러므로 신자들이 그리스도의 지상명령을 무시하고 살아가면 어떤 것을 해도 형통하지 못하게 되어 있다. **복음전도에 삶의 방향을 정하고, 그것을 목적으로 살지 않으면 어떤 것을 해도 나중에는 실패하게 되어 있다.** 신자는 복음의 증인으로 살기 위해 성령충만의 하나님의 권능을 받아 이 권능으로 건강을 유지하고, 공부하고, 사업하고, 직장생활하고, 예술과 문화활동을 하고, 정치가나 과학자나 기업가나 문화 예술가가 된다.

하나님은 복음전도자와 세상 끝 날까지 함께 하신다. 세상은 복음전도자를 위하여 존재하고 유지된다. 악한 세상을 하나님께서 멸망시키지 않으시고 보존하는 것은 그 안에 구원 얻을 영혼이 있고, 이를 전도할 전도자가 있기 때문이다. 하나님은 전도자를 중심으로 세계역사를 이끌어 가신다. 세상에 전도자가 더 이상 필요 없게 되는 날, 세상은 종말이 올 것이다. 그리스도께서 재림하실 것이다.

그러므로 모든 복음 받고 복음에 뿌리내린 예수제자들은 그들이 소명 받은 삶의 현장에서 자신의 지위와 책임과 환경에 합당한 전도자의 삶을 찾아내야 한다. 그것이 자신의 삶을 형통하게 하는 것이요 무한한 만족과 함께 임마누엘의 축복을 누리는 삶이 된다.

7) 전도의 본질은 로잔 언약(1974)의 선언처럼 "기쁜 소식을 널리 전파하는 것이며, 기쁜 소식이라 함은 예수 그리스도께서 성경대로 우리 죄를 위하여 죽으시고, 죽은 자 가운데서 다시 살아나시어 통치하시는 주로서 지금도 회개하고 믿는 이들에게 사죄와 성령의 자유케 하시는 은사를 공급하신다"는 것이다. 그러나 로잔 언약은 동시에 그리스도인의 사회적 책임을 강조하고 있다. 복음전도와 사회활동은 기독교 선교에 있어서 동반자라는 것이다. 그래서 혹자는 '구원'이란 말은 "개인의 칭의와 중생, 그리고 보다 큰 사회, 경제적 정의를 실현하기 위한 사회의 정치적 개조의 양자를 함축한다"고 주장한다.

우리는 이러한 주장 가운데서 개인구원이 일차적인 것이며, 하나를 선택할 경우에는 영원한 구원이 일시적 복지보다 훨씬 중요하다고 말하지 않을 수 없다. 그러나 그와 같은 대립은 없을 것이다. 예수님께서 복음을 선포하는 것과 병든 자를 고치고 굶주린 자를 먹이시는 것을 결합하셨기 때문이다.

양자는 그리스도인의 의무의 일부이긴 하지만, 하나님께서는 상이한 사람들을 상이한 사역에 부르시며 그들에게 적절한 은사를 부여하신다. 우리는 복음전파와 사회활동 간의 양극화를 거부해야 하지만, 특수화를 거부하지는 않아야 한다. 모든 사람이 모든 것을 할 수는 없다. 어떤 사람은 개인구원의 복음전도자가 되도록, 또 다른 사람은 사회사업가가 되도록, 혹은 정치가가 되도록 부름 받은 것이다. 각 지역 교회 내에는 그리스도의 몸으로서 개인구원의 복음전도와 사회활동 양자에 헌신하는 무리들이 함께 공존할 자리가 있다.

우리는 복음전도와 개인적인 회심의 절대적인 중요성을 인정하지만, 사회활동이라는 소위 사회 구원을 무시해서는 안 된다. 둘은 함께 손을 잡고 나가야 한다. 우리는 예수 그리스도의 복음이 개인적인 구원의 기쁜 소식일 뿐만 아니라, 사회적·세계적·우주적인 해방과 회복에 대한 구원의 기쁜 소식이라는 사실도 명심하고 주님의 소명에 따라 부름 받은 영역에서 복음전도를 위해 헌신해야 한다.

결어(結語). 예수는 그리스도 하나님의 아들. 예수님은 하나님의 아들 그리스도라는 증거로 죽은 자 가운데서 부활하셨다. 이 복음으로 여러분 인생 모든 문제가 처리되고 해답을 얻는다. 이 복음으로 깊이 뿌리내리기를 기원한다.

죽은 자 가운데서 부활하신 예수님은 지금 하나님 보좌 우편에 앉으사 그리스도로 통치하시면서 그의 성령으로 우리와 함께 하신다. 그래서 성령충만을 받으라고 명하신다. **성령의 권능을 받고 땅 끝까지 그리스도의 증인이 되라고** 명령하신다. 여러분 모두가 "성령을 예수 그리스도로 말미암아 우리에게 풍성히 부어 주시도록" 기도할 것이다. 성령충만은 믿음으로 받는다.

성령충만 받은 그리스도인의 삶의 목표는 복음전도다. 복음전도는 영혼 구원뿐만 아니라 흑암사회도 구원하는 것이다. 복음전도는 개인구원으로만 끝나는 것이 아니라, 복음이 현장에 전파되면 그곳에 흑암세력이 무너지는 역사도 일어난다. 사회가 정화되는 것이다. 부패되고 타락한 문화가 정의롭고 사랑과 평강을 가져다주는 문화로 바뀌는 것이다. 한 가정에 복음이 전파되고, 복음의 능력이 나타내게 되면 가족들이 즉시 구원을 다 얻지 않는다고 해도 그 가정이 갖고 있는 오랫동안의 흑암권세는 무너지게 된다. 그래서 복음전도자는 이 사실을 놓고도 예수 그리스도 이름으로 흑암권세를 꺾는 기도를 지속적으로 정시기도에는 반드시 드려야 한다. 복음전도자는 넓은 의미의 전도 영역인 기독교 문화(변혁과 샬롬의 대중문화)운동의 선구자인 것이다.

예수님의 제자는 복음·기도·성령충만·전도로 해답이 나와야 한다. 복음이 인생 모든 문제의 해답인 것을 믿고, 예수 그리스도 복음언약을 붙잡고 24시간 기도 속에서 해답을 얻으며 살 것이다. 기도 중에 최고의 기도인 성령충만을 받도록 기도할 것이다. 그리스도인의 삶의 방식은 성령충만이고, 그 목적은 복음전도이다. **모든 복음 받은 그리스도인 제자들의 훈련목표는 복음체질, 기도체질, 성령충만체질, 전도체질을 만들어 가는 것이다.** 기도하고 기도하기 바란다.

후 기(後記)

    독자들을 섬기기 위한 이유로 후기를 붙이는 것을 기꺼이 선택했습니다. 저자의 서문보다는 때로 저자의 후기가 그 책이 말하고, 또 강조하고자 하는 바를 더 사실적으로, 그리고 구체적으로 표현할 수 있기 때문입니다.

    저자가 『복음과 성령충만』이라는 책을 쓴 이유는 서문에 나와 있습니다. 제가 특별히 『복음과 성령충만』이라는 제명을 걸게 된 데에는 제 개인적인 신앙적 체험이 작용하고 있었다고 할 수 있습니다. 저는 하나님의 아들 예수 그리스도 복음을 받은 이후 성령충만을 받아야한다는 진리를 굳게 믿어서, 그것을 구하며 신앙생활을 해왔습니다. 그러나 오순절주의자들이나 은사주의자들의 개인체험 위주의 성령론 때문에 수십 년간 고민을 해온 바가 있었습니다. 소위 "두 번째 축복"이라는 성령세례였습니다.

    성경을 연구하고 기도하며 복음진리를 깨달아가는 동안에 저는 두 가지 큰 진리를 이전과 달리 더욱 깊이 확신하게 되었습니다. 그것은 **복음에 대한 절대가치와 믿음으로 성령충만 받는다**는 진리의 확신이었습니다.

먼저 저는 하나님의 아들 예수 그리스도의 복음은 모든 것이며, "**그리스도 복음 안에 모든 것 다 있다**"는 확신을 가지게 되었습니다. 복음은 인생 모든 문제의 해답인 것입니다. 그러므로 우리는 복음으로 인생 모든 문제의 답을 얻고, 복음으로 항상 만족하며, 복음으로 흑암세상을 살리는 복음전도자의 축복된 삶을 살아야 한다고 굳게 믿는 것입니다.

이렇게 복음이 인생문제의 진정한 해답이며, 복음 속에 모든 것이 다 있기 때문에 어떤 신비주의자들처럼 초월적 신비를 추구할 필요도 없고, 또 관상기도 옹호자들처럼 신비주의적 영성을 추구할 필요가 없습니다. 예수 그리스도야말로 이 세상의 모든 신비를 뛰어넘는 참된 신비인 것입니다. 예수 그리스도 안에 있는 경건의 비밀을 참되게 깨달을 때(딤전 3:16), 더 이상 세상의 헛된 신비는 가치가 없다는 것을 깨닫게 될 것입니다. 인간은 하늘진리(예수 그리스도)에 접촉할 때 미칠듯한 황홀지경의 경이를 느끼는 것입니다. 그리스도 안에서 이 황홀의 경이를 맛본 자는 예수 그리스도 외에 다른 것을 추구하지 않습니다. 신비주의자들이나, 관상기도자들이나 뉴에이지적 영성을 추구하는 자들은 참되게 예수 그리스도 복음 속에 들어와 예수 그리스도를 알되, 깊이 그리고 더 풍성하게 알게 되기를 기원하는 바입니다.

또 한편 참되게 복음을 받은 신자는 성령을 받은 자로서, 당연히 공로가 아닌 **믿음으로 성령충만을 받는다**는 진리를 확신해야 합니다. 물론 이러한 진리의 교리는 전통 장로교인들이 이미 주장하고 있는 진리입니다.

성령충만은 오직 믿음으로 받는 것이며, 참되게 예수 그리스도 복음에 뿌리를 내리고 복음의 능력을 체험하는 자는 예수 그리스도 이름으로 기도하면 당연히 성령충만을 받는다는 것은 자명한 사실인 것입니다. 성령충만은 복음 받은 모든 그리스도인의 특권이며, 동시에 의무입니다. 성령충만은 오순절주의자들의 특정체험을 쫓아 받는 것이 아님을 알아야 합니다. 그런 체험이 있을 수도 있으나, 그런 체험은 교리화할 수 없는 것이며, 체험이 기준이 아니라 오직 하나님의 말씀만이 기준이 되는 것입니다.

성령은 예수님을 주와 그리스도, 하나님의 아들로 시인하게 하시고 높이시는 분입니다. 성령은 세상을 미워하도록 하고 죄에 대한 회개를 주십니다. 성령은 진리의 영으로서 진리를 깨닫게 하고 성경을 사랑하게 해줍니다. 또한 성령은 하나님과 사람을 사랑하게 해줍니다. 그러므로 성령충만의 본질적인 표지라면 예수충만이요, 거룩충만이요, 진리충만이요, 사랑충만이라고 할 수 있습니다.

바라건데 복음 받은 모든 그리스도인들은 예수 그리스도를 알되, 깊이 그리고 더 풍성하게 알아가기를 바랍니다. 우리는 죽을 때까지 그리스도를 추구해도 그 그리스도 안에 있는 신비를 다 맛볼 수 없을 것입니다. 저는 복음 속에 모든 것이 다 있다는 확신을 가진 이후, 예수 그리스도 복음 선포는 이제부터 시작이라고 생각하며, 날마다 365일 모든 설교와 성경공부에 있어서 예수 그리스도를 주제로 정하고 복음을 선포하고 있습니다. 그리고 이 영광스러운 복음을 누리는 길이 기도이기 때문에 우리는 24시간 기도 속에 살아야 하며, 또한 기도 중에 최고의 기도는 성령충만 받는 기도이므로, 우리는 날마다 정시로 무시로 성령충만을 받도록 기도하는 것입니다. 기도한 만큼 성령충만을 받을 것입니다.

성령충만은 예수 그리스도로 말미암아 부어지는 것이므로 우리는 날마다 그리고 계속해서 주님께 나와 구한다는 사실을 잊지 말 것을 반복해서 당부하고자 합니다. 예수 그리스도 복음은 성령충만 받는 지반인 것을 본서에서 강조하였습니다. 또 어떻게 성령충만을 우리 심령 속에 부음 받을 것이냐는 성령의 인도대로 따를 것이지만, 저는 개인적인 방법으로 요 7장 37-39절에 근거하여 제 심령에 부어주시도록 기도할 때에 제 배에 성령의 은혜가 가득차기를 상상하면서 계속 기도합니다. 이런 방법은 저에게는 매우 효과적이며 지루하지 않으면서도 능력 있는 충만을 얻는 방법이라고 믿습니다.

  성령에 대한 강조가 본서에 많은 가운데 성령의 시여(施與)방법으로 하나님은 성령을 통치하고 다스리신다는 표현에 대한 오해가 있을 것 같아 이에 대한 언급이 필요하다고 봅니다. 이런 표현은 성령이 성부 하나님께 종속되어 있다는 의미가 아닙니다. 성부·성자·성령은 각각 구별된 인격체이시나, 이 삼위는 동일한 신적 본질을 소유하고 계시며, 영광과 존귀와 능력에서 동등하십니다. 그러나 성부·성자·성령은 동시에 일체이신 하나님이라는 사실을 다시 한번 강조하고자 합니다. 다만 존재의 질서로 보아서 성부가 제1위요, 성자가 제2위요, 성령이 제3위라고 말할 수 있으며, 이에 따라 성부 하나님은 제1위로서 창조와 섭리 및 구원사역에 있어서 삼위일체를 대표하는 사역과 경륜을 펼친다는 의미에서 하나님은 성령을 다스린다는 표현을 쓰고 있는 것입니다.

  또한 본서에서 예수님께서 "성령을 통해서 우리와 함께 하신다"는 표현은 성령 안에 예수님이 거하신다는 의미입니다. 우리는 성부·성자·성령 세 위격 간에 상호 내주함으로 하나가 되심을 믿습니다. 곧 성부는 성자와 성령 안에 내주하시고, 성자는 성부와 성령 안에 내주하시며, 성령은 성부와 성자 안에 내주하시는 방식, 즉 완전히 연합된 존재로 계시기 때문에 한분 하나님이 계신다는 말인 것입니다.

한편 복음 받은 우리가 성령충만을 받은 가장 큰 목적은 주님의 약속대로 땅 끝까지 그리스도 증인으로 살기 위한 것입니다. 그러나 본서는 별도로 전도에 관한 장을 마련하지 않았습니다. 다만 결론에서 **복음전도와 사회적 책임과의 관계**를 언급함으로 총체적 선교개념을 언급했습니다. **진정한 선교란 복음전도와 사회활동을 포함하는 포괄적 행위**라는 것을 강조하고자 한 것입니다. 사회활동은 복음전도의 결과일 수도 있으며, 복음전도에 이르는 교량역할을 할 수도 있습니다. 또한 사회활동은 복음전도의 결과와 목표로서 그 뒤를 따르며 또한 그것의 교량으로서 복음전도에 선행할 뿐만 아니라, 또한 그것의 동반자로서 그것에 수반되는 것입니다. 다만 굳이 우선순위를 나눈다면 로잔언약에 따라 복음전도가 우선적이 되어야 한다고 결론지었습니다.

끝으로 『복음과 성령충만』을 출간함에 있어서 저자가 보다 더 완전한 내용으로 만들고자 하여 많은 횟수에 걸쳐 수정한 바 있습니다. 이런 불편에도 불구하고 기꺼이 용납해 주신 CLC 사장님이신 박영호 목사님께 먼저 감사를 드립니다. 또한 무엇보다도 교재출간의 수정책임을 맡은 담당 간사님의 수고가 많았습니다. 하나님께 감사한 것은 담당 간사님이 『복음과 성령충만』교재를 수정하면서 은혜를 많이 받았다는 이야기를 들었습니다. 특히 명쾌하면서도 반복적으로 성령 하나님을 소개하여 그분을 갈망하게 만들었다는 신앙진술은 이 책의 저자로서 고무적인 것이었습니다. 앞으로 담당 간사님이 복음·기도·성령충만·전도로 답이

나오고 이 네 가지 체질로 만들어진 최고의 예수님 제자가 되기를 기원하는 바입니다.

예수는 그리스도 하나님의 아들. 예수님은 하나님의 아들 그리스도라는 증거로 죽은 자 가운데서 부활하셨습니다. 예수님은 지금 성령 안에서 우리와 함께 계시면서, 성령충만을 받으라고 명령하십니다. 성령의 권능 받아 그리스도 증인으로 살라고 명하십니다. 그러므로 우리 모두는 **복음체질·기도체질·성령충만체질·전도체질을 만들어 예수 그리스도의 제자로 살아야 합니다. 예수 그리스도**. 저에게는 항상 황홀한 이름이고, 제 생명이며, 저의 모든 것입니다. 모든 영광을 하나님과 그의 아들 예수 그리스도께 돌려 드립니다.

저자 임덕규

"인생 모든 문제의 해결자 되신 그리스도를 만나는 길"

인생 모든 문제의 해답 I, II, III

임덕규 지음/ 신국판/ 360, 368, 352면/ 10,000원

3권으로 엮어진 본서는 '인생의 문제 해결'이라는 큰 주제를 놓고 인생 각론의 구체적인 내용을 복음의 관점에서 다루고 있다.

하나님의 아들 예수 그리스도로
답이 나오기 위한 복음공과

신구약을 관통하는 그리스도

임덕규 지음/ 신국판/ 352면/ 14,000원

본서는 신·구약성경을 관통하는 그리스도를 드러내어 신자들로 하여금 '예수가 하나님의 아들 그리스도'이심을 믿게 하고, 예수 그리스도로 말미암아 인생의 모든 문제의 해답을 얻도록 하는 목적으로 쓰여졌다. 그리스도 안에 모든 것이 다 있음을 확증시키고자 하는 것이다.

복음과 성령충만(Ⅰ)
Fullness of the Holy Spirit through Jesus Christ(Ⅰ)

2011년 10월 11일 초판 발행

지은이 | 임 덕 규

펴낸곳 | 사)기독교문서선교회
등록 | 제16-25호(1980. 1. 18)
주소 | 서울시 서초구 방배동 983-2
전화 | 02) 586-8761~3(본사) 031) 923-8762~3(영업부)
팩스 | 02) 523-0131(본사) 031) 923-8761(영업부)
홈페이지 | www.clcbook.com
이메일 | clckor@gmail.com
온라인 | 국민은행 043-01-0379-646, 기업은행 073-000308-04-020
　　　　　예금주: 사)기독교문서선교회

ISBN 978-89-341-1149-8 (94230)
　　　978-89-341-1151-1 (세트)
* 낙장·파본은 교환해 드립니다.